음식으로 찾아가는 47개국 문화여행

음식으로 찾아가는 47개국 문화여행

초판 1쇄 인쇄일 | 2007년 8월 20일
초판 1쇄 발행일 | 2007년 8월 25일

지은이 | 원융희
펴낸이 | 신영임
펴낸곳 | 도서출판 자작나무
주소 | 경기도 고양시 일산동구 장항동 852-1 한솔프레미낭 334호
전화 | 031-907-5160
팩스 | 031-907-5198
등록번호 | 2004-45
등록일자 | 2004년 5월 7일
ISBN | 978-89-7676-323-5
이메일 | chajaknamu@hanmail.net

음식으로 찾아가는 47개국 문화여행

원융희 지음

자작나무

책머리에

인간생활의 가장 기본적인 식食 · 의衣 · 주住 중 큰 몫을 차지하는 것은 식食이라고 할 수 있다. 근본적으로 인간의 식생활이 동물과 다른 점은 사회 · 문화적으로 많은 영향을 받는다는 사실이다. 따라서 인간의 먹는 행위는 생리적 욕구 외에 그가 처한 환경적 여건의 영향을 받고 있다.

그 결과 한 민족과 국가의 여러 가지 여건의 변동은 그 나라 국민의 식생활 양식에 변화를 가져오고, 이러한 변화는 국민건강에도 매우 밀접하게 관련되어 있다. 때문에 식생활과 관련된 행동의 변화를 살펴보는 것은 매우 의미 있는 일이라고 볼 수 있다. 일찍이 인간은 "인류는 언제부터 무엇을 어떻게 먹어왔을까? 그리고 무엇을 얼마만큼 어떻게 먹어야 건강할까? 지역에 따라 먹는 음식이 왜 다르며, 또 왜 그러한 방식으로 먹고 있을까? 사람들은 어떤 음식을 먹지 않는가? 그리고 왜 먹지 않는 것일까? 음식의 공급 · 먹는 방식 등이 우리의 일상생활과 나라의 흥망에 어떤 영향을 끼쳤을까? 또 앞으로 사람들은 어떤 음식을 얼마만큼, 어떻게 먹게 될 것인가?"라는 의문을 갖고 연구 활동을 해왔다.

흔히 미식가Gourmet들은 중국 요리와 프랑스 요리를 제일로 치고

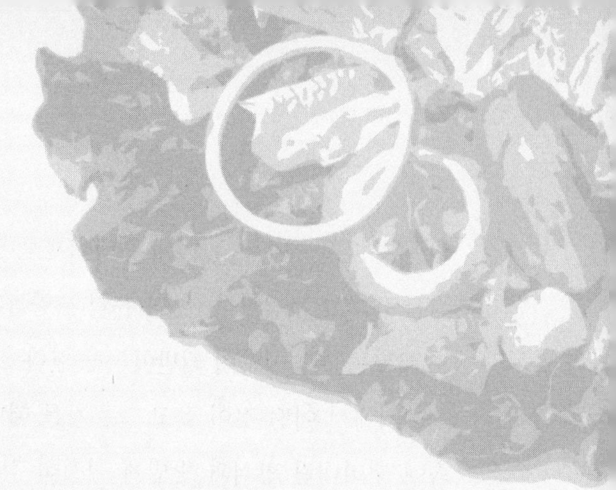

그 밖의 요리에는 관심을 갖지 않는 경우가 많지만, 실제로 잘 살펴보면 중국 요리나 프랑스 요리도 다른 나라의 요리문화와 오랜 교류를 통해 서서히 변화 · 발전해왔다는 것을 알 수 있다. 따라서 복합다중사회復合多重社會에 살고 있는 인간이 자기의 음식문화를 보존 · 발전시키려면 여러 나라의 음식문화를 살펴보고, 그들의 장 · 단점을 흡수 · 소화해야 한다. 그렇게 함으로써 자기의 음식문화도 바르게 정립할 수 있는 것이다.

더욱이 음식문화라는 것은 수천, 수만 년 동안 그곳에서 살고 있는 민족이 그곳의 현실에 적응해온 생활 그 자체이기 때문에, 그들 민족을 이해하는 데 큰 도움이 된다. 그러므로 자기 민족의 문화가 제일이라는 극단적 국수주의나 다른 문화에 대한 이해 부족은 세계화된 사회를 살아가는 데 있어서 결코 바람직한 삶이라고 할 수는 없다.

한마디로 음식문화는 오랫동안 지켜온 식습관과 주변의 새로운 생활양식이 융화되어 변화를 거듭해왔다.

일례로 유럽 사람들은 일본 사람들이 위스키나 코냑 등 증류수를 미즈와리水割り라 해서 물 또는 얼음과 섞어 마시는 것을 보고는 술을 모독하는 행위라고 놀려대고, 미국 사람들은 유럽 사람들이 식사 시

에 제공되는 하드롤Hard Roll을 나이프로 잘라 먹는 모습을 보고 빵에 칼을 댄다고 무시한다. 반면 유럽 사람들은 오히려 먹는 모습에 격식도 모르는 촌놈이라며 되받아치곤 한다.

여기에서 어떤 것이 옳고 그른가를 떠나 현지 또는 상대방의 마음속에 뿌리내린 방식과 방법에 적절히 적응하면서 자기 권리 못지않게 남의 권리도 존중한다면 그것은 진정한 상대방의 문화를 이해하는 지름길이 되는 것이다. 더 나아가서는 한 민족과 국가를 이해하는 데도 도움이 되고자 '음식으로 찾아가는 47개국 문화여행'이라는 제하의 글을 쓰게 되었다.

끝으로 출판업계의 어려움에도 불구하고 출간을 흔쾌히 응해주신 자작나무에 고마운 마음을 전하고자 한다.

2007년 5월 15일
서울 잠실 寓居에서
仁山 원융희

차례

01

세계 47개국 음식문화여행

1 아시아(Asia) 2 오세아니아(Oceania) 3 서유럽(West Europe) 4 동유럽(East Europe)
5 북아메리카(North America) 6 중앙 · 남아메리카(Central · South America)
7 중동(Middle · East Asia) 8 아프리카(Africa)

01 아시아

네팔 · 말레이시아 · 몽골 · 베트남 · 싱가포르 · 인도 · 인도네시아 · 일본 · 중국 · 필리핀 · 타이 · 타이완 · 홍콩

아시아는 우리와 같은 유색 인종, 인구가 많은 나라들이다. 지역적으로는 유라시아 대륙의 동부와 섬들로 되어 있고, 그 면적은 광대하다. 인구 또한 세계 총인구의 반을 차지하고 있다. 아시아 국가의 대부분이 오랫동안 타 민족이나 국가의 식민지 지배를 받아오다가 제2차 세계대전 후 급속히 민족의식이 높아지면서 대부분이 독립하였다. 많은 나라들이 인구 과잉과 빈곤으로 어려움을 겪으면서도 근대화에 노력하고 있다.

세계 최대인 유라시아 대륙의 동부가 아시아이고, 아시아는 우랄 산맥, 카스피 해, 카프카스 산맥, 흑해, 지중해, 홍해, 인도양을 연결하는 선을 경계로 유럽과 아프리카에 접해 있다.

대륙의 중앙에는 세계의 지붕이라고 할 수 있는 히말라야, 쿤룬, 톈산, 알타이 등의 산맥이 모여 있고, 북은 시베리아 평원, 남은 순 대륙인 인도, 동남은 인도차이나 반도와 말레이 반도가 있고, 남태평양 상에는 세계 최대의 군도인 인도네시아 군도가 있다.

인종은 몽골로이드, 한(漢)족, 말레이족, 인도 · 아리아족을 비롯하여 다양하다. 인구밀도는 부분적으로 편중되어 있으나 전체적으로 인구 과잉 양상을 나타내고 그에 따른 빈곤이 심각한 문제로 대두되고 있다.

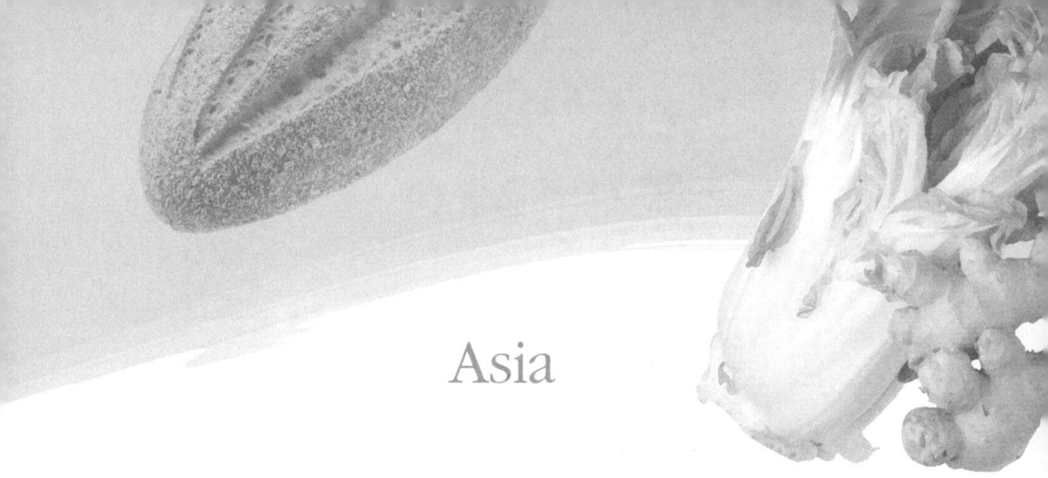

Asia

종교는 남방불교(타이, 미얀마, 스리랑카, 캄보디아, 라오스), 북방불교(일본, 중국, 베트남), 힌두교(인도), 라마교(몽골, 티베트, 네팔), 가톨릭교(필리핀), 자이나교, 시크교 등이 있다. 특히 지리적으로 동아시아 국가들은 열대성 기후에 속해 농경문화가 발달하였고 벼의 재배가 공통적이며, 자연환경이 유사함으로써 비슷한 먹거리가 생산되며, 기호 또한 유사하다. 그러나 이러한 유사성에도 불구하고 종교적 · 사회적 영향에 의해 같은 기후와 풍토 속에서도 각 나라의 식생활은 다양하게 발달하였다.

이를테면, 공통적으로 쌀 문화권이면서도 힌두교와 이슬람, 불교의 영향에 따라 독특한 식생활이 발전하였으며, 지리적으로 다른 민족과의 교류가 빈번하여 인도, 중국 등의 영향을 받았고 각각 다른 서양 각국의 식민지 지배로 인해 식생활이 변화하였다.

그 결과 동아시아 국가들의 식생활 문화는 열대의 기후환경, 자연환경에 대한 적응과 다른 나라 음식문화의 도입 및 종교적인 관습의 영향으로 지리적으로 가까운 나라라고 해도 서로 비슷하면서도 다른 음식문화의 특색이 형성되었고 심지어는 한 나라 안에서도 지역적인 차이를 나타내고 있다.

네팔 Nepal

세계의 지붕 티베트

네팔 산지에는 산골짜기가 희귀한 자태로 넓게 펼쳐져 있고, 기후가 좋은 카트만두 분지에는 2000여 년 전부터 원주민족인 네팔족이 정착해왔다.

초기의 역사는 안개 속의 신화이지만 4세기에 리츠차비 왕조가 성립, 8세기경부터 중세로 들어가면 각지의 라자 분립 속에 말라 왕조가 대두되었고, 15세기에는 카트만두 분지 내에 말라 왕조가 3개의 왕국으로 병립해서 네팔족을 다스렸다. 각각의 수도였던 카트만두, 바드가온, 파탄에서는 네팔 문화가 개화되어 지금까지도 남아 있는 왕궁의 건축이나 전통공예는 그 시대에 완성된 것이다.

한편 이슬람 세력에 압박당해서 네팔의 산지로 이동해 온 인도 출신의 크샤트리아 중에서 구르카Gorkha를 거점으로 하는 일족이 세력을 넓혀 카트만두 분지에 침입해 구르카 왕조를 세웠다. 1769년의 일로서 현 국왕의 선조이다. 전 네팔을 통일한 구르카 왕조는 티베트와 인도로의 진출을 도모했다. 그러다가 19세기 초 인도에 침입한 영국군과 충돌하게 되어 그들을 격퇴했으나 영토는 거의 현재의 국경선 내로 축소되었다.

1846년부터 라나 체제 아래에서 쇄국이 계속되었지만, 1951년 왕정복고로 개국했다.

불안정한 정치가 계속되다가 1960년에 선대의 마헨드라 왕이 쿠데타를 일으켜 전권을 잡았다. 그 뒤를 이어 1975년에 대관식을 수행한 비렌드라 국왕이 현재도 국왕의 자리에 있고, 국제 관계 속에서 국내 통일을 도모하고 있다.

여기에서는 네팔의 식습관을 중심으로 살펴보고자 한다. | 자료: 이성우, 1992 |

첫째, 네팔은 중국 티베트 지방과 인도 사이에 있는 동서로 가느다란 나라로서, 열대 · 온대와 히말라야의 산악 민족, 티베트인, 티베트계 네팔인들이 살고 있다. 각각 다른 말과 풍습을 가지며 힌두교도와 라마교도가 있다. 이와 같이 복잡한 풍토 속에서 힌두교의 영향을 받은 인도 요리와 라마교의 영향을 받은 티베트 요리가 생겨났다.

둘째, 인도계 네팔인의 식사는 '국 · 김치 · 밥 · 찬'과 같은 우리 상차림 형식이다. 거리의 대중식당에서는 밥과 샤파티Chapati가 주식이고 김치인 아자아르, 다루이란 콩을 부숴 만든 수프 · 가리가 큰 접시에 담겨 나온다. 이것이 일반적인 요리이다.

셋째, 티베트계 네팔인의 식사는 뚜렷한 상차림 형식은 없지만 인도계와 공통되는 점이 많다. 이들은 아침에는 스티챠라 부르는 버터

차를 마시고 쟌바(볶은 보리 가루)를 먹는다.

버터차는 나무판자처럼 단단한 차를 나이프로 깎아서 따뜻한 물로 우려낸다. 이 액에 암염과 기이Ghii 또는 우유를 넣고, 나무로 만든 교반기攪拌器 속에서 뒤섞는다.

기이는 지방률 100퍼센트의 버터와는 다른 먹거리이다. 이 버터차는 인도계 네팔인이 즐겨 마신다. 낮에는 감자 요리나 잡곡 가루를 개어 굳힌 것을 먹는다. 조미료는 마늘 · 소금 · 고추를 걸러서 만든 것과 기이 등이 있고, 저녁은 샤크바라 하여 감자 · 콩 · 채소 · 마른 고기를 삶아서 치즈 · 기이, 양기름을 넣어 혼합 조미료로 조미한 것에 메밀 단자를 넣은 떡국 모양의 것을 많이 먹는다.

술은 보리 · 쌀 · 감자 · 옥수수 · 라기Ragi로 만드는 양조주와 증류주가 있다. 술을 돌려 마실 때 술잔의 한쪽에 쟌바를 얹어놓고 주문呪文을 부르는 습관이 있다. 네팔 요리에서는 매운 맛이 중요하다.

넷째, 네팔 요리를 말하자면 종교와의 관계를 무시할 수 없다. 힌두교도는 쇠고기를 먹는 게 금지되어 있고, 각각의 민족마다 육식의 습관이 다르며, 일반적으로 먹을 수 있는 것은 양고기뿐이다. 또 힌두교도 가운데서는 아주 고기를 먹지 않는 채식주의자도 있다. 하지만 물고기나 고기는 완전 금기하면서도 콩이나 우유 제품은 먹는다.

끝으로 우유로 지은 밥, 유지, 특히 기이로 튀긴 과자는 부정을 씻는 깨끗한 먹거리라 한다. 네팔에서는 축일에 우유 제품이 쓰인다. 멀리 여행할 때는 안전을 기원하여 가족과 유푸트Youphourt의 잔을 나눈다.

또 출산할 때나 임부의 발 · 허리에 또 어린이의 몸에까지 기이를 바르면 행운을 부른다고 한다.

에베레스트

일생을 통해 가장 멋진 산행의 추억으로 영원히 간직될 수 있도록 따뜻한 마음으로 여러분을 기다리는 곳이 있다. 에베레스트, 안나푸르나, 다울라기리, 랑탕 등이 바로 그곳일 것이다. 세계 유일의 힌두 왕국 네팔은 고대의 신비스러움을 간직한 채 산사람을 부르고 있다.

299년으로 거슬러 올라간 카트만두, 바드가온, 파탄 세 고대왕국의 기원은 오랜 역사 속에서 각각의 왕궁과 사원을 중심으로 카트만두 수도권으로 이어지면서 종교의식과 화려한 원색 축제를 통해 아직도 그 숨결이 생생하게 느껴질 것이다.

모든 종교와 온화하게 융화되는 독특한 힌두 문화가 원형을 잃지 않은 유서 깊은 건축물과 고색창연한 고대왕국 문화의 자취와 어우러져 왕국의 신비를 그대로 간직하고 있다.

호반의 도시 포카라는 안나푸르나와 다울라기리 신군의 품에 안겨 있는 아늑한 휴양지이다. 거울 같은 페와탈 호수에 비친 아차루차레의 비할 데 없는 아름다움이 히말라야에서 돌아온 지친 다리의 피로를 말끔히 씻어준다.

수천 년을 두고 지켜져 온 금단의 신비, 끝없이 이어지는 광활한 고원의 땅, 세계의 지붕 티베트, 히말라야의 원시림 속에 정통 라마 불교의 유적을 고스란히 간직하고 있는 불교왕국 부탄, 그리고 수정처럼 맑은 태초의 대자연을 마시며 순박하게 살아가는 인도의 최북단 시킴 지역 등은 오지의 베일 속에서 전통과 종교의 진정한 의미를 다시 찾아볼 수 있는 기회가 될 것이다.

말레이시아 Malaysia

동양의 진주

타이와 이어지는 말레이 반도와 과거 보르네오 섬이라 불렸던 칼리만탄 섬의 북부 지역으로 광활하게 펴져 있는 말레이시아의 국토는 우리가 상상하는 것 이상으로 거대하다.

경제 개발을 위해 수도 없이 베어낸 밀림이 어느새 자라 전 국토의 70퍼센트를 뒤덮을 정도로 좋은 자연적 조건을 가졌으며, 높은 산악과 드넓은 해안은 동남아시아 경제의 주도권을 잡기에 충분한 입지 조건을 지니고 있다. 그러한 좋은 국토의 조건에도 말레이시아 인구는 2000만 명도 채 되지 않는다.

아시아의 많은 나라들이 그랬던 것처럼 1400년대까지도 말레이 반도에는 많은 부족국가들이 자리를 잡고 있었다. 유럽 열강의 해상무역에 의해 말레카 왕국이 알려졌는데, 1444년 계승전쟁에서 열렬한 이슬람교도인 무샤파르가 승리하면서 말레이시아 반도에 이슬람교가 들어오게 되었고, 왕실의 중요 행사에 이슬람의 형식이 갖춰졌다. 그 후 16세기 초엽 포르투갈이 말라카를 빼앗았고, 17세기 초 다시 네덜란드가 점령했으며, 18세기 말엽에는 영국이 등장하였다.

1826년부터 말라카와 주변 왕국들을 지배하기 시작했던 영국에 의해 말레이시아의 운명이 바뀌기 시작한 것이다.

오늘날 말레이시아의 인종 구성은 말레이족과 이반족, 카다잔족 등을 합해 55퍼센트 정도 되고, 중국 화교가 30퍼센트, 인도인이 10퍼센트이다. 토착 주민들의 수가 95퍼센트 이상 되는 대부분의 국가들에 비해 인구의 절반 가까이를 이방인들에게 내어준 현실에서 인종 문제는 항상 말레이시아 미래의 걸림돌이 되고 있다.

이러한 인종 드라마 속에서 하이라이트는 부미푸트라 정책이다. 부미푸트라 정책은 말레이족 등 원주민을 우대하는 정책으로 모든 기득권에서 타 종족에 우선한다는 아주 초법적인 힘을 가진 법이다. 실제로 대학진학 자격에서도 부미푸트라 정책의 기준은 엄격하게 적용된다. 이것은 말레이 반도의 주인이면서도 결국 이방인으로 쫓겨나지 않기 위한 말레인들의 마지막 보루가 아닐까 한다.

한마디로 말레이시아는 다민족이 혼합되어 나타나는 독특한 문화, 그래서 나라 전체에 흩어져 있는 다양한 사원과 사찰들의 모습, 사람들이 살아가는 흔적들을 생생히 느낄 수 있는 곳이다. 밤에는 시내에서 열리는 야시장에 들러 우리식 포장마차의 북적거림과 소란스러움을 느낄 수 있고, 낮에는 아낌없이 쏟아지는 햇볕에 몸을 달구고 완벽한 휴가를 즐길 수 있는 곳, 누군가에게 추천할 만한 첫 번째 아시아 여행지로 손색이 없는 곳이다.

다양한 인종, 다양한 종교, 다양한 문화를 가진 나라답게 음식도 다양하다. 가장 곤란을 겪는 곳은 레스토랑이다. 이슬람교도와 힌두교도가 동시에 레스토랑에 찾아오면 쩔쩔맨다.

이슬람교도는 돼지고기를 안 먹고, 힌두교도는 쇠고기를 안 먹기 때문이다. 우리나라에서 열린 올림픽 때도 종교에 따른 식성 때문에 고민했다는 에피소드가 있었다.

말레이시아를 대표하는 이 나라 정통요리는 사테Satay이다. 참새구이처럼 꼬치에 꽂은 숯불구이 요리의 일종인데, 재료는 닭고기 · 쇠고기 · 생선 따위이다. 그냥 구운 것이 아니라 특이한 향료를 넣어 묘한 맛이 난다. 캄벨Campbell가街나 메단 셀레라Medan Selera 부근의 야외 레스토랑 거리에 가면 맛있는 사테 맛을 볼 수 있다.

렌당Rendang도 이 나라 대표 요리 중 하나이다. 론당은 고기에 코코넛 밀크와 고추를 넣고 삶은 요리로, 씹을 때 야릇한 향기가 톡 쏜다. 이 톡 쏘는 자극 때문에 현지인들은 무척 좋아한다. 하지만 외국인은 비위가 좋은 사람이라야 시식할 수 있다.

맵지 않은 커리 가루와 코코넛 밀크를 배합, 닭고기 · 쇠고기 또는 물소고기나 염소고기를 삶은 코르마Korma 생선과 타마린드 잎사귀로 만든 수프에 쌀가루 국수를 넣고 그 위에 야채가루를 뿌린 락사Laksa도 시장이나 거리의 레스토랑에서 자주 보게 되는데, 제법 맵다. 말레이시아 정통요리는 원래 손가락으로 먹게 되어 있다.

오른손의 첫째, 둘째, 셋째손가락만을 사용하여 음식을 먹는다. 넷째나 새끼손가락에는 음식이 닿지 않도록 해야 하며, 왼손은 절대 사용해선 안 된다. 보기에는 쉬워 보이지만, 서양 사람의 젓가락질이 서툴 듯이 실제 사용해보면 잘 되지 않는 것이 손가락 식사법이다.

금기된 음식

말레이시아에서의 비즈니스 접대는 시험의 일종으로 생각해야 한다. 상대편 말레이시아인은 당신을 세밀히 관찰할 것이다. 당신이 자신들과 인간적으로 유대관계를 맺고 싶어한다는 확신이 설 때에만 그들은 당신과 비즈니스 관계를 맺는다.

어떤 종류의 사교적인 초대이든지 모두 참석하라. 이러한 사교적 모임이 이곳 말레이시아에서의 비즈니스 중 중요한 부분이다. 어쩔 수 없이 거절해야 한다면, 그럴듯한 핑계를 만들어 초대자의 '체면'을 손상시키지 않도록 주의해야 한다.

말레이시아인들의 비즈니스 에티켓을 따르며 서면으로 받은 초대에는 항상 답장을 보내야 한다. 중국계 말레이시아인들에게 답장을 보낼 때는 붉은색이나 분홍색 편지지가 무난하다. 흰색, 검은색 그리고 푸른색 편지지는 삼가야 하는데, 중국문화권에서 이 색들은 불화를 상징하기 때문이다.

일반적으로 저녁식사에는 부부동반으로 초대받지만 점심식사에는 그렇지 않다. 하지만 배우자가 동반된 자리에서는 사업상의 이야기를 하지 않는다.

사교모임에서 주인은 가장 연령이 많은 손님의 바로 왼쪽에 앉아야 한다. 전통적으로 연장자에게는 테이블의 '상석'—보통 문 쪽에서 제일 멀리 떨어진 자리—을 내준다.

대개의 경우 그 사람들의 문화전통에 따라 금지된 음식이 있다. 예를 들면, 힌두교나 시크교도가 쇠고기를 먹을 수 없는 반면에, 이슬람교도는 술이나 돼지고기는 먹지 않는다.

따라서 독실한 이슬람교도가 주관하는 사교행사에는 어떤 행사든지 술이 제공되지 않는다. 이러한 행사에서는 '칵테일 시간' 이 따로 없기 때문에, 행사시간 내내 음식이 제공된다고 생각하면 된다. 제공되는 음식은 무엇이든지—당신이 싫어하는 음식일지라도—맛을 보는 것이 예의이다. 이곳에서는 뷔페가 아주 대중적인데 음식을 그릇에 담기 전에 주인이 먼저 음식을 담도록 기다리도록 한다.

이슬람교도와 힌두교도들은 왼손을 불결하다고 생각한다. 당신의 오른손을 쓸 수 있다면 왼손으로는 절대로 다른 사람이나 물건을 만지지 않도록 한다. 더욱이 선물을 받을 때나 돈을 집을 때는 오른손을 사용하라. 당신이 왼손잡이라도 이러한 규칙을 따르라. 그렇지만 부득이하게 다른 대안이 없을 때는 양손을 모두 쓸 수도 있다.

개를 불결하다고 생각하는 이슬람교도의 믿음에 민감하라. 더욱이 당신이 개를 키우고 있고 당신의 집에서 행사를 주관한 경우라면, 이슬람교도 손님들이 있을 때는 당신의 애완견이 어슬렁거리지 않도록 하라. 또한 이슬람교도가 참석하는 곳이라면 어떠한 모임이든 애완견을 데려가서는 안 된다.

| 자료: 한국무역협회, 2002, pp. 115~116 |

■■ 몽골 Mongolia

우리와 가장 닮았으면서도 먼 나라

몽골 민족은 이미 기원전부터 지금의 지역을 근거지로 소, 말, 양 등을 치며 유목생활을 시작했다. 따라서 이들은 일찍부터 가축 다루는 기술이 뛰어나 강력한 기마 전투력을 보유하였으며, 여기에 유목민 특유의 날렵함과 강인함을 바탕으로 곧잘 주변 정복에 나서곤 하였다.

특히 몽골 민족은 13세기에 접어들면서 세계사 속에 하나의 커다란 족적足跡을 남기게 되는데, 그것은 바로 '칭기즈 칸'이란 걸출한 한 영웅에 의해 비롯된다. 당시 칭기즈 칸은 현재의 몽골 고원을 근거로 군사를 일으켜 아시아와 유럽 일대에 걸친 세계 역사상 최대의 제국을 건설하였다. 그리고 스스로 중화中華의 황제로 등극, 중국의 원元 왕조를 열기도 하였다.

이 나라는 중국 북부와 러시아 동남부 사이에 있는 내륙국으로 남북이 1263킬로미터, 동서가 2405킬로미터로서 국토 면적이 우리의 약 7배나 되는데도 인구는 225만 명 정도에 불과하다.

한국과 몽골은 같은 핏줄이고 말도 같은 계통(우랄 · 알타이어)으로 알려져 있다. 그들이 우리 사이에 섞이면 분간하기 어렵고 문법이 비슷해 말 배우기도 비교적 쉽다.

따라서 처음 만나게 되면 우선 그들의 모습이 우리와 많이 닮았기 때문에 별로 낯설지 않고 친근하며 부담이 없다는 생각이 들게 된다.

그들 역시 우리를 별로 낯설지 않게 생각하며 우리가 한국인임을 알면 더더욱 친절하게 대해준다. 한국에 대한 그들의 감정은 무척 좋다. 그들은 상대하는 외국인들이 어떤 불편을 겪지 않나 혹은 무슨 일이 생기지 않을까 염려하며 세심하게 잘 챙겨주는 편이다. 그리고 친절에 대한 대가를 별로 바라지도 않는다. 더구나 몽골의 고려 침입은 한 · 몽 간에 문화 교류를 촉진하는 계기가 되었다.

우리 음식문화가 그쪽으로 가기도 하고 그쪽의 문화가 흘러 들어오기도 하였다. 그럼에도 불구하고 한국과 몽골은 한두 가지의 예외적인 것을 제외하고는 음식문화상에는 공통점이 매우 적다.

몇만 년 전 아니 5000여 년 전까지 비슷했으리라고 짐작되는 한 · 몽 두 나라의 음식문화는 세월이 흘러감에 따라서 점차 차이가 나게 되었을 것이다.

그와 같은 차이는 기후와 풍토뿐 아니라 종교 및 기타 문화발전 정도의 차이 때문이 아닐까 한다. 중국 관광을 가는 대부분의 여행객은 만리장성을 찾는데 이곳은 북경에서 당일에 갔다 올 수 있는 거리에 있다. 이렇게 가까운 거리인데도 만리장성에 가까워 가면서 그곳 주민들의 식생활이 중국식에서 몽골식으로 바뀐다는 사실을 알고 놀라게 된다.

만리장성을 지나 조금 더 가면 대몽골 자치주에 도달하는데, 장성 관문만 지나면 몽골풍이 더 심해진다. 즉 고기요리가 돼지고기, 닭고기 위주인 중국식에서 양고기와 동물의 젖 가공품 소비가 주류를 이루는 음식문화 형태로 바뀌는 것이다.

이와 같은 변화는 중국의 기후풍토가 몽골의 그것과 현저하게 다르기 때문이다. 몽골 사람들은 유목생활을 하기 때문에 채마밭을 만들어 채소를 가꿀 수가 없다. 그 대신 그들은 풀을 뜯어 먹고 사는 가축들의 젖을 짜 먹기 때문에 채소를 먹는 것이나 다름없다고 생각한다.

유목생활은 가축을 이끌고 그 가축의 먹이가 되는 풀을 찾아 끊임없이 이동하는 이동생활이다. 따라서 그들의 삶의 방식 역시 잦은 이동에 적합한 방식으로 발달해왔다. 그들의 집은 반구형의 이동식 천막인 '겔' 이다.

이 원통 형식의 겔은 부엌과 침실 등을 모두 갖추고 있어 그 안에서 그들의 삶이 모두 이루어진다. 잦은 이동 탓에 유목민인 몽골인들은 준비하기에 간편한 밀가루 음식을 즐긴다. 육포나 꼬리뼈를 삶은 국물에 밀가루 반죽을 얇게 썰어 끓여 먹는 그들의 음식은 우리의 칼국수와 무척 유사하다.

그들 유목생활의 바탕은 그들이 흔히 5축이라 부르는 다섯 짐승이다. 양, 염소, 소, 말, 낙타 이 다섯 가축은 그들의 삶을 유지시켜주는 가장 중요한 바탕이다. 그들은 이러한 가축들을 육류로서 직접 이용하기보다는 보다 오랫동안 이용 가능한 식량인 젖을 생산해낸다. 몽골의 음식에 있어 가장 중요한 부분을 차지하는 것이 바로 이 젖인데, 그들의 이 젖을 이용하는 방법은 놀라우리만큼 현명하고, 다양하다.

아침식사를 비롯하여 하루에 대여섯 번씩 먹게 되는 젖차와 각종 크림, 버터, 요구르트, 술에 이르기까지 모든 것이 이러한 동물의 젖으로 이루어진다. 손님이 오거나 큰 행사가 있을 때면 '보독'이란 음식이 만들어진다.

보독은 일반적인 고기요리가 모두 그러하듯 오로지 남자들의 손으로 이루어진다. 염소나 양 등의 짐승을 자르지 않은 상태에서 목 부분에만 칼집을 내서 모든 뼈를 직접 손으로 발라낸다. 그리고 그 안에 뜨겁게 달군 돌을 넣고 약간의 물을 넣은 후 다시 목 부위를 묶은 후 통째로 불에 그을려 겉의 털을 벗겨낸다. 그리고 그 안에 뜨겁게 달군 돌로 음식이 조리되는 독특한 방식이다. 이러한 보독은 무척이나 손이 많이 가는 번거로운 음식인데, 이를 통해 그들의 손님에 대한 지극한 환대를 알아볼 수 있다.

유목생활로 인해 그들 집단 이외에는 다른 사람들은 만나기가 힘든 생활 속에서 손님은 매우 반가운 존재였고, 그 손님을 통해 다른 지역의 소식 등도 접할 수가 있었다.

몽골에 있어서 가장의 지위는 매우 확고하다. 식사에 있어서도 가장이 직접 고기를 잘라 부위별로 가족 구성원에게 배분하며, 가족 구성원에 따라 먹을 수 있는 부위와 못 먹는 부위가 있다는 것은 매우 독특하다.

그들의 삶 역시 우리와 유사하여 여자보다는 남성이, 어린 사람보다는 연장자가 존중받는다. 식사에 있어서도 이러한 것들이 드러나는 것이다. 유제품에도 서열이 있고 고기도 부위별로 위아래가 있으며, 모든 음식이 가장에게 먼저 주어진다는 것 등 가장이 매우 존중받는 그들의 모습은 가장의 위치가 한없이 실추되고 나약해져만 가는 우리에게 있어 그 시사하는 바가 크다.

하얀 음식 & 빨간 음식

몽골 초원민의 식탁은 '하얀 음식'과 '빨간 음식'으로 채워진다. 하얀 음식은 가축의 젖으로 만든 각종 유제품을 총칭하는 말이다. 여름에서 가을까지 충분히 짜낸 우유로 여러 가지 유제품을 만든다. 유제품은 보존식품으로서 1년 내내 먹는 음식이다.

그러나 그 질과 양에서 유제품이 가장 풍성한 계절은 역시 여름이다. 한편 빨간 음식은 가축을 도살하여 얻는 육류를 총칭하는 말이다. 가을에 통통하게 살찐 가축을 도살해 혹한기에 대비한다. 따라서 육식이 가장 풍성한 계절은 기본적으로 겨울이다.

몽골 초원민의 식탁은 이와 같이 여름을 정점으로 하는 하얀 음식과 겨울을 정점으로 하는 빨간 음식이라는 명료한 계절성을 갖는 두 가지 주식에 의하여 유지되고 있다. 모두가 가축이 가져다주는 큰 선물이다. 여름날 몽골 초원에서는 많은 유목민들이 유제품을 널빤지에 펴거나 가죽부대에 넣어 천막 위에서 햇볕에 말린다.

최근에는 밀농사가 가능한 중부와 동부 지역에 대규모 농장을 건설하여 밀농사를 지어 밀가루 음식도 주된 음식의 하나가 되었다.

베트남 Vietnam

메콩 강의 강자

인도차이나 반도 동부에 S자 모양으로 길게 자리 잡고 있는 베트남은 우리에게 '월남'越南이란 이름으로 친숙하며, 옛날에는 '안남'安南이라 불리기도 하였다.

베트남은 적도 선상의 평야 지대부터 고산 지대나 고원, 평야 지대에 이르기까지 다양한 기후와 지형을 갖고 있으며 해안 지대를 중심으로 산간 지역까지 다양한 동물과 식물들이 서식하며 1년에 4모작 정도의 수확이 가능하고 풍부한 열대 과일을 비롯한 풍족한 자연환경을 갖춘 나라이다.

호치민 같은 남베트남의 경우 4월이 가장 덥고 기온은 섭씨 25~35도 정도이며 가장 추운 12월도 섭씨 22~30도를 유지하는 열대성 기후이다.

베트남은 동남아에서 차지하는 지리적인 위치 때문에 역사적으로 오래전부터 많은 인종이 이동하고 여러 문화가 교류하는 통로의 역할을 해왔다. 기원전 111년 이후 1000년 간 베트남은 중국의 지배를 받았으며 이때 중국 문화의 영향을 많이 받았다.

중국으로부터 독립한 이후에는 남쪽으로 영토 확장을 시작하였으며 인도 문화의 영향을 받은 참파 왕국을 점령하였다. 한편 베트남은 근대사 이후 끊임없는 서구 열강의 침략을 받았다. 하늘하늘한 하얀색 아오자이를 입은 가녀린 베트남 사람들에게 불어닥친 시련의 시대는 참으로 가혹한 것이었다. 역사를 말살하고, 언어를 통합하는 프랑스의 혹독한 식민정책. 그리고 자유수호의 기치 아래 몰려든 서구 자유주의 국가와의 힘겨운 싸움에서 그들은 의지하고 따를 지도자를 그리워했다. 호치민은 베트남 사람들의 곁에 있었고, 국가를 구하기 위해 목숨을 건 전투에 참여했다. 베트남 사람들에게 이념은 중요한 것이 아니었다. 나라를 잃은 설움에서 오직 나라를 구한다는 일념으로 서구 열강과 맞선 것이다.

호치민 시 북쪽에 가면 구찌 터널이 있다. 이 터널은 지하 3층으로 설계되어 있고 총길이는 480킬로미터에 달한다. 이 터널의 높이는 1미터 내외이고, 폭도 80센티미터 내외이다.

이 터널은 베트남 독립군이 프랑스로부터의 독립운동을 위해 캄보디아 국경 부근부터 사이공까지 지하로 파 들어온 것인데, 굴 입구에 들어서기 무섭게 다가오는 숨 막힐 것 같은 답답함과 질식할 것 같은 공포는 이러한 굴속에서 투쟁을 벌여야 했던 베트남 사람들의 심정을 충분히 이해하게 한다.

프랑스가 베트남에 손을 들고 물러서자 미국은 자유수호의 차원에서 베트남 파병을 결정했지만 베트남의 입장에서는 또 다른 식민시대의 예고에 불과했다. 그들은 미국과 끝없는 전쟁을 치르면서 각국의 영향을 타의적으로 받게 되었다.

이러한 베트남의 문화는 복합 문화의 전형을 이루는 것이다. 따라서 음식문화도 중국과 인도 말고도 프랑스의 영향을 받아 다양한 음식들이 발달했으며 전통적인 고유의 음식도 발달했다.

특히 베트남의 영토는 남북이 1600킬로미터나 되어 각 지역별 특색이 나타나며 고산족과 같은 소수민족도 54개나 되어 각각의 고유한 음식문화를 유지하고 있다.

더 나아가서 이제 그들은 전쟁이라는 아픈 상처의 기억에서 아시아의 경제 주도권을 장악하기 위한 중요한 지리적 역할을 시도하고 있다.

이제 베트남은 새로운 모습, 새로운 희망으로 등장하고 있다. 길거리에서 맛있게 먹을 수 있는 카인추어의 새콤하고 독특한 맛, 땀 흘려 바퀴를 굴리는 깡마른 남정네들, 아오자이를 입은 억척스러운 생활력의 여인네들, 셀 수 없이 많은 동(화폐 단위)을 내밀어야 되는 재미난 경제 사정 등 모든 것이 아직은 낯설고 신비롭게만 느껴지는 베트남. 이제 막 깨어나는 베트남의 미래를 지켜볼 일이다.

베트남에서는 다양한 쌀을 이용한 음식들을 볼 수 있다. 쌀국수인 퍼를 비롯한 많은 국수들, 쌀가루 반죽을 얇게 만들어 익혀서 말린 반트랑Bahn Trang, 각종의 쌀로 만든 떡 등과 같은 쌀 가공품들이 있다.

퍼는 베트남의 어느 곳에서나 언제나 볼 수 있는 쌀국수로, 아침식사로 길가의 식당에 앉아서 퍼를 먹는 모습을 흔히 볼 수 있다.

퍼의 종류는 매우 많은데, 남쪽과 북쪽의 지방에 따라 다르며 쇠고기, 닭고기 등 다양한 재료를 이용하여 만든다. 우선 쌀국수는 쌀가루를 불려서 열을 약간 가한 판 위에 빈대떡 모양으로 얇게 펴고 그 위에서 약간 꾸덕꾸덕하게 되면 이것을 떼어내어 차곡차곡 쌓아두었다가 칼국수보다 더 가늘게 썰어서 만든다. 이렇게 만든 국수는 커다란 국수 그릇에 담고 샬롯(파슬리의 일종), 생숙주나물, 육계피 등을 얹고 그 위에 얇게 썬 쇠고기나 닭고기 등을 얹는다.

육수로는 고기의 뼈를 곤 국물을 사용하며 기호에 따라 칠리소스나 레몬을 곁들이기도 한다. 퍼의 맛은 국물의 향초 맛과 누옥맘의 비릿한 맛이라고 할 수 있다. 베트남의 풍부한 생선은 다양한 어장을 발달시켰는데, 그 중 '누옥맘' Nuocmam이 대표적인 어장으로 일본의 간장이나 서양의 우스터소스보다 맛있는 소스라고 인정받고 있으며 쌀국수나 각종 음식을 찍어 먹거나 조미하는 데 사용하고 있다.

퍼와 함께 대표적인 베트남 음식으로 짜조Cha Gio가 있는데, 이것은 쌀로 만든 얇은 만두피에 잘게 썬 돼지고기, 게살이나 가느다란 국수인 베트미첼(당면), 버섯, 양파, 계란 등을 넣어 길고 동그랗게 말아서 기름에 튀긴 요리이다.

우리나라와 마찬가지로 베트남에서도 명절에는 각종 별식을 하게 되는데, 그 중에 대표적인 것으로 반Pahn이 있다. 반은 빵, 떡, 쌀, 만두피 등의 의미를 가지며 설날에 먹는 빵으로 반쯩Pahn Chung, 반찌Bahn Chit 등 여러 종류가 있다. 보통은 쌀과 돼지고기, 녹두를 넣고 종려나무 잎으로 말아 8~10시간 물속에 넣어 익힌다. 그러면 쌀의 원형이 없어지고 찹쌀떡과 같은 모양이 되며 이것을 식혀서 먹게 되는데, 저장성도 길어서 며칠을 두어도 쉽게 상하지 않는다고 한다.

반가이Bahn Gai는 찹쌀 속에 코코넛과 돼지고기로 소를 넣고 바나나 잎으로 싼 뒤 쪄서 만든 떡으로 매우 향긋하고 독특한 맛이 있다.

베트남에서는 개고기도 쉽게 볼 수 있는데, 특히 북부지역으로 가면 하노이 시내에서 개고기를 파는 음식점이 흔하다. 개고기 요리의 종류로는 개고기 순대, 증기로 익힌 고기, 팬케이크, 다진 개 불고기, 수프 등 다양하며 우리나라와는 달리 검은 개가 맛있는 것으로 알려져 있다. 개 이외에도 다양한 고기요리가 있는데 뱀이나 도마뱀이 식용되는 것뿐만 아니라 비둘기요리나 사슴요리도 유명하다.

베트남 속담에 아침에 차 한 잔, 저녁에 술 석 잔이면 장수한다는 말이 있으며 이것은 이들의 차 문화가 발달했음을 의미한다. 차는 전통적으로 뜨거운 차를 마시며, 말차나 연꽃차 등 다양한 차들이 발달했고 차를 마실 때는 조금씩 음미하면서 마시는 것이 에티켓이다.

껌COM

베트남인의 주식은 '껌' Com이고 가끔 '퍼' Pho 도 즐겨 먹는다. 껌은 '밥'을 뜻하고 '퍼' 는 쌀국수이다. 프랑스 바게트 빵 같은 것도 자주 즐기는데 '반미' 라고 불린다.

'식사하다' 는 베트남 말은 안껌An com이다. 베트남도 한국처럼 쌀이 주식이다. 베트남 쌀은 우리나라 쌀과 달리 찰기가 없는 동남아 지방의 쌀이다. 찰기가 없기 때문에 많이 먹어야 한다. 반찬은 주로 고기(생선), 생채, 국으로 이루어진다.

고기는 보통 돼지고기 구이, 조림이나 닭고기 요리이고 라우Rau라 불리는 야채는 상추, 오이와 향기가 독특한 라우텀Rau Thom을 생채로 먹는다. 깐Canh이라 불리는 국에는 고기와 나물이 들어간다. 베트남인도 한국인과 같이 간장과 마늘, 고추를 즐겨 먹는다. 특히 고추와 마늘은 한국과 비교해서 작으나 훨씬 더 맵다. 식사를 할 때 마시는 물은 대부분 짜다Tra da이다.

베트남 차는 끓인 물에 얼음을 넣은 것을 '짜다'라고 부르는데, 기름기 많은 음식을 먹을 때는 아주 좋다. 베트남인들은 긴 젓가락만 사용하여 밥을 먹는다. 젠Chen이라는 작은 간장 종지 같은 밥그릇을 들고 먹는다. 보통 성인 남자는 한 끼에 3~4그릇의 밥을 먹는다.

젓가락만 사용하다 보니 밥그릇을 들고 먹어야 하며 국물은 마시기도 한다. 시내에는 많은 밥집이 있다. 껌빈전Com Binh Dan(서민밥집)이라 불리는 밥집들은 주로 접시에 밥과 고기, 야채를 얹어서 준다. 이를 껌디아Com Dia(접시밥)라고 부른다.

여러 명이 같이 먹을 때는 집에서 먹듯이 젠에 밥을 덜어서 먹는다. 시골에는 껌빈전을 껌부이Com Bui(먼지밥집)라고 부르기도 한다. 베트남 시골에는 도로포장이 되어 있지 않다. 그래서 도로 가에 세워진 허름한 껌빈전에 먼지가 많이 날아오기 때문에 붙여진 이름이다.

▪▪ 싱가포르 Singapore

도시 전체가 일류 레스토랑

싱가포르는 중국인, 말레이인, 인도인 등이 모여 이뤄진 다민족의 도시국가이다. 중국인이 78퍼센트, 말레이인이 14퍼센트 정도 되고 나머지는 인도인들이나 파키스탄인 등이다. 게다가 독립국가가 된 지도 얼마 되지 않았다.

원래는 작은 어촌 마을이었던 곳을 네덜란드의 아시아 진출을 의식한 영국이 동인도 진출의 전진기지로 삼기 위해 개발을 시작했던 것이 1837년의 일이었다.

싱가포르의 문화는 자기민족 중심주의에 기초하고 있다. 그들은 자신과 같은 민족에 속한 사람들을 기본적으로 신뢰하는 경향이 있다. 싱가포르 문화는 개인보다는 단체의 영향을 많이 받는 편이다. 그리고 개인의 정체성은 단체에 가려지는 경향이 있다. 단체에서는 연장자나 가장 유능한 사람이 지도자 역할을 맡는다. 싱가포르 사람들은 외부 정보에 대해 비수용적인 편이다. 싱가포르 직장인들은 개인의 감정에 따라 결정을 내리거나 문제 해결을 하는 경향이 있다.

애국심 역시 그들의 사고방식에 많은 영향을 미치며 싱가포르 사람들은 특히 애사심이 강하다. 특히 싱가포르는 규제가 심한 나라이다. 길거리에 휴지를 버리거나 침을 뱉으면 처벌을 받는다. 교통질서도 잘 지켜지고 있다. 공무원들의 부정부패가 이 나라에는 없다.

법과 규칙을 지키지 않으면 살 수가 없게 되어 있는 나라이다. 불과 몇십 년 전에 말레이시아 연방에서 분리 · 독립될 당시에는 무질서와 불법과 혼란이 이 나라를 지배했다.

질서를 바로잡고 사회를 정당화하기 위하여 정부는 단호한 조치를 취했다. 중한 사회질서 파괴범에 대해서는 시내 한복판에서 공개처형까지 시행했다. 지금도 관광객에게 당시의 처형장소를 관광시켜 주고 있다.

싱가포르가 인도네시아와 함께 개발한 빈탄 리조트는 철저하게 현대화되어 있다.

라구나 빈탄 리조트Lagun Bintan, 세도나 빈탄 라군 호텔Hotel Sedona-Bintan Lagun 등 4개의 대형 종합 리조트가 싱가포르에서 페리호로 40분 거리인 빈탄 섬 북부 해안에 자리잡고 있어 싱가포르 관광과 묶어 4박 5일에서 5박 6일 정도의 아기자기한 휴가일정을 꾸밀 수 있다. 라구나 빈탄 리조트의 빌라 27채에는 독립된 자쿠치가 설치되어 있고, 높은 등급의 객실에는 개인 수영장까지 딸린 초호화판이다.

그레그 노먼이 설계한 9홀짜리 골프장도 문을 열고 있다. 세도나 리조트는 라구나 빈탄보다 대중적이지만, 역시 고급스럽긴 마찬가지이다.

각종 해양 스포츠를 즐길 수 있는 것은 다른 동남아시아와 마찬가지이지만, 빈탄 섬 여행의 특징이라면 세계에서 가장 깨끗하다고 자랑하는 싱가포르의 도시 관광도 함께 즐길 수 있다는 점이다. 잘 정돈된 도심과 한눈에 보이는 높디높은 스카이라인은 싱가포르에서만 볼 수 있는 장관이다.

밤에만 개장하는 동물원 '나이트 사파리'도 빼놓을 수 없는 명소이다. 싱가포르에서 2박 내지 3박하며 시내관광을 즐기다가 빈탄 섬에서 2~3박하며 심신을 휴식하는 것이 기본 일정이다. 무작정 휴양하거나 관광만 하는 지역과 다른 정취를 맛볼 수 있다.

특히 싱가포르의 7월 한 달은 최대 70퍼센트까지 할인된 가격에 쇼핑할 수 있는 '4빅세일' 기간과 지상 최대라고 자랑하는 요리축제가 벌어지는 기간이다. 볼거리, 할거리, 먹거리가 흘러넘친다.

외국인 여행자들은 싱가포르에서 먹거리 걱정을 하지 않아도 된다. 중국, 인도, 말레이, 페라나칸 등 싱가포르 민족의 음식은 물론 한식, 일식, 타이식, 유럽식, 패스트푸드에 이르기까지 없는 음식이 없는 것이 특징이다.

하루 세끼를 외부에서 해결하는 싱가포르에는 노천의 호커센터에서부터 호텔의 전문 레스토랑에 이르기까지 다양한 종류의 음식점이 모여 있다. 각 민족의 거리인 차이나타운, 리틀인디아, 아랍 스트리트, 말레이 빌리지 등과 보트 키, 클락 키 등의 싱가포르 강변, 오차드로드 등에서 다양한 음식문화를 접할 수 있다.

사자상

싱가포르 시의 중심은 동서로 흐르는 싱가포르 강의 하구 주변이다. 시티홀역에서 남쪽으로 뚫린 앤드류 거리에 시청, 대법원, 국회의사당, 빅토리아 기념홀, 빅토리아 극장이 있고, 강변에 이르는 동쪽에 래플스 경의 상륙지점과 서쪽에 엠프레스궁이 있다.

여기서부터 아리나베이의 바닷가를 끼고 넓은 초록의 세계가 펼쳐지는데, 이곳이 에스플라나드 공원이다. 이 공원 한복판으로 2킬로미터나 되는 엘리자베스 여왕의 등극을 기념하여 만든 '엘리자베스 워크' 가 있다. 젊은 연인들의 아베크 코스이며, 신혼여행 커플의 메카이기도 하다.

이 공원에서 건너다보이는 강 하구의 남쪽에는 싱가포르의 심벌이라는 '마라이온' 이 있다. 얼굴은 사자인데 몸과 꼬리는 물고기인 이상한 짐승의 석상이다. 반쪽만 사자이기 때문에 사자상이라고 부를 수도 있다. 사자라고는 한 마리도 없고 살지도 않은 이곳에 사자상이 왜 생기게 되었을까.

원래 싱가포르는 말레이시아어로 '테마섹' (바다마을)이라고 불렀다. 그러나 1377년 자바의 침공으로 마을은 파괴되고, 수마트라의 왕자 '니라우티마' 가 이 섬에 와서 마을을 새로 건설했다. 사자를 닮은 이상한 동물을 보고 '싱가푸라' 라고 이름을 새로 지었는데, 이것은 '사자마을' 이란 뜻이다.

이로부터 지금의 싱가포르란 이름으로 불리게 되었다. 사자가 없는 마을의 이름이 사자마을이 된 것은 좀 이상하지만, 어쨌든 싱가포르의 상징은 반사자상이 되어 이 나라 곳곳에서 이 돌사자상을 구경할 수 있게 되었다.

높이 8미터나 되는 거대한 돌사자상 뒤에는 또 하나의 조그만 돌사자상이 등을 맞대고 있다.

일례로 싱가포르에서 1998년 6월 27일부터 7월 31일까지 대대적인 '싱가포르 음식 페스티벌' 이 열렸다. 싱가포르 관광청이 세계적인 카드회사인 아메리칸 익스프레스와 공동으로 주최한 이번 페스티벌은 지구상의 맛있는 음식을 한자리에 차려놓고 다 함께 감상해보자는 내용을 담고 있다.

특이한 점은 프로그램 중에는 단지 한 곳에서만 하는 것이 아니라 각 업소별로 자신의 집에서 가장 자신 있는 음식을 내놓고 여행객은 레스토랑을 돌아다니며 한 끼의 식사를 풀코스로 해결하는 상품이 선보였다. 즉 전채요리는 A호텔에서, 본요리Main Dish는 B호텔에서, 그리고 후식은 C호텔에서 맛보는 구루메 사파리Gourmet Safari이다.

또 세계 초일류 주방장들이 최고의 음식을 선보이는 세계 구루메 서미트World Gourmet Summit, 싱가포르 전통 음식을 소개하는 '호커 랑데부' Hawker Rendezvous, 그리고 '포도원에서' From the Vineyard와 같은 프로그램은 음식을 통한 문화의 교류에도 크게 기여한 것으로 평가되고 있다.

음식축제와 함께 싱가포르의 번화가인 부기스 거리에서 우렁찬 팡파르가 울리며 싱가포르 음식축제가 막을 열 때 한쪽에서는 1957년부터 1997년까지 40년간의 음식문화에 대한 변화 과정을 사진에 담은 '오스트레일리아 음식문화 사진전' 이 동시에 실시되어 많은 사람들의 관심을 끌었던 적도 있다.

래플스 쇼핑센터에서 개최된 '생각하는 음식' 행사는 어떤 음식이 보기에 좋고 맛도 좋은지를 실제로 확인해보는 프로그램이다. 이곳에서는 하얏트 호텔의 주방장이 직접 나와 미국에서 다이어트용으로 인기가 있는 지방질 없는 닭고기를 야채와 함께 저지방 아이스크림에 담가먹는 법 등 건강식을 보다 맛있게 먹을 수 있는 방법을 소개하여 좋은 반응을 얻기도 하였다.

포트캐닝 공원에서 개최한 '포도원에서'는 음식축제 중 처음으로 개최되는 야외 행사로 프랑스, 캘리포니아, 오스트레일리아, 싱가포르, 남아프리카 등지에서 직접 수입한 알자스, 보르도, 부르군디, 샴페인 중에서 가장 맛있는 와인을 고르는 행사이다. 싱가포르인들의 전통 음식문화를 접해볼 수 있는 '호커 랑데부'에는 각종 오리요리를 비롯한 콩음료, 할라이 치킨 등이 전시되어 많은 외국 관광객들의 호기심을 불러일으켰다.

원래 호커Hawker란 거리에서 큰 소리로 외쳐대는 물건을 파는 행상인을 뜻하는 말이지만 실제로는 우리나라의 포장마차처럼 거리에다 간이음식점을 설치해놓고 직접 음식을 만들어 파는 사람을 가리키는 말이다.

또한 이 행사에서는 젓가락으로 음식 빨리 나르기, 그리고 단단한 껍질에 날카로운 바늘 같은 가시가 무수하게 나와 있는 두리앙의 껍질 빨리 벗기기와 같은 시합을 벌여 흥을 돋우기도 하였다.

도쿄에서는 우리 인간의 신체가 양과 음의 조화를 이룰 때 가장 건강을 유지할 수 있다고 생각하는데, 이러한 이론에 입각하여 신체의 기를 돋워주는 약초들을 골라 음식으로 만들어 시식하는 코스도 선보였다. '음양시식'The Yin-Yang Adventure by Culinary Expert이 그것이다. 이 코스를 시작하기 전에는 먼저 발을 씻고 발 마사지를 받도록 되어 있는데, 그것은 신체의 내장과 연결되어 있는 발바닥의 반사점Reflex

Point을 자극함으로써 식욕을 돋워주고 아울러 체내에 기를 넣어주기 때문이란다.

'공기 농장'Aero-Farm 견학은 주목할 만하다. 한 해에 40만 톤이라는 엄청난 양의 야채를 소비하는 싱가포르이지만 그만한 야채를 생산해낼 만한 토지가 절대적으로 적어 전량을 수입에 의존하지 않으면 안 되는 형편이다. 이에 싱가포르의 난양공업대학SNTU에서는 1996년부터 스펀지 위에 야채의 씨를 뿌려 배양한 것을 나무로 만든 묘판 위에 옮겨 심는 방법을 개발해냈다. 토양에서 재배한 것보다 훨씬 깨끗하고 영양가 많은 싱싱한 야채를 다량으로 생산하는 것이 바로 공기 농장이다. 이러한 기술은 앞으로 사막 지방이나 달나라 등에서 활용될 수 있는 가능성이 있는 것으로 세계의 주목을 받고 있다.

■■ 인도 India

종교가 음식을 지배

히말라야 산맥 이남, 인도 반도의 대부분을 차지하고 있는 인도는 우리에게 '매혹과 신비의 나라'로 알려져 있다. 정식 명칭은 인도 공화국 Ganahantra Bharat 이다.

'인도'란 말은 원래 '힌두'와 같은 어원을 가진 것으로 알렉산드로스의 군대가 인더스 강 연안에 도달했을 때, 당시 그곳에 살던 사람들을 '힌두'(또는 신두), 그 토지를 '힌두'(인도)라고 부른 데서 비롯되었다고 한다. 하지만 당시 인도인들은 자신들의 땅을 '바라트' Bharat 라 부르고 있었다. '바라트'란 북인도, 특히 갠지스 강 중류 지역을 가리키는 말인데, 오늘날 인도의 공식 국명으로 사용되고 있다.

인도는 세계 4대문명의 발생지 중 하나로, 그 연원은 기원전 3000년까지 거슬러 올라간다. 모헨조다로와 하라파 등지의 유적들을 통해 나타난 이 인더스 문명은 약 500여 년간 지속되면서 메소포타미

아나 수메르에 버금가는 세련된 청동기 문명을 꽃피웠던 것으로 알려져 있다. 그러나 오늘날 인더스 문명은 다만 전설처럼 전해질 뿐이다.

본격적인 인도의 역사시대는 기원전 100년경 북방 유목민인 아리아인들이 갠지스 강 상류에 진출 · 정착하면서부터 시작된다. 원래 서양인의 선조격인 게르만, 슬라브인 등과 같은 혈통을 타고난 이 아리아인들은 철제무기로 무장, 당시 청동기 단계에 머물러 있던 드라비다인들을 손쉽게 정복하였다. 그 후 자신들의 문화적 우월성을 공고히 하기 위하여 '카스트' 라는 계급제도를 만들어내는 한편, 토착민과의 적극적인 혼혈을 통해 오늘날 인도민족의 주류를 형성했다.

기원전 7세기경 인도에서는 아리아인들을 주축으로 도시국가들이 생겨나기 시작했다. 코살라, 마가다, 난다 등으로 대표되는 이 도시국가들은 이후 상호간에 정복전쟁을 펼치며 일세를 풍미한다.

기원전 3세기경 이들 중 특히 두각을 나타냈던 마가다국의 찬드라굽타는 마지막까지 버텼던 난다 왕조를 멸망시키고 마우리아 왕조를 건립, 인도 역사상 최초의 통일왕국을 건설한다. 하지만 이 마우리아 왕조는 불교진흥과 세계화에 크게 공헌했던 아소카 왕이 죽자, 급속히 쇠퇴하기 시작하더니 기원전 2세기 무렵 멸망하고 말았다.

이후 12세기까지 인도는 강력한 통일국가가 형성되지 못한 채, 각 지방을 대표하는 왕조가 흥망을 되풀이하게 된다. 북서 인도를 중심으로 일어난 쿠샨 왕조를 비롯, 힌두 문화를 성립시킴으로써 인도 문화의 황금기를 열었던 굽타 왕조, 그리고 벵골 지방의 벵골 문화를 확립했던 팔라 왕조 등이 이 시기를 거쳐간 대표적 왕조들이다.

한편 12세기 이후 그동안 강대해진 이슬람 세력이 인도 반도를 넘보기 시작하더니 급기야 침략이 본격화되면서 1526년 티무르의 5대 손인 바부르에 의해 회교 왕국인 무굴 제국이 건설된다. 이 무굴 제국은 이후 150여 년간 전성시대를 구가하며 인도 역사의 중세를 장식하게 된다. 15세기 말 펀자브에서 나나크가 창시한 이슬람과 힌두교의 절충형인 시크교도 바로 이때의 산물이다.

1707년 아우랑제브 황제가 죽자 무굴 제국은 급속히 와해의 길을 걷는다.

데칸을 중심으로 한 반무굴 세력(마라타 세력)의 활동이 활발해진 데다 이란 지역의 이슬람교도 침입이 잇따르고, 영국의 식민지 진출이 본격화되면서 인도 반도는 세계열강의 각축장으로 돌변한다. 이에 1857년 인도민족은 세포이를 중심으로 반영투쟁을 전개하지만 당시 세계최강을 자랑하던 영국의 화력을 감당하기에는 역부족이었다.

1858년 무굴 제국의 멸망과 함께 영국은 인도에 대한 식민통치를 감행한다. 하지만 인도 민중들은 곧 국민회의를 중심으로 반영독립투쟁에 돌입하게 된다. 특히 간디와 네루를 중심으로 한 국민회의 과격파들은 1919년을 기점으로 '비폭력 불복종운동' 을 더욱 전개하여 국내외에 대단한 반향을 불러일으키게 되었다.

1945년 제2차 세계대전의 종결과 함께 영국의 애틀리 노동당 정부는 인도의 독립을 공식적으로 약속한다. 하지만 임시정부 구성을 둘러싸고 그 동안 독립운동과정에서부터 분열의 조짐을 보인 이슬람연맹과의 갈등이 첨예화되었다.

이에 간디의 반대에도 불구하고 네루를 중심으로 한 국민회의측은 이슬람연맹과의 분리에 합의, 1947년 8월 15일 인도는 200여 년간의 식민지 시대를 청산하고 정식 독립국으로 재탄생하게 되었다.

인도를 지역별로 살펴보면 크게 델리를 중심으로 한 북부, 뭄바이와 고아의 서부 지역, 차로 유명한 다즐링과 콜카타의 동부, 그리고 타밀나두를 주축으로 한 남부 지역으로 나뉜다.

지역별로 독특한 요리들이 있는데 북부 인도에서는 탄두리Tandoori라 불리는 바비큐와 비슷한 조리법을 이용한 닭요리와, 밀로 만든 빵의 일종인 난Naan이 유명하고, 카슈미르 지방에는 와즈완이라는 24가지 다른 요리법을 가진 양고기요리가 잘 알려져 있다.

또 바다에 접한 벵골 지역에서는 달콤한 디저트류가 유명하며, 서부 인도는 해안선을 따라 생성된 뭄바이와 고아를 중심으로 싱싱한 해산물 요리가 풍성하다.

특히 고아는 게와 새우, 조개의 보고로 이곳에서 나는 양질의 와인과 베프코노주가 더욱 식욕을 돋운다. 한편 케랄라 등의 남쪽에서는 도사Dosa라 부르는 쌀과 코코넛을 배합해 만든 주식류의 빵이 잘 알려져 있다.

일반적으로 인도 요리는 맵고 자극적이라 생각하지만 매운 음식을 즐기는 지방은 한정되어 있다. 카슈미르와 같은 북쪽 지방에서는 매운맛을 즐기지만 고아와 같은 해안이나 남쪽에서는 자극적인 맛을 찾아보기 힘들다. 자극적인 맛이라 해도 아주 약한 맛을 낼 뿐이다.

주된 향료와 양념류에는 커리 소스와 매운맛을 내는 붉은 칠리, 월계수와 고수풀 잎, 계피와 겨자씨, 타마린드 등 수십 종이다.

신성한 암소의 수수께끼

인도 연방의 헌법에는 '국가정책의 지도원리' 라는 장이 있는데, 여기에는 주에서 법률들을 제정할 때 지켜야 하는 지침이 서술되어 있다. 그 48조는 '소와 송아지, 혹은 다른 젖 짜는 동물이나 수레 끄는 동물을 도살하는 것' 을 금지할 것을 요구하고 있다.

케랄라와 웨스트벵골 등 두 개의 주를 제외한 인도의 모든 주가 '소 보호법' 을 통과시켰다. 여기서 소란 인도 재래종 보스 인디쿠스Bos Indicus 를 일컫는다.

그러나 힌두의 성자들과 수많은 소보호협회들은 계속해서 모든 소의 도살 금지를 주장하고 있다.

1966년 12만 5000명의 벌거벗은 소보호주의자들이 뉴델리에 있는 인도의회를 봉쇄하겠다고 위협했으며, 1978년에는 힌두교의 지도자 아카라야 바베가 케랄라와 웨스트벵골이 도살금지법을 제정할 때까지 단식하겠다고 위협함으로써 국가적 위기를 초래하기도 했다. 인도는 세계에서 소가 가장 많다. 그 수는 5000만 마리의 물소를 제외하고도 인도 재래종만 하더라도 약 1억 8000만 마리에 이른다. 이런 상황은 아무도 소를 죽이거나 먹으려 하지 않기 때문에 생긴 것이라 할 수 있다.

인도는 또한 병들고 마르고 늙고 노쇠한 소가 세계에서 가장 많은 나라이다. 일부 조사에 따르면 전체 소의 4분의 1 내지 절반 정도가 시골의 들판이나 고속도로, 도시의 거리들을 방황하는 '쓸모없는' 존재라 한다. 이것이 사실이라면 이것 역시 소의 도살 금지와 쇠고기를 혐오하기 때문에 생긴 것이라 말할 수 있다.

더욱이 인도는 인구가 10억 명이나 된다. 이 거대한 인구 가운데 많은 수가 더 많은 단백질과 열량을 필요로 한다는 것을 부인할 사람은 아무도 없을 것이다.
따라서 소를 도살하거나 먹기를 거부하는 것은 '경제적 이해와 상반되는' 것으로 보인다. '신성한 소' 라는 속담은 아무런 합리적인 근거가 없는 관습과 관행을 완강히 고수하는 것을 일컫는 말로 일반적으로 쓰이고 있지 않은가?
소 보호와 쇠고기 혐오, 쓸모없는 수많은 소에 대한 설명의 한 가지로 종교적 열정을 들 수 있다. 힌두교는 인도의 지배적인 종교이고, 소 숭배와 소 보호는 힌두교의 중심을 이룬다. 예를 들어 서유럽 사람들 중에는 아는 사람이 거의 없지만 모한다스 간디가 성자로서의 명성과 대중적인 호소력을 가졌던 이유의 하나는 그가 힌두교의 소 보호 교리의 열렬한 신봉자였다는 사실이다. 간디는 이렇게 말했다. "힌두교의 중심적 교리는 소 보호이다. 소 보호는 세계에 대한 힌두교의 선물이다. 힌두교는 소를 보호하는 힌두교도가 있는 한 살아남을 것이다." | 자료 : 마빈 해리스, 1993 |

이와 함께 인도 요리 고유의 맛을 내는 것은 '마살라' 로 반찬에서 스낵까지 인도 음식의 대부분은 이 마살라를 빼고는 생각할 수 없다. 우리나라의 고유의 맛이 간장, 된장에서 비롯되는 것과 마찬가지이다. 마살라는 주로 식물의 열매, 씨앗, 잎, 뿌리 등으로 만들어진 향신료로 종류도 많은데, 인도 요리에서는 재료에 열을 가하고 이 마살라를 섞어 만든 종합 향신료를 넣어 향기를 내고 맛을 낸다.
인도에서 가족의 식사나 친구의 대접으로 '달리' 서비스가 사용된다. 달리는 놋쇠나 스테인리스 스틸로 된 원형 쟁반으로 이 위에 카토리스라고 불리는 똑같은 금속제의 작은 사발을 놓는데 이것은 야채와 완두통과 요구르트 등 개별 서빙에 사용된다. 개인 각자에게 개별 달리가 놓이게 되는 것이다.

인도 요리는 특정한 기구들을 필요로 하며 인도 부엌에서 사용되는 몇 가지 전통적인 기구들이 흥미롭다. 몇 가지를 소개해보면 데키Degchi는 윤기 나는 놋쇠나 스테인리스스틸, 또는 다른 금속으로 만든 손잡이 없는 팬이다. 뚜껑이 있어 천천히 음식을 요리하거나 음식을 따뜻하게 보관하기 위해 불에 올려놓을 수도 있다.

카라히Karahi는 인도의 모든 부엌에서 없어서는 안 되는 것으로 양쪽에 1개씩 두 개의 손잡이가 달린 바닥이 깊고 두꺼운 금속성 접시이다. 이것은 중국의 워크Wok보다 좀더 둥글며 튀김요리에 사용된다.

타와Tawa는 거의 편평한 무쇠팬이며 직경이 약 10~25센티미터로 열기를 고르게 전해주기 때문에 차파티Chapati나 파라다스 같은 다른 인도의 빵을 만드는 데 사용된다.

인도 음식에는 다양한 향료와 양념이 쓰이는데 진경제, 아니스 열매, 월계수 잎, 고수풀 잎, 커리 잎, 붉은 고추, 고수풀 열매, 커민 열매, 캐러웨이 열매, 계피, 카르다멈, 정향, 마늘, 생강, 호로파씨, 박하, 겨자씨, 양귀비 열매, 통후추, 타마린드, 심황, 참깨, 사프란, 백리향, 검은 카르다멈, 육두구, 육두구 껍질을 말린 향료 등이 대표적으로 국내에서는 한남동 슈퍼마켓이나 이태원 서울 슈퍼체인, 유엔주둔지 모벤픽Movenpick, 남대문 등지에서 구입할 수 있다.

인도 빵은 손가락으로 먹는 것이 더 쉽다고 한다. 밥은 맨 처음 접시 중앙에 서브되고 여러 가지 커리 요리와 기타 부수적인 요리들이 그 주변에 놓인다.

인도 식사는 밥에 중점을 두며 고기요리는 풍성한데, 고기요리를 음미하는 유일한 길은 맛있는 밥이나 차파티 또는 난과 함께하는 것이다.

인도 음식을 내는 과정을 보면 모든 것이 동시에 서브된다. 이런 서비스 방식은 가정주부가 계속 왔다갔다 하지 않도록 도와준다.

문화의 발달과 함께 나이프와 포크를 사용하는 추세이나 아직도 많은 인도인들은 손으로 음식의 촉감과 온도를 느끼는 것을 좋아한다. 제일 먼저 감촉으로부터 식사를 시작, 예민한 손가락 끝으로 음식의 따뜻함이나 부드러움을 느낌으로써 더욱더 식욕이 돋워진다고 한다. 남인도에서는 바나나 잎에 내오는 식사가 유명한데, 적당한 길이로 자른 바나나 잎을 1회용 접시로 이용하는 것으로 잎을 유리잔의 물로 겉을 잘 닦아낸 후 밥을 올리고 이어 반찬인 커리가 차례로 놓인다.

잘 알려져 있는 것처럼 힌두교도들은 쇠고기를 먹지 않으며 가네시 차투르티Ganesh Chaturthi라는 힌두교 최대의 명절 땐 모닥Modaks이라는 옥수수 모양의 만두를 빚어 먹는다.

이슬람교도는 돼지고기를 먹지 않으며 쌀과 닭고기를 넣고 찐 비리야니Biryani를 즐긴다. 서부의 구자라트 주에는 야채와 콩을 주재료로 한 채식 위주의 요리가 유명하다. 인도 인구의 절반 이상이 채식주의자라는 것도 독특한 인도의 음식문화이다.

이에 채식주의자와 비채식주의자로 구분되는데, 채식주의자는 주로 종교적인 이유로 육류를 일절 먹지 않는다. 이 구별은 매우 엄격한 것이어서 채식주의자 중에는 비채식주의자와 동석을 거부하는 사람도 있다고 한다.

인도의 주식은 북인도와 남인도가 다르다. 북인도는 밀가루로 만든 인도 빵인 로티Roti, 남인도나 벵골에서는 쌀밥을 주식으로 한다. 로티는 인도 식빵의 총칭으로 차파티, 난, 파라타Paratha, 푸리Puri 등이 있다.

차파티는 밀기울이 든 밀가루를 물로 갠 후 얇게 만들어 잘 구운 것으로 물리지 않고 먹을 수 있다. 난은 정제한 하얀 밀가루로 구운 빵으로 발효시킨 것이어서 부푼 모양이다. 파라타는 정제한 버터를 발라서 토막 내어 구운 것이며, 푸리는 차파티같이 철판 위에 구운 것은 없고 기름으로 튀겨서 부풀린 것이다.

쌀요리로는 향신료를 알맞게 섞어 지은 밥인 플라우Pulau, 향신료나 너츠를 사용한 고급 요리인 비리야니, 레몬으로 맛을 낸 레몬라이스 등이 있다.

달Dhall이라는 수프는 부드럽게 빚은 콩에 마살라를 가미한 것으로 다양한 콩을 사용하며 콩에 따라 맛과 모양이 다르다. 밥이나 차파티에 이 달을 섞어 먹는 것이 식사의 기본으로 아주 대중적이다.

인도 고기요리의 주재료는 양고기Mutton와 닭고기인데, 닭고기는 고기 중 제일로 여기며 양고기보다 값도 비싸다고 한다.

치킨요리로 가장 대표적인 것이 탄두리 치킨이다. 이것은 커리 종류는 아니고 요구르트에 절인 치킨에 여러 가지 향신료를 넣어 인도식 오븐인 탄두르(흙솥)에 넣고 잘 구운 것으로, 불이 잘 통하게 해서 향신료를 속까지 배게 하여 향기롭다.

남인도의 스낵으로는 도사Dosa가 유명하다. 콩과 쌀가루를 반죽해서 철판에 얇게 구운 것으로 크레이프라고도 부르며 가벼운 식사로도 좋다.

후식 역시 인도에서는 매우 중요한데, 벵골 만에 접한 해안 지대에는 훌륭한 후식류가 매우 발달했다. 반대편 해안 지역인 고아에서 디저트의 여왕이라 불리는 베빈카Bebinca는 밀가루에 코코넛과 우유를 섞어 버무린 것이다.

한편, 음료수는 차이Chay가 으뜸인데, 우유와 설탕, 그리고 때로는 가지와 찻잎의 즙이 들어간 홍차이다. 인도 어디를 가더라도 사람이 많이 모이는 곳이나 오가는 곳에 반드시 차이 가게가 있다. 또 요구르트에 설탕과 물을 넣어서 잘 섞은 청량음료인 라시Lassi는 달면서도 짭짤한 맛으로 대개 여성들이 선호한다.

카스트 제도와 금기 식품

힌두식 생활방식과 종교에 내포되어 있는 것은 카스트 제도이다. 고대로부터 이 카스트 제도는 출생성분에 따른 사회적 계급으로 사람을 브라만, 크샤트리아, 바이샤, 수드라 4계급으로 분류하였다.

특히 브라만 계급은 철저한 채식주의자이다. 그 중에서도 아주 철저한 사람은 달걀을 먹는 것조차 금하고 있다. 다른 카스트에 속하는 사람들은 쇠고기 이외의 고기를 먹기도 하나 높은 계급일수록 고기를 먹는 풍습은 줄어든다. 그러나 생선은 힌두교도들이 식용하기도 하는데, 특히 벵골 지역의 사람들이 즐겨 먹는다.

특히 쇠고기만 카스트에게 금지된 것은 아니었다. 힌두의 성서 중 『마누장정』Code of Manu에는 가금家禽, 양파, 마늘, 순무, 버섯 및 소금에 절인 돼지고기가 금기 식품에 포함되어 있다. 또한 어떤 콩lenril과 토마토는 핏빛을 띠고 있다 하여 어떤 카스트에게는 받아들여질 수 없다.

남인도의 바라문 계급의 식사법은 우선 그들이 정원에서 따온 바나나 잎을 30~40센티미터 길이로 잘라서 바닥에 펼치고 놋쇠 컵에 담은 물을 그 위에 조금 떨구고, 오른손으로 잎을 깨끗이 씻는다.

급사가 그곳에 몇 가지 야채요리나 밥요리를 조금씩 얹으면 조용히 힌두교 주문을 외면서 컵의 물을 잎 주위에 조금씩 흘린다. 이것은 잎과 식사를 깨끗이 하는 의식이다. 그리고 오른손에 받은 물은 약간 입으로 가져간다. 이것은 신을 위한 의식이다.

다음에 달콤한 밥요리를 조금 입에 넣는다. 이것도 신을 위한 의식이다. 그런 다음 식사가 시작되는데 모두가 채식이다. 남인도의 바라문에게는 식사도 일상적인 종교행위의 하나이다. | 자료 : 김혜영 외, 2004, pp. 119~120 |

인도네시아 Indonesia

적도에 걸쳐 있는 음식 천국

'Indos'(인디언)와 'nesos'(섬)라는 뜻의 국가명에서도 알 수 있듯이 인도네시아는 거대한 군도로 되어 있다. 5개의 큰 섬과 30개의 작은 섬들이 있는데, 사람이 살고 있는 약 6000여 개의 섬을 포함해서 총 1만 4000여 개의 섬으로 이루어져 있다.

인구 1억 6000만에 말레이계, 인도계, 중국계 등이 국민의 대부분을 이루고 자바인, 순다인, 발리인 등으로 이루어진 소수민족은 300 종족에 이른다고 한다. 그만큼 동서로 긴 지역에 걸쳐 있어 먹는 것도 가지각색이다.

선사시대에 대한 기록이나 문헌 등이 거의 없는 관계로 정확한 역사는 알 수 없으나 지금까지 발견된 화석 등을 놓고 볼 때 아주 오래 전부터 인류가 살았던 것으로 추정된다.

자바 섬을 중심으로 발견되었던 자바 원인(일명 피테칸트로푸스 에

렉투스)을 비롯, 모조케르토인, 솔로인 등의 유해와 유물들이 바로 그 증거이다. 현재 인도네시아 주민의 대부분은 인도차이나 지역에 근거를 둔 말레이계 민족에 속한다. 이들은 기원후 인도 상인들의 동쪽 진출을 계기로 당시 발달한 인도 문화를 수용, 농경기술을 비롯하여 산스크리트계의 문자와 힌두교 · 불교 등을 통해 비로소 원시의 탈을 벗게 되었다.

또한 이때부터 힌두교와 불교를 통치이념으로 한 국가들이 생겨나기 시작하는데, 5세기에 서부 지방에서 일어난 다르마 왕국을 필두로 6세기의 칼링가 왕국(중부 자바), 그리고 7세기에는 수마트라 섬의 팔렘방에서 불교를 토대로 슈리비자야 왕국이 연이어 발흥했다.

특히 슈리비자야 왕국은 8세기 샤일랜드라 왕조시대에 이르러 동서 교통의 요충지인 중부 자바를 장악, 이후 10세기까지 번영을 구가했으며, 이때의 유적으로 보로부두르 사원(세계 최대의 불교 유적지)이 전해지고 있다.

한편 11세기에 접어들면 이곳의 문화 중심지가 점차 중부 자바에서 동부 자바로 옮겨진다. 그리고 이때를 기하여 그동안 융성했던 불교 왕국 대신 힌두계 왕국들이 속속 등장하기 시작한다. 특히 13세기 말 원나라의 쿠빌라이 군대를 격파한 마자파히트 왕조는 현재 동남아시아 도서부 일대의 대부분을 지배하여 황금시대를 구가하였다.

하지만 15세기 이래 서쪽으로부터 이슬람 세력이 동진하여 이 일대에 터를 잡는다. 그리고 1527년 일세를 풍미했던 마자파히트 왕조는 거듭된 이슬람 세력의 공격에 의해 멸망하고, 자바 섬에는 데마크 및 반탐이란 두 이슬람 왕국이 들어서게 되었다.

그러나 이들 왕국은 독자적인 번영을 누려보기도 전에 서구 열강의 진출시대를 맞이했다. 포르투갈을 비롯, 영국 · 네덜란드 등의 잇따른 진출로 인도네시아 지역은 삽시간에 향료무역의 독점권과 식민지 획득을 위한 서구 열강의 싸움판으로 돌변하며, 결국 신흥강국 네덜란드의 전격적인 승리로 귀결되었다.

이 후 네덜란드는 서부 자바의 자카르타에 바타비아성을 건설, 향료 등 특산품 무역의 독점권을 행사하는 한편, 이후 3세기 반에 걸쳐 식민지 지배체제의 총본산으로 활용했다.

19세기 초 유럽 정세의 변동으로 인도네시아의 식민지 경영권이 한때 영국으로 넘어가기도 했으나 빈회의를 통해 네덜란드는 다시 지배권을 수중에 넣는다. 게다가 '강제재배법' 이란 악법을 적용, 인도네시아인들을 노예 그 이상으로 착취하였다.

이에 대한 인도네시아인들의 몸부림은 19세기 말의 아치에전쟁 등으로 폭발하였으나 그때마다 네덜란드의 무차별한 무력행사 앞에 진압되곤 하였다.

20세기에 접어들자 독립저항운동은 한층 활발해짐과 더불어 점차 조직화되기 시작하였다. 특히 자바 귀족의 딸인 카르타니는 인도네시아 민족운동의 활성화에 도화선을 제공하기도 하였다. 민족운동이 점차 고조되는 가운데 제2차 세계대전의 발발로 네덜란드가 붕괴되었다.

그 후 인도네시아 국민당의 지도자 수카르노는 1945년 8월 일방적으로 독립을 선언하게 된다. 그러나 대전 종결 후 식민지 재지배를 위한 네덜란드 측의 무력행사로 군사적 충돌이 불가피하여, 결국 인도네시아는 4년간의 독립전쟁을 치른 끝에 1949년 주권을 회복하고 1950년 8월 명실상부한 독립국 '인도네시아 공화국'을 선포하여 오늘에 이르고 있다.

쌀을 주식으로 하는 지역도 있고 야자의 전분인 '나무'를 주식으로 하는 지역도 있다. 종교와 종족에 따라 식사의 내용도 다양하다. 돼지고기를 먹지 않는 이슬람 문화권과 쇠고기를 먹지 않는 힌두교 문화권이 존재하지만 화교들의 식당에 가면 모든 육류를 먹을 수 있다. 동서의 길이가 긴 만큼 다양한 음식문화가 있는 곳이 바로 인도네시아이다.

발리 전통춤

발리 섬에는 1년 내내 축제가 없는 날이 거의 없다. 축제 때는 으레 음악과 춤이 따른다. 발리 축제 중 으뜸은 '오달란' Odalan이다. 발리 달력은 1년이 약 210일인데, 발리 달력으로 1년에 한 번, 사원寺院의 설립일에 열리는 축제가 오달란이다.

어느 마을이든지 마을에는 꼭 세 곳 이상의 절이 있다. 조상의 영혼을 모신 '푸라푸세'와 마을의 절인 '푸라데사', 그리고 죽은 사람의 영혼을 모시는 '푸사달렘' 이다.

갈론간제와 쿠닝간제도 유명한 축제이다. 그 밖에도 결혼식 · 장례식 · 성인식 등이 끊임없이 열린다. 이 나라의 특이한 달력(우크曆) 때문에 7개월마다 해가 바뀌니 해마다 열리는 축제도 그만큼 자주 찾아오는 셈이다.

발리에는 약 2만 개의 사원이 있다. 이 사원들마다 '오달란' 축제를 여는데,

보통 3~7일, 길게는 1개월 정도 계속된다. 발리인들은 사원 건립일에 '오달란' 이라는 행사를 치른다. 이 오달란 날에는 신들과 조상의 영혼이 하늘로부터 내려와 제물을 받는다고 한다.

오달란을 위해 여자들은 1개월 전부터 재물을 준비하고, 남자들은 제단을 꾸미기 시작한다. 여자들은 솜씨를 발휘해 집집마다 쌀로 시루떡을 만드는데, 1미터 높이로 쌓아 올린 형형색색의 떡 장식은 예술품이라 해도 과언이 아니다. 남자들은 코코넛 잎과 바나나 줄기를 이용해 제단을 꾸민다.

발리의 중심도시인 덴파살에 있는 빠떨란 사원에서도 오달란 축제가 열린다. 아침부터 마을 사람들은 가믈란 음악팀의 연주에 맞추어 일렬로 제물을 이고 와서 기도를 드린다.

버망꾸(힌두교의 제사장)는 사람들에게 신성한 물을 뿌리며 신들에게 내려와서 즐겨달라고 기도한다. 오후 4시경 '끄리스춤' 이라는 의식이 시작된다. 마을 사람들의 수호신인 바롱과 해를 끼치는 마녀로 알려진 랑다의 싸움이 시작된다. 마을 사람들은 끄리스(검)로 바롱을 돕기 위해 랑다를 찌르지만 랑다는 마을 사람들을 미치게 해 사람들이 칼로 자신의 몸을 찌르며 자해하게 만든다. 이때 바롱은 마법의 힘으로 사람들이 자해하지 못하게 하고 랑다는 도망친다. 선이 악을 이긴 것이다. 마을 사람들은 의식을 회복하고 평안한 가운데 일상생활을 시작한다. 종교의례인 오달란은 이렇게 끝맺는다.

오달란은 보통 해가 진 후부터 새벽까지 계속된다. 발리인들은 전통적인 의상으로 차려입고 신에게 재물을 바치며 기도하고 노래하고 춤을 추며 밤새운다. '신들의 섬' 에서 인간과 신들의 향연이 며칠 간 계속 된다. 발리인들은 음악 · 시 · 춤 · 축제를 즐기며, 항상 신을 모시고 행복하게 살아간다.

인도네시아의 냄새라고 불리는 코코넛은 인도네시아 요리의 기본 조미료이다. 코코넛 외에도 인도네시아에서는 야자류 식품이 주류를 이룬다. 주식으로, 향신료로, 식용유로 야자류의 이용은 무척 광범위하다.

인도네시아의 조미료 중 '삼발' 또한 중요한 인도네시아의 향기를 느끼게 해준다. 생고추, 토마토, 마늘, 소금, 후추, 타마린드 등의 재료를 으깨거나 기름으로 볶은 형태로 생야채나 밥에 뿌려 즐겨 먹는다.

'트라시' 라고 불리는 새우젓 페이스트도 중요한 조미료이다. 삼발에 첨가하거나 불에 구우면 맛이 좋다.

'께잡' 도 중요한 조미료의 하나이다. 대두를 발효시켜 만든 간장인데, 고추장 비슷한 께잡마니스와 짠맛이 강한 께잡아신 등 2종류가 있다.

요리의 예를 들면, 수마트라의 빠당이 근원지인 '빠당요리' Masakan Padang는 대표적인 인도네시아의 요리이다. 인도네시아의 어느 곳을 가도 빠당요리 전문점은 성시를 이룬다. 빠당요리의 서비스는 매우 흥미롭다. 손님이 주문하지 않았는데도 불구하고 웨이터가 음식을 테이블에 쌓아놓고 있다.

처음 이 광경을 접하는 사람을 깜짝 놀라 당황하게 된다. 그러나 먹고 싶은 것만 먹어도 되니 걱정하지 않아도 된다. 달걀, 고기, 내장, 생선, 야채, 과일 등을 다양하게 조리해 무척 다채롭다.

식사도 인도네시아 전통방법을 사용하면 재미있다. 손도 미각을 느낀다는 인도네시아인들처럼 손가락으로 밥알을 쓸어 모아 먹는 것도 이색적인 음식문화의 이해를 쉽게 하는 방법이다.

인도네시아의 볶음밥인 '나시고렝' 은 인도네시아를 여행할 때 한 번씩 꼭 먹게 되는 요리이다. 맛이 자극적이지 않기 때문에 먹기가 수월하다. 달걀프라이가 곁들여지기도 한다.

꼬치요리인 '사테' 도 대표적인 인도네시아의 먹거리이다. 닭고기, 쇠고기, 돼지고기 등을 꼬치에 꿰어 구운 사테는 붉고 작은 양파를 양념으로 해풍미가 좋은데 땅콩소스의 달콤한 맛도 매력이다. 양념은 경우에 따라 다양한데 발리에서는 바다거북 사테가 인기가 높다.

마구 섞는다는 뜻인 '가도가도' Gadogado는 인도네시아식 샐러드이다. 삶은 양배추와 당근, 감자, 콩, 두부 등에 야채, 땅콩소스, 구운 새우가 들어간다.

'아얌고렝' 은 닭고기 튀김인데 소금으로 간하고, '이칸고렝' 은 생선튀김인데 소스를 선택해서 주문한다. '이칸고렝 아삼마니스' 는 생선튀김에 달고 신 소스를 곁들인 것이다.

닭고기와 야채를 넣은 수프인 '소토아얌' 은 지역에 따라 맛을 내는 방법이 조금씩 틀리다. 께잡마니스와 땅콩을 넣은 것도 있고 소금으로 간한 것도 있다. 간단한 식사는 이 수프에 밥을 말아 해결하기도 한다.

'삐상고렝' 은 가장 인기 있는 바나나 튀김이다. 코코넛 오일로 바삭바삭하게 튀긴 튀김옷 속의 바나나가 입안에서 사르르 녹는다.

지금까지 소개한 요리들은 대체적으로 인도네시아 어느 곳에 가도 맛볼 수 있다. 그러나 지역에 따라 양념이나 조리방법은 조금씩 다르다.

한 가지 요리라도 가는 곳마다 맛보면 다양한 인도네시아의 음식 문화를 체험할 수 있는 기회가 된다. 또한 음식점의 종류도 다양하다. 예를 들면 레스토란Restoran, 루마마칸, 와룽이라는 음식점의 종류들은 메뉴나 규모에 따라 구별되는데 레스토란은 호텔의 레스토랑이나 대규모의 식당, 루마마칸은 보통식당이라는 뉘앙스로 통한다.

와룽에는 두 가지 의미가 있는데 식당 겸 잡화상의 형태와 포장마차의 형태가 있다. 일반 외국 여행자들에게 낯선 곳이 바로 와룽이지만 보통의 현지인들에게는 와룽이 제일 대중적이다. 와룽에는 먹는 것 외에도 생필품, 과자, 과일 등이 빽빽하게 놓여 있다. 그다지 정갈하지 않지만 하루 종일 많은 사람들이 이용하는 곳이다.

와룽에는 메뉴가 없다. 아침 메뉴는 바나나 잎에 밥을 싼 '나시붕구스' 뿐인데 출근 시간에 품절이 되는 것이 예사일 만큼 인기가 있다.

일본 Japan

정갈하고 섬세한 음식문화

일본은 아시아 동쪽 해상, 북동에서 남서로 길게 자리잡고 있는 섬나라이다. 홋카이도, 혼슈, 시코쿠, 규슈 등 4개의 큰 섬과 쓰시마 · 오키나와 등 약 4000개의 작은 섬들로 이루어져 있다.

일본 열도에는 구석기 시대부터 사람이 살았으며, 이들에 의해 만들어진 최초의 문화가 조몬 문화(기원전 4500~기원전 2세기)이다. 이후 한반도로부터 한층 발달한 토기와 금속기, 도작법 등이 전해지면서 오늘날 일본 문화의 모태인 야요이 문화가 꽃피게 된 것이다.

백제로부터 4세기 말 한자와 유교, 그리고 6세기에는 불교가 전래되면서 일본은 차츰 국가다운 면모를 갖추게 되는데, 이때 등장한 국가가 바로 야마토 정권이다. 그리고 7세기에 이르러 이 야마토는 불교란 정치이념 위에 당나라에서 따온 율령제도를 지배도구로 삼아 완전한 고대국가 체제를 확립하게 된다. 하지만 8세기 말부터 율령제도의 혼란을 틈타 귀족과 사찰의 세력이 강해지면서 무사계급이 등장, 무가정치를 낳기에 이르렀다.

일본 열도는 12세기 후반 가마쿠라 바쿠후를 필두로 중세봉건시대에 접어든다. 그리고 1467년 '다이묘'(영주)라 불리는 새로운 지배계급이 성장하면서 일본 전국은 전국시대에 돌입한 후, 근 1세기 동안 지방영주 간의 치열한 세력다툼이 벌어진다.

이후 1568년 오다 노부나가가 당시의 수도인 교토에 입성하면서 전국시대의 막이 내리고, 그의 뒤를 이은 도요토미 히데요시가 강력한 무력을 발판으로 명실상부한 통일천하를 이룩한다. 이 도요토미 히데요시는 자신의 힘을 과시하기 위해 두 차례에 걸쳐 조선을 침략, 엄청난 살상과 약탈을 자행하기도 했다. 그러나 전쟁은 실패로 끝나고 1603년 도쿠가와 이에야스가 새로운 바쿠후로 등장, 수도를 에도(지금의 도쿄)로 옮기고 에도 바쿠후 시대를 열게 된다.

한편 17세기 후반에 이르자 일본의 농촌은 차츰 화폐와 상품이 유통되는 사회로 변질되었다. 또한 이와 함께 농민층의 분해가 진행되고, 부를 축적한 신흥계급이 대두되기 시작했다. 이들은 영주의 봉건적 지배체제에 강력한 반대세력으로 부상, 바쿠후 타도운동을 전개했다. 더욱이 1856년 미국 페리 제독의 압력에 굴복, 서구 열강에 문호를 개방하게 되자 이를 계기로 전국 각지에서 농민들이 봉기를 일으켜 마침내 1867년에 에도 바쿠후는 종말을 고하게 되었다.

일본의 근대화는 이른바 1869년에 단행된 '메이지 유신'으로 대변한다. 바쿠후를 몰아내고 왕정복고를 선언한 신흥 자본가계급은 이때부터 서양의 기술과 제도를 적극적으로 받아들여 본격적인 자본주의적 발전을 도모하게 되었다.

급속한 근대화에 성공한 일본은 제국주의정책을 추진하여 한국의 식민지 합병을 계기로 대륙침략의 야심을 노골적으로 드러내는데, 군국주의로 무장한 일본은 이후 중 · 일전쟁(1937년)을 필두로 침략 전쟁의 수위를 높여 마침내 1940년 독일 · 이탈리아와 3국 동맹을 체결함으로써 제2차 세계대전의 주역으로 부상했다.

하지만 일본 군국주의는 연합군의 반격에 봉착, 전선의 답보상태를 거듭하다가 미국의 원폭투하를 계기로 1945년 8월 15일에 이르러 무조건 항복하고 말았다. 1947년 5월 일본은 항복문 조항에 따라 과거의 군국주의를 부정하고 비무장 · 민주화를 골자로 한 새 헌법을 채택한 뒤 1951년 샌프란시스코 강화조약을 통해 연합군으로부터 주권을 회복하고, 전후 국가재건을 향한 장도에 오른 뒤 오늘날 선진국 대열에 다시금 올라서게 되었다. 흔히 두 얼굴로 불리는 일본, 그래서 가깝고도 먼 나라로 지칭되고 있는 것이다.

누구에게나 그들은 한결같이 친절한 웃음을 보이며 정성을 다하는 듯하지만 역사가 주는 교훈에서 보면 날카로운 이빨을 감추고 있다.

모방으로 시작하여 이윽고 자기 소유화한 첨단기술들, 평소에는 다양한 견해를 보이지만 유사시가 되면 하나로 똘똘 뭉치는 찰떡같은 단결력, 그리고 앞날을 예견하는 데 있어 뛰어난 안목을 지닌 경제대국이라는 사실에서 보면 미래지향적인 사람들에게는 분명 배울 것이 많은 동반관계의 이웃이지만, 그러나 과거를 돌이켜보면 그 음모나 잔인성이 너무 치밀하고 비인간적이어서 다시 가깝게 지내고 싶지 않은 상대가 또한 일본이 아닐까 한다.

사람으로서 가장 큰 소원이 있다면 '건강하고 오래 사는 것' 이라고 할 수 있다. 건강이란 WTO(세계보건기구)에 의하면 "단지 질병이나 허약한 상태가 아니라기보다는 신체적, 정신적 그리고 사회적으로 건전健全, Well-being 한 상태에 있는 것" 이라고 정의하고 있다.

또 건강의 뜻을 한자로 풀이해보면, 건健은 '건강하고 원기 왕성한 모양' 을 뜻하며, '걱정 없는 편안한 모양' 을 뜻하는 강康은 미편米偏에 의하면 강糠이 되며, 종자의 피皮가 본래의 어원이다. 즉 식물食物을 충분히 취하면 기분이 안온하게 되며, 정신적으로도 건강하게 되는 것을 뜻한다.

이것으로 식사 즉 영양이 건강의 기본이라고 예로부터 생각했음을 알 수 있다. 건강의 증진과 체력의 증강은 국민 한 사람 한 사람의 행복은 물론 나라 번영의 근간根幹이라는 취지하에 1988년 후생성(보건사회부)에서는 노인보건복지부를 신설했다. 또 새로운 국민건강 만들기 대책으로 '액티브 80 헬스 플랜' Active 80 Health Plan을 전개하고 있으며 건강을 유지 · 증진시키기 위한 방책으로서 영양 · 운동 · 휴양을 제창하고 있다. 그리고 이것을 어떻게 일상생활 속에서 조화시켜갈 것인가가 현대의 건강 만들기 포인트가 되었다. 이 운동의 3가지 요소를 간략하게 살펴보면 다음과 같다.

■ 영양

건강 만들기를 위한 식생활 지침(총론)이 있는데 그것은 다음과 같다.

- 다양한 식품으로 영양 균형을 맞춘다.
- 적어도 1일 30종류의 식품을 요리의 재료로 하면 자연히 필요한 영양소

를 균형 있게 섭취할 수 있다.

- 일상생활 활동에 맞는 에너지를 섭취한다.
- 에너지를 과잉 섭취하여 비만이 되지 않도록 한다.
- 지방은 양과 질을 생각하여, 1988년 국민영양조사에 의하면 일본인의 평균지방 에너지비는 25.5퍼센트로 적정범위 25퍼센트를 상회하고 있다. 따라서 지방을 과잉 섭취하지 않도록 할 것이며, 동물성 지방(어류 제외)과 식물성 지방(어류 포함)의 섭취비는 1 대 1~2의 범위로 유지하도록 한다.
- 식염을 과잉 섭취하지 않도록 한다.
- 식염은 하루에 성인 1인당 10그램 이하를 목표로 한다.
- 마음이 통하는 즐거운 식생활을 한다.
- 식탁을 가족의 마음이 통하는 장소로 만들 것이며, 한 가정의 맛과 손으로 만드는 것을 중요시한다. 그리고 이 지침 이외에 각 음식점의 메뉴에 각각 열량, 당분, 단백질, 지방, 염분을 표기하도록 1991년 10월부터 추진하고 있다.

■ 운동

최근에는 교통기관의 발달, 노동의 기계화, 개방공간의 감소 등으로 운동이 부족한 사람이 늘고 있으며 그것이 원인이 되어 비만과 몸의 컨디션이 좋지 않은 반건강인半健康人이 증가하고 있다.

건강 만들기를 위해서는 남자는 매일 200칼로리 이상의 운동을 하는 것이 좋다고 한다. 제일 쉬운 운동은 걷는 것으로 이로 인해 전신의 근육을 자극하고, 심장과 폐의 활동을 원활하게 하는 효과가 있다. 1분에 70미터 정도 걷는 속도로 약 30분 정도 걸으면 약 150칼로리가 소모된다(성인 남자가 빨리 걸으면 1분에 100미터를 걷는다). 경노동자와 중노동자는 1일 100~200칼로리의 정도의 운동을 하는 것이 좋다.

여기서 운동이란 치료의 일환으로서의 운동이나 경기로서의 운동이 아니고, 호흡기 · 순환기 계통의 기능을 유지 · 향상시킴으로써 성인병을 예방하고, 건강을 유지 · 증진하는 관점에서, 개개인의 신체 상황에 적합한 운동을 뜻한다.

■ 휴양

여가시간에 몸을 쉬는 것과 같은 소극적인 휴양이 아니고, 취미와 레크리에이션 등으로 적극적인 휴양 법을 취하도록 한다. 또 스트레스 컨트롤을 위한 휴양을 생활화하는 일이다. 끝으로 건강하게 오래 사는 노인의 바람을 알아보고자 한다.

스웨덴에서는 이젠 "인생 80년" 이라고 말하지 않고 "인생 100년, 최후는 1주일" 이라고 한다. 이 말은 인생 100년으로 건강하게 장생하더라도 최후에는 1주일 정도만 침대에 누워 이 세상을 하직하겠다는 말이다. 그것이 본인도 행복하고 타인에게 폐를 끼치지 않는 좋은 일이라고 생각하며 그렇게 되기를 원하는 말이다. 인간은 125세까지 사는 것이 가능하다고 하니 우리에게도 '인생 100년' 이라고 생각하고 노력할 때가 머지않아 다가올 것이다.

일본은 육류를 기피해온 역사가 오래되고 주로 생선을 많이 먹는 것이 우리나라나 중국의 음식문화와 큰 차이가 있다.

이는 불교의 영향과 일본 천황이 687년에 소, 말, 개, 닭고기 등을

먹지 못하도록 하였는데 이것에 의한 영향이 크다. 일본 음식문화의 특징을 살펴보면 아래와 같다. | 자료: 박춘란, 2005, pp. 136~138 |

우선, 조리를 하지 않는 음식이다. 전통적인 일본 음식문화 사상은 식품에 가능하면 조리를 하지 않는 것이 최상이라는 생각을 가지고 있으며 대표적인 것이 생선회이다. 밥 위에 생선회를 얹어먹는 니기리스시도 와사비 간장만 찍어먹는 단순한 조리법이다. 즉 소재 자체의 맛을 그대로 살리려는 특징을 가지고 있다.

둘째, 계절감과 색채감을 중요시한다. 4계절의 변화에 따라 다양한 채소가 재배되고 생산되어 여러 가지 식품을 먹는 것이 가능하며 식품 자체가 계절을 상징한다. 예를 들면 가다랭이가 식탁에 오르면 초여름이 오고 있음을 알고 꽁치는 가을을 상징하는 생선이다.

과일과 야채도 계절에 따라 많이 섭취하며 밀감을 특히 좋아한다. 또한 일본인은 입으로 먹기 전에 눈과 코로 먼저 먹는다고 할 정도로 음식은 물론이고 그릇과 음식의 색채와 조화 기타, 다른 그릇과의 조화까지 고려하여 상차림을 종합예술의 경지까지 끌고 가려는 노력을 기울인다.

셋째, 가장 중요한 식재료는 쌀과 술이다. 조몬 시대 말 벼농사가 전파된 이래 쌀은 일본인의 식탁에서 매우 중요한 식재료이다. 일본 쌀은 찰기가 있으며 그대로 밥을 해서 먹기도 하나 식초를 넣어 만든 스시로 하여 먹거나 초밥에 생선회를 얇게 저며 얹어 먹기도 한다.

또 일본술은 쌀을 원료로 하여 만드는데, 일본술을 마실 경우 정식으로는 술만 마시는 일이 없이 여러 가지 음식을 먹으면서 술을 마신다. 일본인들은 밥과 술은 동질적인 식품으로 호환성이 있다고 생각하고 있다.

넷째, 대두와 조미료이다. 고기를 식용으로 하지 않는 일본인은 대두를 단백질 공급원으로 많이 이용하였으며 두부튀김, 미소(일본 된장), 낫토 등이 대표적인 요리이다.

또 두부에 간 생강과 잘게 썬 파 등의 양념을 첨가하여 간장을 끼얹어 먹는 단순한 두부요리를 즐긴다.

일본도 중국이나 한국과 같이 대두를 이용한 발효성 조미료를 만들어 먹는데, 미소는 맛이 가벼운 편이며 간장 등도 다양하게 만능 조미료로 이용되고 있다.

낫토는 우리나라의 청국장과 같은데, 우리와 다른 점은 생것을 그대로 먹는다는 점이다. 근래에 와서 일본 요리는 된장의 중후한 맛으로부터 보다 가벼운 간장의 맛으로 이행하고 있으며 간장은 만능 조미료로 사용되어 음식을 직접 찍어 먹기도 하고 식초, 술, 겨자와 함께 소스로도 이용한다.

다섯째, 육식과 젖의 이용의 결여이다. 육식을 금했다는 것은 살생을 금하는 불교 사상에 기인하는데, 6세기 불교가 일본에 전래되고 7세기 후반부터 약 100년 사이에 역대의 천왕들은 동물을 죽이는 것을 금지하여 왔다.

그러나 불교를 받아들인 중국과 한국의 경우를 비교하면 중국에서는 승려에게만 육식과 어패류를 금하고 일반 서민들에게는 육식을 허용하였다. 한국은 고기를 잘 먹는 북방 민족인 몽골족에 정복당한 것을 계기로 한때 육식을 금하는 식생활이 부활되어 육식을 하게 되었다.

여기에 비해 일본은 오키나와 사람들을 제외하고는 대부분 오랫동안 육식을 하지 않았으며 또 동남아시아의 여러 민족과 같이 가축의 젖을 짜지 않았던 지대에 속해 있어서 버터, 치즈, 요구르트 등 유제품도 결여되어 있다.

여섯째, 칼 기술의 특수화이다. 재료 자체의 자연이 지니는 맛에 의존하는 경향이 강한 일본 요리는 가능한 한 단순한 조리법이 중시되고 맛은 간장과 된장에 전적으로 의존하고 있다. 그러므로 조리기술은 자르거나 담는 기술에 관심을 갖게 되고 이것을 보기 좋게 담기 위해서는 식품을 예쁘게 자르고 담는 기술을 요구하게 되었다. 일본 칼은 단날(片刀)로 이것으로 식품을 자르면 절단면이 깨끗하게 보이고 모양 있게 담을 수가 있다. 이 단날은 일본 특유의 칼인데, 세계의 대부분의 칼은 양날로 되어 있다. 그래서 일본 음식은 먹는 음식이 아니라 보는 음식으로 발전하게 되었다.

일곱째, 녹차가 매 식사에 제공된다. 차는 선불교의 의식에서 사용되던 것이 오늘날까지 전해져 일본인들의 삶 속에 중요한 위치를 차지하고 있다. 차는 잎을 주로 마시며 차 마시는 습관은 자연과 조화를 이루려는 일본인들의 정신이라고 볼 수 있다.

▪▪ 중국 China

중화의 자부심

『예기』禮記나 『주례』周禮 또는 『논어』나 『맹자』를 비롯한 중국의 고전에는 '식'食에 관한 내용이 많이 포함되어 있다. 그것은 『예기』의 「예운편」禮運篇에 나오는 무릇 "예禮의 시초는 음식에서 시작된다"는 말이나 『서경』의 「홍절」洪節에서 팔정八政(나라를 다스리는 데 필요한 여덟 가지의 정사)의 맨 첫 번째로 식을 꼽고 있는 것에서도 명백하다.

또 『맹자』의 「고자편」告子篇에서는 "식食·색色은 성性이다"라고 하여 "음식을 구하는 것과 여자를 좋아하는 것은 인간의 본성이다"라고까지 말하고 있다.

본초本草나 음양오행사상의 영향을 받은 것으로 여겨지는 여러 가지 금기나 계절과 음식물과의 관계, 오장五臟과 오미五味와의 관계 등 지극히 자세한 식생활 실천법에서도 알 수 있듯이 중국인의 음식 섭취의 목적은 단순히 맛있는 음식을 탐내는 것이 아니라 건강과 장수에 초점을 두고 있다는 것을 알 수 있다.

또한 동북아시아에서 중앙아시아에 이르는 영토, 다양한 민족 구성은 중국 요리가 다채로운 형태와 독특한 맛을 갖게 한 중요한 배경이 되었다.

곰, 자라, 고양이, 쥐, 벌레에 이르기까지 재료마저 독특한 중국 요리는 살아 있는 것은 무엇이든 요리의 대상으로 삼을 만큼 불로장생의 사상과 밀접한 관계를 맺고 발전해왔다.

오미五味(酸, 苦, 甘, 辛, 鹹)는 오장五臟(肝, 心, 肺, 脾, 腎)에 도움이 된다고 믿는 중국에서는 "식의동원"食醫同源이라는 말이 있을 정도로 일상생활에서 식생활이 차지하는 부분은 크다. 따라서 요리사의 사회적 지위도 상당하여 은나라 때 이윤伊尹이라는 자는 요리사로서 재상까지 올랐다.

그는 『본미론』本味論이라는 요리책을 서술했으며 오리통구이를 황제 탕왕湯王에게 바치고 궁중요리사가 되어 국정에 대한 건의를 하였다고 한다. 황제는 그의 재능을 높이 여겨 재상으로 중용하였다.

옛 전래설화와 같은 이야기이지만 요리사가 음식을 맛있게 만듦으로써 당대에 정치에 참여할 수 있었다는 것은 '음식의 나라' 중국에서나 가능한 일이 아닐까 한다.

중국 요리에 대한 연구가 확립되어 있다는 사실은 은나라의 『본미론』, 송나라의 『중궤론』, 원나라의 『운림당음식재료집』, 명나라의 『송씨존생』, 청나라의 『성원록』 『수원식단』 등 수많은 요리책이 전해 내려오는 것만으로도 알 수 있다. 이렇게 기록으로 내려오는 황실이나 귀족의 요리와 서민요리가 한데 어우러져 중국의 음식문화는 더욱 발전하였다. 중국에서는 이미 진시황제 당시에 한방식漢方食이 시작되었고 가공식품도 만들어 먹었다고 한다.

한나라 때에는 떡, 만두 등 곡식을 가루로 빻아 음식을 만들기 시작했으며 식기도 금, 은, 칠그릇을 만들어 사용했다.

수나라 때에는 대운하가 건설되어 강남의 품질 좋은 쌀이 베이징에도 전달돼 식생활이 윤택해지며 화북 지방에 식생활 혁명이 일기도 했다. 물레방아를 이용해 제분을 시작함으로써 일반 서민들도 빵이나 전병을 먹었다.

또한 페르시아에서 설탕이 들어온 것도 이 무렵부터이다. 당시 식사는 1일 2식이었고 조리는 원칙적으로 남자의 일이었다.

원나라 당시에는 중국 요리가 서방에 전달되었는데, 대표적인 음식이 스파게티의 시초가 된 국수였다. 원나라는 몽골의 왕조였으므로 고기류나 유제품을 즐겨 먹었고 고기는 주로 구워 먹었다.

명나라 시대에는 신대륙이 원산지인 옥수수, 고구마가 수입되었고, 도로와 운하가 발달해 각 지역의 요리 재료, 향신료, 과일 등을 쉽게 구할 수 있게 되었기 때문에 요리법이 더욱 발달하였다.

이렇게 발전해온 중국 요리는 청나라에 이르러 완연한 부흥기를 맞았다. 중국 요리의 진수라고 할 수 있는 '만한전석'은 청나라 시대의 화려함과 호사스러움의 극치를 이루었다고 한다. 곰발바닥, 낙타등고기, 원숭이골 등 중국 각지에서 생산되는 재료로 만든 100종 이상의 요리를 이틀에 걸쳐 먹는 것으로 이 요리법을 완전히 아는 이는 드물다고 한다.

청나라 시대 말 막강한 권력을 휘둘렀던 서태후는 100여 명의 요리사를 대동하고 나들이를 가서 수백 가지 음식을 만들어 먹을 만큼 화려함의 극치를 이루었다고 전해진다.

행사 음식도 발달하였는데 베이징에서는 설날에 물만두를 만들어 먹었고, 2월 1일 중화절에는 태양의 날이라 하여 쌀가루로 오충떡을 만들어 태양신에게 바치는 의식을 거행하였다.

사월 초파일에는 콩, 팥을 삶아서 절에 가는 선남선녀에게 주는 '사연두' 풍습이 있었고, 8월 보름에는 월병을 만들어 제사지냈다. 12월에는 각종 죽을 만들어 먹으면서 만수무강을 기원했다.

중국 음식문화의 오랜 역사 속에 우리가 발견할 수 있는 것은 하나의 국가가 설립되고 왕조가 구축되면 새로운 풍습과 식문화가 형성된다는 것이다. 사람들은 그때마다 새로운 요리를 접하게 되고, 자기 식성에 맞게 조리법을 개발하면서 새로운 요리를 개발하게 된다. 나라가 혼란할 때는 새로운 요리가 생겨날 여유가 없으나 태평성대가 되면서 왕실의 권력자들의 미식욕구가 왕성해지면 음식의 발달을 촉진시켰다. | 자료: 『월간식당』, 1997. 11 |

여기에서는 음식문화의 특징을 살펴보고자 한다. | 자료: 김숙희 외, 1998 |

첫째, 재료의 선택과 맛이 매우 다양하여 상용되는 재료는 3000여 종이고 총 재료 수는 1만 종 이상일 정도로 풍부하다. 사람이 먹을 수 있는 재료가 모두 음식의 재료로 쓰이며, 맛도 단맛, 짠맛, 신맛, 매운맛, 쓴맛 등 5가지 맛을 잘 조화시켜 다양한 음식을 발전시켜왔다.

예를 들면, 흔히 사용되는 재료들 외에 닭고기 같은 경우 살뿐만 아니라 껍질, 날개 끝, 벼슬, 발까지 사용한다. 돼지의 신장, 오리의 중국인들은 다양한 음식을 먹는데, 이는 반복되는 자연재해로 인해 식량부족을 겪었기 때문이다. 그래서 식용 가능한 모든 것을 구하는데 흙, 곤충, 제비집 등과 같은 구황식품을 많이 개발하였다.

중국의 요리는 한족의 기호나 식습관의 영향을 크게 받았다. 그 예로 베이징 요리는 양고기, 어린 염소고기, 말고기, 원숭이고기를 사용하나 돼지고기는 사용하지 않았다.

이처럼 중국은 광대한 영토를 지녔기 때문에 각 지방마다 독특한 음식문화를 형성하게 되었다. 예로부터 중국인의 의식 속에는 "약으로 보신하는 것보다는 음식으로 보신하는 것이 좋다"는 말이 강하게 각인되어 있다. 이 말은 평소에 좋은 음식을 균형 있게 섭취하는 것이 건강에 좋다는 의미를 담고 있다.

현대 사회에서 의사와 요리사는 완전히 구별되는 직업이고 약품과 식품도 완전히 다름 상품으로 구분된다. 그러나 고대 중국에서 의醫와 식食은 같은 원류에서 시작되었으며 약물의 발견과 사용은 바로 식품에서 출발하였다.

중국인들의 일상 식생활 습관에 나타나는 음식요법은 다음과 같다.

음식물로 약을 대신하는 방법: 식품을 주재료로 하고 이에 상응하는 약용식품을 부재료로 하여 약효를 극대화시키는 방법이다. 예를 들어 돼지 내장에 인삼을 배합하여 식용함으로써 허약한 몸을 보補하는 방법과 같은 것이다.

약용식품에 식품을 첨가하는 방법: 약용식품을 주재료로 하고 식품을 부재료로 사용하는 방법이다. 예를 들어 구기자를 주재료로 하고 동물 내장을 첨가하여 양기를 보하는 방법과 같은 것이다.

약용식품과 약용식품을 결합하여 약효를 극대화시키는 방법 : 예를 들어 정초丁草라는 제비꽃과 녹두를 배합하여 식용함으로써 열을 제거하고 해독작용을 하는 것과 같은 것이다.

식품과 식품을 배합하여 건강을 도모하는 방법 : 예를 들어 오골계와 버섯을 배합하여 탕을 끓여 식용하면 허약한 몸을 보할 수 있는 것과 같은 것이다.

이처럼 식의합일食醫合一이라는 개념은 이미 중국인의 일상 식생활 문화에 깊이 뿌리를 내리고 있기 때문에 결코 의료적인 관념에만 그치지 않는다.

| 자료: 김혜영 외, 2004, pp.101~102 |

혓바닥, 제비집, 상어 지느러미, 곰 발바닥, 원숭이 혀, 비둘기, 다람쥐를 비롯하여 심지어는 벌레까지 다 이용한다. 이 다양성이 중국의 음식을 세계적인 음식으로 만드는 데 크게 기여하였다.

둘째, 조리법이 다양한데, 반드시 불이나 뜨거운 물을 사용하여 익혀 먹는 숙식을 기본으로 한다. 동물성 식품이든 곡식 또는 채소든 익히지 않은 것은 먹지 않으며 일상적으로 마시는 물도 반드시 찻잎을 넣고 끓여 먹는다.

익히는 방법은 차오炒(중간 불에 기름을 넣고 볶는 것), 지엔煎(팬에 약간의 기름을 넣고 지져내는 것), 빠오爆(강한 불에 기름을 달구어 단시간에 볶아내는 것), 짜炸(강한 불에 기름을 끓여 튀겨내는 것), 싸오燒(중간 불로 기름에 볶은 후 다시 물을 약간 넣어 삶는 것), 뚠燉(약한 불에 장시간 끓이는 것), 쩡蒸(쪄내는 것), 먼燜(기름에 튀겨 반숙한 뒤 여기에 탕을 넣어 오래 삶는 것), 쭈煮(뜨거운 물에 데친 후 약한 불로 삶아내는 것), 쉰燻(훈제하는 것), 카오烤(불에 직접 굽는 것) 등 다양하다.

셋째, 조리법은 다양한 반면 조리기구는 간단하다. 커다란 중국냄비, 튀김냄비, 그물조리, 찜통 외에 식칼, 뒤집개, 국자 등만 있으면 다양한 맛의 모양과 음식을 만들어낸다.

넷째, 중국 음식은 조화와 균형이 매우 중요하다. 중국의 가치사상은 음양오행사상과 중용이다. 특히 인간의 정신적, 신체적인 모든 것을 물, 불, 나무, 금속, 흙의 오행 구조와 음양 구조로 파악하였으며 음 또는 양의 성질을 갖는다고 보았다. 그러나 음양 관계를 대립관계가 아니라 중용의 중요성을 강조하여 서로 보충해주고 균형과 조화를 이루는 관계로 보았다.

이러한 가치관은 식생활에 그대로 적용되어 계절과 음식물의 관계를 중요시하여 음식을 만드는 기본원리 5가지 맛이 조화되어야 하고 영양이 균형 있게 하는 것을 중시하였다.

육류와 채소, 어류와 탕을 함께 식단에 올렸으며 많은 종류의 식품을 사용하는 것 자체가 영양적으로 이롭다. 즉 음식으로 몸을 보신하면 병을 예방하고 치료하며 장수한다는 것이다.

다섯째, 칼질이 정교하여 모양이 다양하며 크기, 굵기, 두께가 고르다. 어떤 재료는 칼질을 거쳐 살아 있는 것과 같은 새, 짐승, 화초 등 아름다운 도안과 형상을 만들어 중국 요리를 아름다운 예술의 수준까지 끌어올렸다.

여섯째, 각 지방마다 기후와 토질이 다르고 사람들의 미각이 서로 달라 지역적으로 서로 다른 음식 습관이 형성되었다.

오래전부터 황허 이북의 양쯔강 이남으로 구분하고 있는데, 신석기 시대 때 황허 유역은 조를 중심으로 한 식생활 체계를 형성하였고, 양쯔강 유역은 벼를 위주로 하는 식생활 체계를 형성하였다. 그러나 춘추전국시대 이후 가루음식, 특히 밀가루 음식이 개발되면서 점차 조를 대신하게 되었다.

현대에 들어 교통 발달로 교류가 빈번하므로 이러한 지역성이 많이 사라지고 있지만 과거로부터 내려오는 전통적인 지역적 차이는 아직도 존재한다.

끝으로 중국 요리는 황실과 민간의 합작 요리라고도 할 수 있다. 황제나 권력자는 돈과 권력을 써서 필사적으로 불로불사不老不死의 선채仙菜, 강장강정强狀强精의 식재를 구하려 힘썼고, 반면에 백성은 빈곤의 밑바닥에서 어떻게 살아가야 할까 하는 관점에서 음식에 대한 연구를 했다.

그러한 양자의 통합이 오늘날 세계적인 중국 요리를 탄생시켰던 것이다. 이로 인해 중국 요리는 어디까지나 요리 중심이며 주식과 부식의 구분이 없다고 한다.

위에서 살펴본 것과 같이 중국인들의 음식문화는 지역과 기후, 그리고 전통예절과 가정풍습에서 영향을 많이 받았다고 볼 수 있다. 외국의 문화를 중국의 문화에 적용하여 중국인들의 생활에 편리, 용의하게 이용할 수 있었다는 점이 커다란 특징이다. 이 같은 점은 우리 모두가 배워야 할 점이라고 감히 말할 수 있다.

필리핀 Philippines

정열적이고 낙천적인 국민성

필리핀은 아시아 대륙의 동남쪽, 즉 태평양과 남중국 사이에 위치한 도서島嶼 국가이다. 총 7109개의 섬으로 이루어져 있는데, 이중 대부분은 이름 없는 산호초섬이며, 루손, 민다나오 등 2개의 큰 섬과 비사얀 제도의 7개 섬(사마르, 레이테, 마스바테, 보홀, 세부, 네그로스, 파나이), 그리고 미도로, 팔라완 등 11개의 섬이 전체 면적의 약 96퍼센트를 차지한다. 지금까지 발견된 화석에 따르면 필리핀의 역사는 기원전 2만 년대, 즉 호모 사피엔스 시대로까지 거슬러 올라간다. 그러나 문헌자료에 기초하여 본격적으로 정리되기 시작한 연대는 1521년 마젤란이 이곳에 도착한 후 스페인의 식민 지배가 관철되면서부터이다.

필리핀은 스페인의 식민지가 되었으나 1898년 아기날도가 미국의 힘을 빌려 스페인을 추방했한 후 필리핀은 미국의 통치령이 되었으며 태평양전쟁 후 1946년 7월 14일에 독립하게 되었다.

필리핀은 중산층 형성이 부진한 소득계층 구조, 식민지 시대의 역사에 영향을 받은 문물, 사고방식의 개인주의화 및 서구화, 특정집단의 상권 장악, 이해집단의 다양한 목소리 등 하나로 특징짓기 어려운 나라이다. 한마디로 필리핀은 섬과 섬으로 연결된 특이한 지리를 가진 군도群島 국가이다.

우리와 같이 대륙에 붙어 있지도 않고 일본처럼 몇 개의 통일된 큰 섬들로 이어진 국가도 아니다. 해안선을 합치면 미국만한 크기의 바다에 삼삼오오 짝을 지어 늘어선 섬으로 이루어진 나라이다. 각기의 섬에서 대부분의 필리핀 사람들은 가장 자유롭고 가장 자연스럽게 살아가고 있다. 해가 뜨면 일어나고, 해가 지면 잠이 든다. 여명이 밀려올 때쯤이면 동네 어른들은 펌프를 타고 섬에서 멀지 않은 곳으로 고기를 잡으러 간다. 해가 떠오를 때 이들은 바다 물고기를 잡아오고, 아낙들은 물고기를 이용해 '라프라프'라는 천하 제일의 별미를 만들어낸다.

점심때가 다가오면 아낙들은 뒷산으로 올라가 시퍼런 몽키 바나나를 따다가 마치 우리가 감자를 삶듯이 솥에 넣고 삶는다.

스페인의 혈통을 이어받은 이들은 이성적이라기보다는 인정 많고 마음씨 고운 낙천적 성격이다. 또한 이들은 정열적이어서 음악이나 춤에도 그 기질이 반영되어 있다.

그들의 마음 씀씀이는 그곳을 방문하는 여행자들에게 잊을 수 없는 추억을 남기게 하며, 그들의 환대는 단순한 이해관계에서 나온 것이 아니라 인간적인 것에서 우러나온 표현으로 가득하다. 특히 인정 많고 마음씨 착한 농민들과 어린이들의 티 없는 반김은 우리나라 농촌과 거의 비슷하다.

더운 나라임에도 필리핀 음식은 짜지 않고 맵지도 않으며, 새콤한 맛이 나는 음식이 많다. 짜고 맵게 먹지 않아서인지 위장병으로 고생하는 사람이 극히 드물다고 한다.

필리핀에 와 있는 대부분의 한국 사람은 이와 같이 평범하다 할 정도로 무난한 필리핀 음식에 크게 불만을 느끼지 않고 먹을 수 있다.

필리핀의 주식은 우리와 같은 쌀이다. 하루에 두 끼는 쌀밥을 먹어야 사는 것이 전형적인 필리핀 사람이기도 하다. 그러기에 쌀 생산이 정부정책의 주요 이슈가 되며, "쌀은 필리핀 국민의 생활 그 자체이다"라고까지 선언하는 사회학자도 있다. 1년에 2모작이나 3모작을 하는 필리핀 농민들은 4월과 5월을 빼놓고는 나머지 10개월 동안 계속 벼농사를 짓는다.

쌀은 품종 상 자포니카형과 인디카형으로 나눌 수 있으며 외관으로 보아 쌀 모양이 원립형圓粒型은 자포니카 계통이고 장립형長粒型은 인디카 계통이다.

필리핀에서 생산되는 쌀은 인디카형으로, 나실나실하게 잘 퍼진 더운밥을 좋아하는 우리 식성에는 맞지 않지만 식당에서 음식을 주문할 때 밥은 쌀밥이나 볶음밥 중에서 하나를 선택하는 것이 상례이다.

밥알은 부슬부슬하지만 여러 가지 채소와 고기를 잘게 다져서 기름에 볶아 먹는 습관은 더위 때문에 에너지 소모가 많은 열대지방 사람들에게 알맞은 조리방법이 아닐까 한다.

스페인풍의 요리 선호

서민들의 통상 식사는 간단하지만, 마을 축제 때는 집집마다 풍성한 음식을 장만해서 마을을 지나는 사람들을 배불리 먹이는 습성이 있다. 시골 사람들의 인심을 느낄 수 있어서 좋지만, 시골 사람들이 가난을 못 벗어나는 이유도 된다. 이때 빌린 사채를 갚는 데 1년이 걸리고, 다음해 축제 때 다시 빌리는 악순환이 연속되기 때문이다.

이들의 요리솜씨는 매우 다양하고 대체로 스페인풍의 요리를 만드는데, 즐겨 먹는 음식은 민물고기 가운데 틸라피아Tilapia(우리가 민물돔이라 하여 생선회집에 있는 것과 같다), 메기, 잉어 등을 백숙으로 고아서 먹는 것이 보통이다. 기름에 바싹 튀기거나 탕수육과 같이 튀김가루를 묻혀 통으로 튀기는 방법도 있는데, 이때는 양념(마늘, 양파, 당근 등)을 넣기 때문에 우리 입맛에도 잘 적응이 된다.

가시가 적고 살이 많은 틸라피아를 숯불에 구워 소금에 찍어 먹기를 좋아하는데 그 맛이 별미다. 생선을 기름에 튀기는 요리가 많은 것은 더운 지방에서 상하는 것을 방지하기 위한 최선의 방법이다.

바다 생선으로는 마야마야, 나푸나푸라고 부르는 연근해 어종으로 우리나라 도미와 비슷한 것이 있는데, 매우 고급에 속하며 서민들은 축제 때 외에는 먹지 못한다.

이 나푸나푸는 통째로 튀김(탕수육)을 만들거나 쪄서 크림, 계란가루 등을 뿌리고 각종 장식을 해서 메인디시로 한다.

새우와 꽃게, 논게 등이 있으나 서민이 먹는 것은 민물에서 나는 작은 새우이고, 대하는 축제 때만 샐러드에 이용하거나 삶아서 백숙으로 제공된다.

가물치도 많이 생산되고 좋아한다. 일반 가정에서는 코코넛 껍질 술(차콜)

불 위에 가물치를 얹어서 굽는데, 숯가루가 묻어서 원래 검은 가물치가 완전히 숯덩어리처럼 된다. 이것을 손으로 뜯어서 밥과 주물러 먹는데 손, 입, 밥이 모두 숯가루로 범벅이 되어 비위가 약한 한국 사람은 도저히 같이 먹기가 어렵다.

필리핀의 전형적인 농가의 하루 식생활을 살펴보면 다음과 같다. 우선 아침은 빵 두 쪽에 우유 한 컵, 그리고 설탕을 탄 커피 한 잔을 먹는다. 10시경에 '미리엔다' 라는 간식Mid-morning Snack으로 '판시드 비혼' 을 먹는다. 판시드 비혼은 가느다란 국수를 기름에 튀겨서 접시에 담고 다진 쇠고기를 얹고 칼라만시(비타민이 듬뿍 든 탱자보다 작은 과일)즙을 국수 위에 뿌린 것으로 훌륭한 영양간식이다.

점심은 흰밥이나 볶음밥 한 공기 정도, 포크 시니강Pork Sinigang(돼지고기 끓인 국물에 공심채나 태머린을 넣은 국의 일종), 튀긴 생선, 그리고 파파야나 바나나 등 철따라 생산되는 과일을 후식으로 먹는다.

오후 3시경에는 오후 간식으로 삶은 고구마 1~2개 또는 삶은 땅콩 1주먹 정도 먹고 오후 7시경에 저녁을 먹는다.

저녁은 흰밥이나 볶음밥 1공기, 껍질째 먹는 파란 콩, 그리고 여러 가지 채소와 고기를 다져넣은 순대처럼 생긴 음식을 같이 먹는다. 밤 10시경 야식으로 식용 바나나와 튀긴 닭고기를 콜라, 사이다 또는 맥주(값이 싼 편임)와 같이 먹는다.

이와 같이 필리핀의 농민들은 하루에 6번, 번거로운 것 같지만 작은 양을 자주 먹으면서 식생활을 즐긴다. 그들은 밤잠을 설쳐도 낮잠은 필히 자야 하며, 끼니는 굶어도 간식은 즐기며, 아침식사 때 빵은 없어도 커피는 마셔야 한다는 말이 있을 정도로 독특한 습성을 가지고 있다.

둘째, 필리핀 사람들은 남아시아, 중국, 스페인 문화의 영향을 받은 그들의 음식문화에 대해 높은 자부심을 갖고 있기 때문에 사교적 모임에서는 대개 음식이 제공된다.

회식에서나 사교모임에서 좌석 배치는 위계 서열을 바탕으로 이루어진다. 따라서 좌석을 안내받은 후에 앉는 것이 좋다. 음식이 제공되는 어떠한 모임에서든지 주인이 여러 번 앉으라고 권한 후에야 자리에 앉는 것이 좋다. 필리핀 문화에서는 주인이 권하기 전에 식사를 시작하는 것은 탐욕스러운 인상을 준다.

상류층 가정에서는 요리사를 고용하는 경우가 많다. 따라서 이러한 경우에는 접대자가 직접 음식을 준비한 것이 아니므로 음식에 대해 과도하게 칭찬을 하는 것은 불필요하다.

그 대신 집안 장식에 대해 칭찬하는 것이 보다 적절할 것이다. 필리핀에서는 접대자가 손님에게 음식을 충분히 대접했다는 인상을 주기 위해 접시에 음식을 조금 남기는 것이 좋다.

필리핀 사람들은 공적인 장소에서 취한 모습을 보이는 것을 매우 수치스러운 것이라고 여긴다. 술을 마시는 동안에도 절제된 모습을 보이는 것이 중요하다. 그리고 필리핀 여성들은 사회적 모임에서 거의 술을 마시지 않는다.

식사가 끝나면 필리핀 사람들은 종종 남은 음식을 손님들에게 집에 가져가라고 포장해주는데, 이것은 전통적으로 '파바온' 이라 불린다.

타이 Thailand

혀의 문화국

아시아의 동남쪽에 위치하고 있는 타이는 불교의 나라로서 인도와 중국 사이에 위치하고 있으며, 수세기 동안 외국인들에게는 시암Siam으로 잘 알려져 왔다. 타이는 동남아시아의 이주민, 문화적 · 종교적 교차로의 역할을 해오고 있다.

최근 고고학자들은 반치앙Ban Chiang의 북동쪽 작은 마을 근처에서 5600년 전 세계에서 가장 오래된 청동기 문명이 번성했다는 것을 발견하였다. 몬족, 크메르족, 타이족을 포함한 계속되는 이민행렬은 지금 타이라고 알려진 거대한 땅에 점차적으로 안착하게 되었다. 대부분이 중국 남쪽으로부터 기름진 강과 계곡을 따라 천천히 이동하는 무리들이었다. 11~12세기경 크메르족은 앙코르로부터 대부분의 지역을 통치하였다. 12세기 초에 타이족은 북쪽 지방인 란나Lanna, 파야오Phayao, 수코타이Sukhothai에 조그마한 공국들을 건설하였다.

1238년 2명의 타이 지도자들이 크메르 영주에 대항해 반란을 일으키고 최초의 타이 왕국을 수코타이(행복의 새벽이라는 뜻)에 세웠다. 수코타이 왕국은 차오프라야Chao Phraya 강 유역을 따라 향후 발전하게 되는 타이 왕국의 기초가 되었으며, 타이 국교인 테라바다 불교Theravada Buddhism의 확립, 타이 문자의 발명, 미술 · 조각 · 건축과 문학 등 타이 예술형태의 기틀을 마련하였다.

수코타이 왕국은 1300년에 쇠퇴하고, 결국에는 신흥 아유타야Ayutthaya 왕국의 종속국이 되었는데, 이 아유타야 왕국은 차오프라야 강 유역 남부 더 멀리까지 뻗어 있었다. 1350년에 설립된 아유타야 왕국은 1767년 미얀마에 의해 침략당할 때까지 수도로 남아 있었다. 33명의 왕의 통치하에서 417년간 지속되었던 아유타야 왕국은 그들만의 독특한 문화를 탄생시켰으며, 전체적으로 크메르의 영향에서 벗어나서 아라비아 · 인도 · 중국 · 일본 그리고 유럽 세력과의 관계를 촉진시켰다. 아유타야의 붕괴는 프랑스나 영국에서의 파리나 런던의 손실만큼 타이에게도 심각한 것이었다. 그러나 후에 톤부리Thon Buri에 수도를 정하고 새로운 왕국을 세운 탁신Taksin왕이 미얀마를 몰아내고 수개월 만에 타이 왕국을 재건하였으며, 1782년에는 차크리Chakri 왕조의 초대왕인 라마 1세가 차오프라야 강 유역에 있는 방콕에 새로운 수도를 세웠다.

차크리 왕조의 국왕 가운데 1851년부터 이를 통치했던 그의 아들 출랄롱코른Chulalongkorn 국왕 라마 5세는 탁월한 외교술과 선별적인 현대화를 통하여 타이를 서구 제국의 식민지로부터 지켰다. 1932년 이래 현재의 국왕인 푸미폰 아둔야뎃H.M. King Bhumibol Adulyadej 라마 9

세를 포함한 타이의 국왕들은 국회를 통하여 입법권, 수상이 이끄는 내각을 통하여 행정권, 그리고 법을 통한 사법권을 행사해 오고 있다.

타이를 여행하면서 조심해야 할 일은 국왕에 대한 에티켓이다. 입헌군주국이라 국왕에게 실권은 주어져 있지 않다. 그러나 국민들은 국왕을 신격시하고 있다. 어떠한 경우에도 국왕에 대한 모욕이나 실례를 범할 때는 용서치 않고 흥분하는 것이 타이인이다.

멋모르고 땅에 떨어진 돈을 밟았다가 뭇매를 맞는 외국인도 종종 본다. 돈에는 국왕의 그림이 있기 때문이다. 왕궁에 들어가서 침을 뱉거나 국왕의 사진에 손가락질하다가도 봉변당한다. 타이인의 국민성은 친절하고 순박하다. 별로 싸우는 일이 없고, 항상 미소로 대해준다. 그러나 한번 성이 나면 목숨 걸고 대드는 무서운 성질이 있다.

타이인을 성나게 하는 것은 주로 자존심을 건드리는 것이다. 타이는 한 번도 외국의 식민지가 되어본 경험이 없는 역사를 가지고 있다. 이것은 민족적 자존심의 근원인 것 같다.

타이에서는 현지인과 다퉈서는 안 된다. 본질이 착하기 때문에 좀처럼 다툴 일은 생기지 않는다. 그러나 한번 다투게 되면 이길 생각을 말아야 한다. 논리나 정당성은 둘째 문제이다. 내가 잘못한 것이 없으니 질 수 없다는 생각을 가졌다가는 살아서 돌아올 생각을 포기해야 한다. 경찰에 고발해도 소용없다.

경찰은 법으로 다스리는 것이 아니라 무조건 타이인의 주장을 긍정한다. 멋모르고 교통사고를 냈다가 혼쭐이 난 외국인은 한두 명이 아니다. 요금 시비 같은 것도 이길 생각을 하고 걸어서는 안 된다. 이 나라에서는 법보다 자존심이 우선이다.

노 핸드 레스토랑

아시아 최대의 관광지 방콕에서 볼 만한 곳이란 수상시장, 왕국, 새벽사원, 로즈가든, 악어 농장 정도이다. 하루 구경거리에 불과하다. 볼 곳이 많아서가 아니라 오히려 놀 곳이 많아 관광객이 이 나라를 찾는지 모르겠다.

레스토랑만 보아도 진기하고 희한한 곳이 여러 곳 있다. 방콕의 번화가 서콤비트 부근에 탐낙태Tumnak Thai라는 식당이 있다. 3000명을 수용하는 이 식당은 너무 커서 종업원들이 롤러스케이트를 타고 다니면서 서비스를 한다. 주인의 이야기로는 빠른 봉사를 하기 위해 롤러스케이트를 탄다고 한다. 기네스북에 세계 최대 레스토랑으로 올라 있다.

그런데 최근 방콕 교외에 이보다 더 큰 레스토랑이 생겼다. 비룡飛龍 가든이란 이름의 중국 요릿집인데, 머지않아 기네스북에 탐낙태 대신 오를 것이 틀림없다.

방콕의 명물은 시푸드Sea Food이다. 바닷가재와 게를 비롯, 갖가지 해산물을 값싸고 푸짐하게 내놓는 데 매력이 있어 인기를 독차지해왔다. 그런데 근래 시푸드 식당이 너무 많아 잠시 다녀가는 관광객의 눈으로는 옥석을 구분할 수 없게 되었다. 또 질도 전보다 떨어진다는 것이 여러 사람의 평이다. 번화가 이름을 딴 '서콤비트' 라는 레스토랑은 자기가 먹고 싶은 것만 선택, 먹고 싶은 양만큼 먹을 수 있는 이점이 있다.

각양각색의 아이디어들이 속출하는 방콕의 레스토랑가에서 대상감은 아마 '노 핸드 레스토랑' No Hand Restaurant일 것이다. 이름 그대로 이 식당에서는 음식을 먹을 때 손을 사용하지 않는다. 요리가 나올 때 아예 수저 세트가 나오지 않는다. 그 대신 예쁜 아가씨가 나와 손님 옆에 앉아서 음식을 먹여준다.

술을 마실 때도 자기 손을 사용할 필요도 없이 아가씨가 손수건으로 턱밑을 받쳐주면서 술잔을 따라주면, 손님은 그냥 마시기만 한다. 만약 손님이 음식을 먹을 때 손을 사용하게 하면 아가씨는 당장 벌금을 물게 된다.

타이의 요리는 향료를 넣은 재료를 자유롭게 사용하여 독특한 맛을 지닌 것으로 유명하여 타이의 문화는 '혀의 문화'라 불릴 만큼 미각이 발달한 나라로 알려져 있다. 요리의 종류도 매우 다양할 뿐만 아니라 양념도 수십, 수백 가지에 이른다.

타이인들의 식생활은 외국인의 눈에 "전통적으로 매트나 카펫 위에 앉아 식사를 하며 고기요리는 작은 조각으로 잘려 있고, 밥은 우묵한 그릇에 담겨 나오며, 칼이나 포크가 필요 없이 충분한 양을 떠먹는 스푼을 사용하여 물이나 차를 마신다"고 표현될 만큼 중국을 비롯한 주변 나라로부터 많은 영향을 받았다.

전통적으로 다양한 많은 요리들이 한꺼번에 상 위에 차려져 개개인은 각자의 작은 접시에 취향대로 덜어 먹는 방식이다. 요리의 맛과 질감, 색깔이 균형적이지 못하다고 생각되지만 타이 음식은 맛의 조화, 즉 달고 맵고 시고 짜고 쓴맛이 고루 섞여 있다.

모든 음식이 한꺼번에 차려진 식탁에서 일정한 격식이나 특별한 먹는 방법이 따로 없이 같은 요리를 여러 명이 나눠 먹는다. 이러한 식사는 주식인 쌀(카오)과 반찬(캅카오)으로 이루어지는데 몇 가지의 수프, 커리, 찜요리, 샐러드와 기본적인 소스가 식탁 위에 차려진다.

지리적으로 인도나 중국의 영향을 많이 받은 타이는 나라 안에서도 크게 4개의 식생활 문화권 즉 북부, 중앙부, 동북부, 남부의 4개 지역으로 나뉜다. 치앙마이를 중심으로 하는 북부는 조미료로 소금을 많이 사용하는 특징이 있으며, 라오 문화권인 동북부는 북부와 함께 찹쌀을 주식으로 하며, 코코넛 밀크를 거의 사용하지 않고 야채, 곤충, 개구리 등을 좋아하며 민물고기로 담근 젓갈을 조미료로 사용한다. 방콕을 중심으로 한 중앙부는 코코넛 밀크와 고추, 허브 등을 사용한 걸쭉한 요리가 많고, 중국식 요리도 많다. 조미료는 생선을 소금에 절여 우려낸 즙인 남플라Nam pla를 사용한다. 한편 남부 요리는 말레이시아 요리의 영향이 두드러지는데, 향료를 많이 사용해 인도 요리에 가깝다고 할 수 있다.

타이의 요리는 크게 수프와 에피타이저, 커리와 메인 코스 요리, 샐러드와 야채요리, 디저트로 나눌 수 있다. 타이 레스토랑에서 자주 에피타이저로 제공하는 것은 볶은 타이누들Padthai, 이것은 볶은 쌀국수와 새우, 간 콩싹, 바나나꽃과 어우러진 색감이 좋은 음식이다. 또 하나의 유명한 에피타이저인 어묵Tan pal도 오이 샐러드와 함께 먹으면 더욱 좋다.

사테에서는 커리에 저장했던 쇠고기나 닭고기를 꼬치로 숯불구이한 것이 인기가 좋은데, 땅콩 소스와 함께 먹는 맛이 아주 독특하다.

에피타이저의 넓은 의미는 어떤 요리이든 식욕을 돋우기 위해 제일 먼저 먹는 것을 말하는데, 타이 요리에서 수프는 에피타이저가 아니다. 수프는 그 자체로 스낵이나 한 끼의 식사 역할을 한다.

라이스 수프는 하루를 시작하거나 끝맺을 때 먹기 좋은 인기 있는 영양식이며, 돼지고기를 곁들인 라이스 수프나 누들 수프는 아침식사로 즐겨 먹는다.

타이완 탕수프처럼 기타 간단한 수프도 간식이나 간단한 점심요리로 먹곤 한다. 레드 씨 누들Yen ta fo처럼 점심에 제공되는 수프는 더욱 맛이 좋은데 돼지고기와 어묵, 오징어와 볶은 완탕에 볶은 마늘로 장식한 것으로 단맛과 짠맛, 신맛이 잘 조화를 이룬다.

타이 음식은 레몬 그래스나 민트, 라임잎 등과 카르타몬, 아니스, 터메릭, 계피 등의 향신료, 마늘이나 생강, 실란트로, 바질, 자극적인 칠리와 고추 등이 특유의 맛을 만드는데, 수프가 이 맛들의 조화를 보여주는 대표적인 음식이라 할 수 있다.

똥얌꿍Tom Yam Gung이라는 수프는 맵고 신맛이 나는 새우 수프로 시고 매우면서도 향기로운 맛이 일품이다. 원기회복에 좋고 맛있는 이 수프에는 레몬 그래스와 신선한 라임즙이 첨가된다.

또한 똥카가이Tom kha Gai라고 하는 치킨 코코넛 수프도 인기가 좋은데, 부드러운 닭고기가 코코넛 밀크와 함께 요리된 것이다.

타이 음식에서 빼놓을 수 없는 것이 커리Curry로 타이 칠리고추의 맛을 볼 수 있다. 대표적인 것이 그린커리Gaeng keow Wangai인데, 이것은 라임의 그린색으로 매워 보이지 않지만 사실은 굉장히 맵다. 그러나 한두 번 먹고 나면 다시 먹고 싶어지는 매력이 있다.

이 매운맛은 할라피고 고추와 작은 칠리고추로 만드는데, 그 매운 맛을 상쇄시키는 완벽한 음식이 바로 쌀밥이다. 이 때문에 밥은 모든 식사에 함께 제공된다.

재스민향이 나는 타이 재스민 라이스는 가장 맛있는 것으로 꼽힌다. 순한 커리 종류도 많은데, 빨간 칠리고추와 레몬 그래스, 그 외

양념과 허브로 만든 레드 커리가 있다.

타이 커리는 인도 커리와 달리 짧은 시간에 조리할 수 있어 간편하고 그 재료로는 다른 메인요리와 마찬가지로 다양한 해산물과 야채, 고기 등이 쓰인다.

커리 외에 다른 메인요리로서 해산물과 고기를 이용한 바비큐 역시 유명하다. 이 바비큐에는 간단한 소스가 함께 제공된다. 그 이외에 볶음이나 찜요리도 다양하다.

타이 음식에 대한 식욕을 돋우고 매력적으로 보이게 하는 요소로 빼놓을 수 없는 것이 다양한 샐러드로 신선한 생야채와 새우, 오징어, 얇게 저며 숯불에 구운 쇠고기 등의 재료가 신맛, 짠맛, 단맛으로 조화를 이룬다. 가장 인기 있는 타이 샐러드 중 하나가 쇠고기, 마늘, 파가 주재료이며 여기에 실란트로와 채썬 파가 뿌려져 맛뿐만 아니라 보기에도 먹음직스럽다.

또 하나 유명한 것이 파파야 샐러드로 북동부에서 유래된 요리이다. 익기 전의 딱딱한 파파야, 깍지콩, 토마토, 마늘, 칠리고추, 라임즙, 타마린드즙으로 만드는데, 각 지역에 따라 조금씩 조리법이 다르다고 한다.

야채요리도 훌륭한데 특히 야채 스튜Tomjabchai는 쇠고기, 돼지고기, 닭고기, 해산물, 두부, 갖가지 야채로 만들어진 것이다.

타이 음식이 가진 매운맛, 자극적인 양념 맛을 순화시키는 역할을 하는 것이 다양한 디저트로 가장 널리 알려진 타이 커스터드이다. 간단한 식사는 신선한 과일로 끝맺음하면 좋고 그 외 지역마다 특색 있는 디저트들이 있다.

북동 지역에는 코코넛 밀크와 찐 라이스, 딱딱한 쌀강정이, 북쪽은 단맛의 라이스 푸딩과 롱건(용안) 등이 잘 알려져 있다.

타이에는 두 계절이 있다고 한다. 더운 계절과 더 더운 계절. 타이 음식은 이러한 열대 더위의 영향으로 더위를 쫓고 더위에 지치지 않고 힘을 얻을 수 있는 요리로 발전돼왔다. 바로 조미료나 향신료의 이용이 이러한 역할을 하고 있다.

우리나라의 간장과 같이 거의 모든 음식에 간을 하는 조미료로 쓰이는 것이 남플라이다. 생선에 소금을 뿌려 삭혀 만든 맑고 투명한 액젓으로 처음 먹을 때는 달콤하고 나중에는 짜릿한 맛이 나는데, 먹고 난 후에도 은근하게 남아 있는 깊은 맛을 즐길 수 있다. 새우나 보리새우를 으깨어 발효시킨 새우젓인 가피Gapi도 중요한 조미료 중의 하나이다.

단맛을 내기 위해 많이 쓰는 것이 코코넛 밀크로 코코야자 열매를 쪼개서 알맹이의 흰 부분을 얇게 썰어 물을 약간 부어 짠 것으로 단순히 단맛뿐만 아니라 기름기가 도는 맛을 만들어낸다.

한편 신선한 매운맛은 작은 타이 칠리고추를 적당히 이용하는 것에서 시작되며 후추도 날 것과 말린 것이 각기 다른 매운맛을 낸다.

향신료로는 빨간 양파, 마늘, 레몬 그래스, 다진 귤. 생강, 낭모우, 터메릭, 타마린드, 코리엔더 열매가 많이 쓰이며, 샐러드와 같이 싱싱한 야채가 들어가는 요리에는 민트나 바질, 코리엔더가 목채의 잎과 함께 사용된다.

음식문화의 특징

동남아시아는 인도, 중국 및 서구의 영향을 많이 받은 지역이지만 타이의 경우는 다른 나라의 식민지가 된 적이 없기 때문에 그 영향권에서 벗어날 수 있었다.

동남아시아는 특히 인도의 영향을 많이 받았는데, 식생활의 측면에서 향신료를 많이 사용한다는 점이 그것이다. 이에 비해 인도와 거리가 먼 베트남이나 필리핀에서는 고추를 많이 사용하지 않는다.

타이의 독특한 음식문화는 향기를 통해 전해져 온다. 코코넛 열매의 달콤한 향기와 마늘, 생강잎 등의 향신료가 듬뿍 들어가 독특한 향기를 가진다. 타이의 요리는 맵고, 달짝지근한 맛이 전혀 없는 특징을 가지나 음식과 같이 먹게 되는 음료수는 단맛이 상당히 강한 것이 또 한 가지 특징이다. | 자료: 김혜영 외, 2004, pp.136~138 |

■ 중국의 영향을 많이 받은 음식문화

타이인들은 중국 남부인 광둥성이나 푸젠성 주변에서 대량으로 이주하였기 때문에 중국 문화와 밀접한 관계가 있다. 중국인들이 유입한 것 중에서 영향이 큰 것은 이른바 중국냄비와 면류 및 장류이다. 특히 면류가 많다.

바미 남 : 노란 라면 같은 면을 바미라고 한다. 여기에 수프(남)를 더하면 바미 남이 되는 것이다. 지역에 따라 맛이 다르다.

바미 헨 : 바미 남에서 수프 없이 먹는 면류이다. 이 요리에는 조개가 많이 들어가고, 설탕을 뿌려 먹는 사람도 있다.

바미 파트 크로브 : 국수를 볶으면 바미 파트인데, 위에 꾸미를 얹는 볶음

국수를 바미 파트 크로브라고 한다.

쿠티오 남 : 한국의 국수와 같지만 더 굵다. 수프를 곁들어 먹기도 하고 수프 없이 먹기도 하며 볶아 먹기도 한다.

타이 음식이 중국의 영향을 많이 받은 다른 요인은 중국 요리를 먹을 기회가 많기 때문에 이에 따라 자연히 젓가락 사용법을 익힌 사람이 많다는 것이다. 젓가락을 사용하는 나라는 중국, 한국, 일본, 베트남 등이고 그 다음으로 꼽을 수 있는 곳이 타이이다. 동남아시아 중 이슬람교도가 많은 말레이시아나 인도네시아에서는, 돼지고기를 좋아하고 불교와 도교를 믿는 중국인과의 동화가 매우 어려웠다.

반면 타이은 도교도도 많고 혼혈도 많았다. 타이 요리로 소개된 것 중에는 중국 요리를 발전시킨 것과 중국 요리 그대로인 것이 많다.

■ 불교와 음식문화

불교신자가 많은 타이에서는 예전에는 음식을 만들기 위한 살생을 금했다. 그것은 불교 교리의 영향도 있겠지만 타이에서는 물고기 등의 수산물이 풍부하고 소와 같은 큰 동물들을 식품으로 적합하지 않다고 생각하였기 때문이다. 어떤 토종 동물들은 식용으로서가 아니라 농사나 수송을 위한 동력을 위해 길러진 것이다.

불교에서는 종교적인 희생의 형식으로 살생이 허락되었다. 즉 신의 이름으로 살생된 고기는 식용으로 이용되었다. 육류 식품은 여러 가지의 이유에서 작은 도막으론 나눠는데, 그 중 하나를 예로 들면 소비자들이 동물 본래의 형태를 알아보지 못하게 하기 위해서라고 한다.

현재 타이인들에게 음식의 금기는 별로 없지만 한 달에 4일간은 소고기, 돼지고기를 시장에서 팔지 않아 식용할 수 있는 동물을 먹는데 주로 닭고기, 어패류, 조류, 개구리 등을 먹는다.

■ 외국 음식의 타이화

타이 사람들은 다른 지역의 요리와 식사 습관을 무조건 받아들인 것이 아니라, 타이화시키고 발전시키는 데 뛰어났다. 그래서 이미 대체 식품이 많이 활용되었다.

커리를 만드는데 코코넛 기름이 커터 기름의 대체품으로 쓰이고 다른 각종 식품들도 코코넛기름으로 대체되었다. 또 너무 강하고 텁텁한 커리의 맛을 깔끔하고 향이 나게 만들기 위해서 코코넛 크림을 사용하였다. 강한 향신료는 레몬잎과 갈란가galanga와 같은 신선한 풀의 맛을 감소시킨다.

그래서 타이 커리에 사용되는 향신료는 줄어들었고 신선한 잎은 더 많이 사용되었다. 타이 요리의 주재료 중 하나인 칠리는 남아프리카에서 포르투갈의 전도사가 가지고 왔다. 칠리의 보급 전에는 식욕과 향미를 돋우기 위하여 페퍼콘과 향초를 사용했다. 타이 남자들은 알코올 음료를 마시는 것을 즐겼으며 또 이러한 음료와 어울릴 요리로 칠리 음식을 즐겨 먹었다.

또한 칠리로 만든 요리는 일상식보다 저장성이 우수하다. 이와 같이 타이 음식은 중국, 인도로부터 영향을 받았고, 포르투갈로부터도 영향을 받아 타이화시키면서 독특한 식문화를 발달시켰던 것이다.

■ 물

타이인들이 가장 자주 마시는 것은 역시 물이다. 그런데 이들이 마시는 물은 한 종류가 아니라 지역마다 각기 다른 여러 종류의 물을 마신다.

북부의 산악지대에 사는 민족들은 강물은 그대로 마신다. 방콕의 차오프라야 강을 본 사람은 저런 물을 어떻게 마시는가 하고 의아해하겠지만 산속으로 들어가면 아주 시원하고 깨끗한 물을 마실 수 있다.

평지에 사는 사람들은 주로 빗물을 마신다. 세탁이나 목욕은 샘물이나 강물을 사용해도 마실 물은 언제나 빗물을 사용하는데, 이는 타이의 동북부 지역의 샘물이 너무 짜서 마실 수 없기 때문이다.

빗물을 식수로 사용하는 방법은 끓여서 식힌 다음 음료수로 사용하는 것인데 물맛은 의외로 좋다.

도시에 사는 사람들은 수돗물을 끓여서 마시는데 이는 음식점 등에서 흔히 보는 물이다. 그러나 수돗물을 그대로 내놓는 경우가 없지 않으므로 어떤 음식점에서는 끓인 물이라는 것을 증명하기 위해 얼음에 차가 약간 들어 있는 물을 내놓기도 한다.

이 물은 남켕플로우(그냥 얼음물)라고 한다. 물은 타이어로 '남' 이라는 말에는 물이라는 의미뿐 아니라 국, 액체, 수프, 주스와 같은 유동식 액체 전반의 의미가 포함되어 있다. 빗물은 '남 폰' 이라고 하고 수돗물은 '남 콕' 이라 한다.

타이완 Taiwan

의식동원 醫食同源

타이완은 중국 대륙 동남쪽 해안에서 약 160킬로미터 떨어진 곳에 위치한 나뭇잎 모양의 섬나라이다. 주섬인 타이완섬과 펑후 제도澎湖諸島의 64개 섬 등 총 80개의 섬으로 이루어져 있다. 공식 국명은 '중화민국'이나, 1971년 유엔 탈퇴 이후 국제무대에서 통칭 '타이완'으로 불리고 있다.

1945년 8월, 일본의 패전으로 제2차 세계대전이 종결되자 타이완은 다시 중국에 반환되었다.

그리고 마오쩌둥이 지휘하는 중국 공산당과의 내전에서 패한 장제스藏介石 국민당 정권은 20만 명에 달하는 본토의 특권층과 함께 1949년 12월 난징南京을 탈출, 이곳 타이완 섬의 타이페이에 중화민국 정부를 수립하였다.

가까스로 사지에서 탈출한 장제스 국민당 정권은 이후 대륙 수복의 기치 아래 경제 발전을 통한 국력 신장에 주력했다. 그리고 본토의 공산당 정권과는 불접촉, 불담판, 불간섭의 3불정책을 표방하며 냉전체제를 고수했으나 1987년을 기점으로 계엄령을 해제하고 사회적 민주화를 추진함과 동시에 3불정책을 폐기하고 대륙과의 각종 교류가 활발하게 진행되고 있다.

'타이완' 하면 우리는 왜 그런지 모르지만 친밀감이 앞선다. 우리 한민족의 국토가 남북으로 분단되어 평화 통일을 염원하며 살아가듯이 본토에서 밀려나 거대한 대륙을 그리워하며 살아가는 타이완인의 처지가 우리와 같아서일까? 우리의 옛 문화가 중국의 영향을 받아 발달하였고 피부색, 용모, 관습 등 우리와 많은 동질성을 가지고 있어서일까?

본도本島의 지형은 남북이 길고 동서가 좁아 마치 담배 잎사귀와 같은 형태를 하고 있다. 기후는 열대 · 아열대에 속하며 여름은 길고 겨울은 짧아 우리나라와는 달리 4계절이 뚜렷이 구별되지 않는 것도 한 특징이다.

일반적으로 여름에 타이완이 몹시 덥다고 생각하지만 사실은 습기가 적은 건조한 더위이므로 생활에 큰 불편은 느끼지 않는다.

과거에는 농업이 주가 되어 쌀 · 사탕수수 · 원목 · 바나나 · 파인애플 등이 많이 생산되었으나 최근 수년 동안 공업분야의 발달로 각종 공산품이 농산물을 능가하게 되었다. 비약적인 경제발전으로 이미 개발도상국에서 개발국 대열에 뛰어올라 동남아시아에서는 일본 다음 가는 부강한 나라로 손꼽히고 있다.

이러한 위치에 있는 타이완인의 음식문화 양식은 한마디로 중국식이지만 중국 대륙의 영토가 광대하여 지방마다 서로 다른 독특한 특성이 있듯이 타이완의 음식문화도 다양한 것이 특색이라 하겠다.

타이완도 우리나라와 같이 쌀이 주 식량자원으로 연간 생산량이 200만 톤에 이른다. 이들이 쌀을 주식원으로 사용하는 방법은 우리 국민이 즐겨 먹는 밥은 물론이려니와 쌀을 가루로 만들어 쌀국수 · 쌀빵 · 쌀과자류를 만들어 먹는 것도 특색이다.

타이완인들도 우리처럼 1일 3식이 일반적이며, 아침에는 우유와 함께 고기, 생선, 채소 등을 기름에 튀긴 간편식으로, 점심과 저녁은 정식을 한다.

여기서 재미있는 현상이 하나 있다. 밤늦게까지 일하는 사람들은 야식을 하게 돼 1일 4식을 하는데 야식으로는 죽을 먹는다. 네 번째의 야식을 하는 사람들을 위한 심야의 식당도 많으며 이것을 소야宵夜라 부른다.

앞에서 말한 것처럼 타이완인은 중국 대륙에서 건너왔으므로 음식문화 양식이 다양한 것이 특색이지만 요리를 만들 때 맛, 향기, 색 그리고 스태미나 등 4가지에 역점이 둔다는 것도 중요한 특색 중 하나이다.

보익약선어 요리 補益藥膳魚 料理

타이페이에서 관광객들은 세계에서 가장 맛 좋기로 유명한 중국 요리를 맛볼 수 있다. 거의 모든 거리에는 고급 레스토랑이 있고, 관광객들은 별다른 어려움 없이 맛있는 식사를 적당한 가격으로 맛볼 수 있다. 미식가를 위해 시내 주요 호텔에는 일류 중식 레스토랑이 있고, 실속 있는 관광객들을 위해 다수의 패스트푸드점과 셀 수 없을 정도로 많은 스낵 센터(주로 백화점 지하층)가 있다. 야시장에서는 다양하게 제공되는 식사를 이용할 수 있다.

관광지 및 국제 비즈니스 지역인 타이페이에는 아시아 각국의 음식은 물론 양식 요리를 제공하는 많은 레스토랑이 성업 중이다.

타이완은 요리 왕국인 중국의 축소판이라 해도 과언이 아니다. 타이완에는 중국 요리 중 없는 것이 없다. 베이징 명물 북경오리, 슈완양로는 물론, 광둥의 카오루쥬(새끼 통돼지 구이), 자오저우潮州 명물 엔우어탕(제비집국), 쓰촨 명물 마파두부, 홍콩의 염차, 청진 요리(이슬람식) 등 없는 것이 없다. 중국 각지의 명물 요리들만 찾아 하루 한 가지씩 먹어도 한 달은 걸릴 것이다.

이 타이완에 최근 조용한 식성혁명이 일어나고 있다. 즉 건강을 생각하는 요리들이 인기를 끌고 있는 것이다. 약선요리집도 급증하고 있다. 타이페이 시내에만 10여 곳이 있다. 한약재와 생약을 재료로 한 약선요리는 음식이 바로 약이다. 손님이 주문할 때 자기의 병증세를 설명하면 그에 따른 요리처방이 나온다. 주로 고혈압이나 동맥경화 등 성인병 치료목적의 요리 주문이 많지만, 류머티즘, 천식, 신경통 등의 고질병, 피부병 치료식 주문도 많다.

최근에 특히 젊은이들이 찾아와 눈이나 머릿결이 예뻐지는 미용식을 주문하는 일이 꽤나 많아졌다. '보익약선어' 요리는 2000년 전 의학문헌에 나오는 궁중요리의 하나로 메뉴에 효능이 적혀 있다.

타이페이의 메인 스트리트 중산로 한복판에서 서쪽으로 꺾어지면 먹자공원이 있다. 전체가 레스토랑뿐인 판자부락 안에 들어가면 몬도가네 영화에라도 등장함직한 풍경을 많이 볼 수 있다. 개구리회, 돼지 고환, 자라 피, 살모사 혀와 눈알 이런 요리들이 그득하다. 모두 정력에 좋다 하여 집집마다 손님들로 바글바글하다.

이 공원에 50여 집의 레스토랑이 있는데, 재미있는 것은 어느 집이든 처음 앉은 자리에서 다른 식당 요리를 시켜 먹어도 된다는 것이다. 그리고 값도 매우 싸다.

혐오식품만 있는 것이 아니라 생굴이나 달걀 · 쇠고기요리들도 있다. 타이완에는 "의식동원"醫食同源이라는 말이 있다. 약과 먹는 것은 근본이 같다는 말인데, 잘 먹는 것이 건강을 지키는 일이라는 뜻이다. 한 가지 재료를 가지고도 여러 가지 요리를 만들어낼 수 있으며 조리법에도 수십 가지가 있다고 하는 타이완의 중화요리는 4000년의 역사를 지니고 있다. 이들은 네 발 달린 것은 책상만 빼고 요리로 안 되는 게 없다고 호언장담한다.

타이완의 전통 요리를 현지에서 시식하면 그 순간부터 지금까지 먹었던 중국 요리가 단순히 흉내 낸 것에 지나지 않음을 느끼게 된다.

이곳에서 요리가 발달하게 된 동기는 중국 대륙의 다양한 지리적 특성 때문이라고 한다. 1940년대 말 중국 본토에서 이주해 온 사람들은 그들만의 식성과 요리법 그리고 음식문화를 함께 가지고 왔으며 이후 각 지방의 특성에 맞는 식당을 개업한 결과 오늘까지 타이완에 '중국의 맛'이 고스란히 보존, 계승되고 있다.

타이완에서는 식당을 찬청餐廳 혹은 채관菜館이라고 한다. 특히 천찬川餐은 쓰촨 요리를 전문으로 하는 식당을 말한다.

타이완은 요리의 뿌리가 푸젠 계통으로 연중 온화한 기후에 사방이 바다로 둘러싸여 신선한 해산물을 비롯한 요리 재료가 풍부하다. 때문에 아무리 까다로운 입맛이라도 충분히 만족시킬 수 있는 훌륭한 요리를 만들 수 있다. 보기에 먹음직스러울 뿐 아니라 맛도 뛰어나고 건강식으로도 호평을 받고 있는 중국 요리는 모든 요리마다 독특한 풍미를 간직하고 있는 게 특색이다.

불도장 요리

불도장에 얽힌 유래만 들어도 식욕이 당긴다. 중국 푸젠성의 부자가 어느 날 사냥을 다녀온 뒤 10가지 산해진미(사슴 힘줄, 생선 부레, 해삼, 전복, 상어 지느러미, 자연산 송이버섯, 멧돼지 고기, 말린 완자, 중국 흰 배추, 오골계)를 항아리에 넣고 푹 끓였다고 한다.

그런데 그 냄새가 퍼져나가면서 근처에서 도를 닦던 수도승이 냄새의 유혹을 이기지 못해 담을 넘어왔다고 한다. 불도장은 5시간 이상 끓여 부드럽게 익은 건더기와 프랑스 요리 같은 맑은 수프가 어우러진 탕이다. 또 한 폭의 산수화를 떠올리게 하는 송학냉채 역시 예술에 가까운 요리로 먹기 아까울 정도다.

홍콩 Hong Kong

1000가지 표정이 살아 있는 곳

1000가지의 표정이 살아 있는 곳, 홍콩은 예로부터 동양의 역사와 서구 문물의 유입 속에서 일찍이 화려한 문화를 꽃피워온 곳이다. 홍콩 마천루군의 아름다운 야경 모습은 이미 전 세계인들의 마음을 사로잡은 지 오래이다.

전 세계에서 몰린 금융업, 무역업, 호텔업 등에 대한 투자로 홍콩은 전형적인 '코스모폴리탄' 즉 국제도시를 형성하고 있다.

국제 무역항인 홍콩은 수많은 선적과 유람선, 페리 등이 수시로 드나들기에 역동성을 느낄 수 있는 활기찬 도시이다. 특히 1997년 7월 1일자로 중국에 반환되어 그간의 정치, 사회, 경제의 기존 룰을 유지하면서 새로운 발전과 도약을 꾀하고 있다. 변환의 술렁거림에도 불구하고 홍콩은 오늘도 변함없이 다채로운 색깔로 외국인들에게 다가서고 있다.

특히 홍콩에서 내려다보는 주룽 반도의 야경은 대단히 아름답다. 나산로드를 거닐다 보면 휘황찬란하게 빛나는 네온사인과 수없이 쏟아져 나오는 사람들이 처음 방문한 여행자에게는 적지 않은 놀라움이다.

네온이 빛나는 밤거리를 누비는 수많은 사람들을 바라보면 "무슨 힘이 이 많은 사람들을 이곳으로 모여들게 하였는가" 하는 의문을 갖게 된다. 아울러 홍콩이라는 좁은 땅덩어리에 어떻게 전 세계의 다양한 상품들이 자리잡았는지 더 큰 의문을 갖지 않을 수 없다.

홍콩은 여러 민족으로 구성된 사회이기 때문에 식도락가의 지상천국이다. 이곳에는 세계 제일의 중국 요리는 물로 아시아 주변 국가의 특별요리와 훌륭한 서양 요리도 있다.

식도락가들은 홍콩관광협회에서 주관하는 '홍콩에서의 진기한 맛의 향연' 프로그램에 참가하여 홍콩 음식축제에서 수상한 별미요리를 시식할 수 있다.

한편 홍콩은 낮이나 밤이나 황홀한 도시로 유명하다. 해가 지고 거리에 불이 켜지기 시작하면 이곳은 수천 개의 등과 네온이 불야성을 이루며 낮보다 밤이 더 휘황찬란해 매우 환상적인 곳으로 변한다. 어둠이 내린 홍콩에서 밤의 여흥을 한껏 즐겨보는 것도 좋은 추억이 될 것이다. 홍콩의 관광매력을 더욱 값지게 하는 요소로는 다양한 이벤트와 축제를 들 수가 있다.

이때 각종 문화예술 행사, 이벤트 공연, 특별요리 프로모션, 오락 프로그램 등 대규모 종합 이벤트 행사들이 두 달 동안 집중적으로 개최된다. 외식의 명소로 잘 알려진 센트럴 지역의 란콰이퐁과 심사초

이의 너츠포드 테라스 등에서는 행사 기간 중 특별 메뉴를 제공하며 새벽녘까지 흥겨운 라이브 음악과 댄싱 파티가 계속되어 한여름 밤의 낭만을 수놓는다.

그런가 하면 푸짐한 요리와 함께 공포의 스릴을 체험할 수 있는 이고르 레스토랑, 향수 분위기와 함께 홍콩의 전통요리를 즐길 수 있는 퍼즐 레스토랑 등 새로운 테마 레스토랑이 고객을 색다른 음식문화 여행으로 안내한다.

지역별 중국 요리를 살펴보면 다음과 같다.

- **광둥 요리**: 센 불에서 단시간 요리하여 천연의 맛을 낸다. 해물, 쇠고기, 돼지고기, 채소, 버섯, 광둥성 내륙 지방의 민물고기와 같은 재료가 매일 아침 시장으로 반입된다.
- **하카 요리**: 북부의 하카인은 남쪽으로 이동할 때에 적합하게 음식을 소금에 절였다. 양념에 절여 구운 닭고기와 푹 절인 양배추를 곁들인 돼지고기 두부요리는 권할 만하다.
- **상하이 요리**: 겨울에 적합한 요리로 광둥 요리보다 요리할 때 녹말가루를 많이 쓰고, 요리는 몸을 덥게 해준다. 특별한 것으로는 찐 고기만두와 와인에 넣어 마늘과 함께 요리한 장어요리가 있다.
- **베이징 요리**: 중국 요리 중에서 가장 잘 알려진 '북경오리' 요리를 시식해보라. 이 '북경오리' 요리는 파, 오이, 플럼 소스와 함께 팬케이크로 싼 얇은 고기 편으로 되어 있다. 그 밖에 권할 만한 요리로는 밀로 만든 만두, 파를 곁들인 새끼양요리, 베거스치킨 등

이 있다.

- **쓰촨 요리**: 중국 요리 중에서 양념을 가장 많이 사용하는 요리인데, 마늘 · 화양풀 · 호유 · 후추 등을 넣는다. 요리하는 방법은 찌거나 끓이기도 하고, 말린 후추, 생강, 계피, 오렌지 껍질로 요리하는 훈제 오리고기와 마리네이드에 담그는 방법도 있다.
- **치우차우**: 진한 철불차는 치우차우 식사를 하기 전에 마시는 전통차이며, 치우차우는 삭스핀, 수프, 간장에 절인 거위, 제비집 수프, 닭고기요리, 국수 등이 있다.
- **후난 요리**: 칠리소스를 많이 쓰는 쓰촨 요리와 비슷하다. 이 요리는 매시드피전 콩소메 수프, 겨자 소스를 친 오리 혀, 콩가루 옷을 입힌 생선 등이다.
- **타이완 요리**: 해안 지방에서 생긴 요리로서 풍부한 맛을 지닌 치우차우 요리와 비슷하다. 생선이나 다른 해물에 칠리와 참기름을 넣고 요리하는 것이 대중적이다.
- **채식**: 중국인은 때때로 체내를 깨끗하게 하기 위해 채식을 즐긴다. 이 요리는 다양한 야채, 두부, 완두콩, 옥수수, 죽순, 콩, 수십 종의 버섯 등을 사용한다.
- **딤섬**: 독특한 광둥 요리의 전통은 10세기까지 거슬러 올라간다. 고기 · 해물 · 야채 등으로 만든 이 요리는 한입에 먹을 수 있는 크기인데, 트롤리를 이용하여 운반하는 조그만 대나무 찜통에 담겨져 있다. 또 이 요리는 염차(차의 일종) 식사의 일부인데, 아침 6시부터 오후까지 언제든지 먹을 수 있다.

02 오세아니아

뉴질랜드 · 오스트레일리아

대양주는 일반적으로 오세아니아라고 하며, 오스트레일리아, 뉴질랜드 및 태평양 상의 무수한 섬들을 포함하고 있다. 또 오스트레일리아와 뉴질랜드를 합하여 오스트레일라시아Australiasia라고도 부른다. 이 두 나라는 모두 영국을 위주로 한 유럽의 이주민들이 건설한 나라이다.

남태평양제도에는 무수히 많은 섬들이 있다. 너무 많아 그 수를 헤아릴 수조차 없다. 남태평양의 섬을 크게 셋으로 구분하는데, 즉 미크로네시아, 멜라네시아, 폴리네시아이다. '네시아'는 그리스 말로 '섬들'이란 뜻이다. 그리고 '미크로'는 '작다', '멜라'는 '피부가 검다', '폴리'는 '많다'는 뜻이다.

남태평양은 인간이 살기에 가장 알맞은 기후와 환경을 가지고 있다. 심하게 덥지도 않고 춥지도 않으며, 1년 내내 기후의 큰 변동이 없다. 낮과 밤의 기온도 큰 차이가 없다.

연 평균 기온은 섬에 따라 약간의 차이는 있으나, 섭씨 23~27도이다. 남태평양은 12월에서 2월이 여름, 7월에서 8월이 가을이다. 우리와는 정반대이다. 그런데 이곳의 여름은 그리 덥지 않다. 바닷바람 때문이다. 겨울에는 섭씨 17도 이하로 내려가는 일이 없다.

폭우나 폭풍 같은 천재도 드물다. 남태평양 특유의 태풍인 허리케인이 12~2월

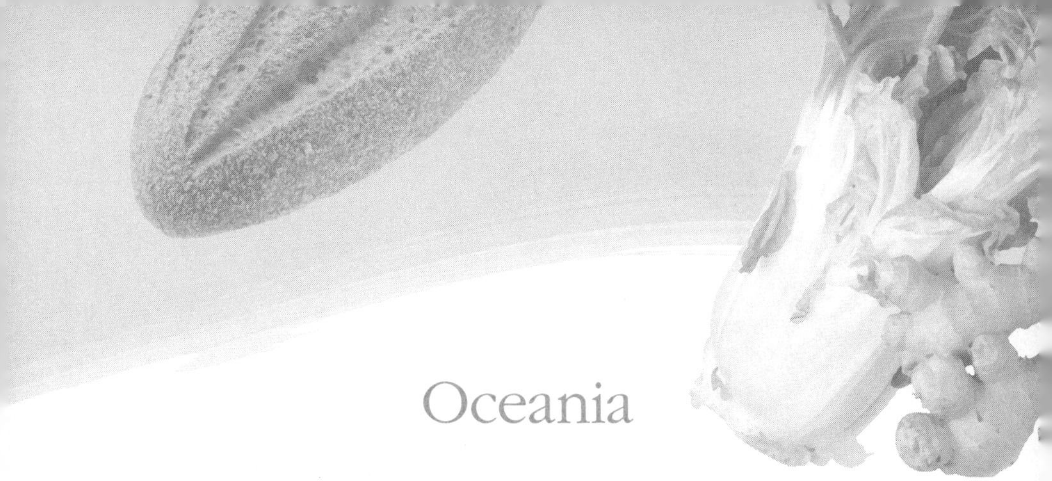

사이에 불어올 때가 많으나 타이티나 하와이 같은 데는 이런 바람도 없다.

신기하게도 독사나 맹수가 남태평양에는 없다. 정글은 있지만 사람에게 해를 주는 동물은 살지 않는다. 어떤 학자는 일부러 독사를 갖다가 길러보았지만 다 죽었다. 그 이유를 아직까지 모른다. 독충이나 해충도 드물다. 산속이나 들판에서 아무렇게나 누워 자도 괜찮다. 어쩌면 남태평양이야말로 하느님이 창조하신 낙원인지도 모른다. 아담과 이브가 살던 에덴 동산이 이곳이 아닌지 모르겠다.

먹을 것도 풍족하다. 사철나무가 무성하게 자라고, 산과 들에는 자생하는 과수가 그득하다. 농사를 안 지어도 굶을 염려가 없다. 거기다가 공해마저 없다. 공장이 없고 인구가 희소하니 공해가 생겨날 수 없다. 전쟁위험도 이념분쟁도 없다.

남태평양이야말로 신이 남겨주신 미래의 낙원임이 틀림없다.

뉴질랜드 New Zealand

환상의 낙원

뉴질랜드는 한마디로 남부의 장엄한 프로드와 알프스 산맥, 북부의 토착림과 백사장에 이르기까지 경이스런 아름다움과 신비로움이 가득한 지상의 낙원이다.

뉴질랜드란 국명은 1642년 네덜란드의 탐험가 아벨 타스만이 네덜란드의 한 지명을 따서 '새로운 젤란드' 란 뜻의 'Nieuw Zeeland' 라고 명명한 데서 유래한 것이다.

이곳 최초의 주민은 '모아 헌터' (모아 사냥꾼)라고 불렸던 폴리네시아계의 인종으로 추정된다. 모아Moa란 우리말로 '공조' 恐鳥라 하며, 타조와 비슷하게 생긴 거대한 새를 말한다. 13세기를 전후하여 오늘날 뉴질랜드의 원주민 격인 마오리족이 대규모로 이주, 주로 따뜻한 노스 섬에 삶의 터전을 마련하였다.

전체 뉴질랜드 국민은 대부분이 영국 후손으로 약 360여만 명이다. 이 인구 중에는 40만 4000명의 마오리족이 포함되어 있다. 폴리네시아 혈통의 마오리족은 1200년경에 이주를 하여 뉴질랜드에 정착한 것으로 알려져 있다.

이후 17~18세기에는 유럽인들이 몰려왔고 그들은 100여 명이 승선할 수 있는 카누, 화려한 조각장식, 정교하게 짠 깃털외투 등 문명생활의 이기를 들여와 마오리족의 마음을 빼앗았고, 무엇보다 부족생활을 다스리는 시를 읊는 전사들로 하여금 마음을 사로잡게 했다.

마오리족은 뉴질랜드에서 중요한 위치를 차지하며 오늘날까지도 그들의 노래, 신화, 역사 유적 등이 곳곳에 남아 있어 여행객들에게 충분한 볼거리를 제공하고 있으며 그들의 역사와 정신이 뉴질랜드의 사회와 문화에 대해 끼친 영향은 지대하다.

옛 마오리족의 자취는 쉽게 찾아볼 수 있으며 오클랜드 시에는 옛 마오리파(성채)의 흔적을 보여주는 수백 개의 사화산 봉우리가 있고 오클랜드의 남쪽 '와이카토'라는 비옥한 저지대는 영국과 마오리족 간의 전투가 치열했던 곳으로 많은 전적지가 그대로 보존되고 있다.

노스 섬의 동쪽 해안은 마오리족 특유의 협동식 농업과 어장, 그리고 마우리족 전통음악으로 유명하다. 호크스 만의 남부 지역은 마히아 반도로 마오리족의 민족역사를 공부하는 데 중요한 역할을 하고 있다. 부족의 선조인 카훙구누와 그의 부인 롱고마이와 히네가 구애를 했던 것은 마오리 세계에 널리 알려져 그들을 주제로 한 노래가 전해지고 있다.

1840년에 영국과 마오리족은 와이탕기 조약에 조인하며 동반자적 입장임을 내외에 천명함과 동시에 뉴질랜드 인종관계에 대한 상징을 만드는 계기를 마련했다.

최근 들어 와이탕기 조약은 점증적으로 그 중요성이 인식되면서 동반자적인 원리로 작용하고 있다. 이를 계기로 마오리의 후손들은 뉴질랜드 전역에 걸쳐 투자를 확대해가고 있는 추세이며 그들 역시 뉴질랜드의 문화 미래에 지대한 관심을 기울이고 있다.

마오리족은 지난 1984년 미국에서 전통 공예품 전시회를 펼치는 등 활발한 활동을 전개하고 있어 마오리 예술의 발상지가 재인식되는 기회를 만들고 있다.

뉴질랜드는 100년 전 세계 최초로 여성에게 투표권을 부여한 나라이고, 세계 최초로 하루 8시간 근무제도를 실시함으로써 세계의 주목을 받은 바 있으며, 2000년부터 WTO협정에 의해 세계에서 가장 낮은 관세를 부과하는 나라이다.

마오리족의 향기음식

뉴질랜드의 입맛을 이해하는 가장 빠른 길은 한 가정에서 엿볼 수 있다. 뉴질랜드의 아이들은 말 그대로 자연과 함께 생활하고 있다. 학교에 다녀와서는 닭에게 모이를 주고, 아마도 직접 해왔을 건초더미를 양에게 먹이는 행동들이 무척이나 자연스러운 뉴질랜드의 어린이들이다.

뉴질랜드의 가정요리는 한마디로 소박하고 단조롭다고 할 수 있다. 어찌 보면 영국의 전통이 그대로 남아 있기 때문이다. 뉴질랜드에서 요리는 주부만의 몫이 아니다. 온 가족이 함께 만들기도 하고 아이들까지도 순번을 정해 돌아가면서 식사를 준비한다.

이것은 아마도 키위 허즈번드라고도 일컬어지는 아버지의 영향 때문일 것이다. 뉴질랜드의 남자들을 흔히 키위 허즈번즈라고 하는데, 키위는 뉴질랜드에서만 서식하는 날 수 없는 새를 뜻한다. 다시 말해 키위 허즈번드란 뉴질랜드적인 가장을 뜻하는 말로, 오로지 가족과의 생활을 소중히 여기는 착실한 남편을 뜻한다.

뉴질랜드인들에게 음식은 이렇게 가족간에 사람과 대화를 돈독히 해주는 가교 역할을 해주는 것이다. 뉴질랜드의 아침식사는 간단한 오트밀과 콘프레이크로 시작해 점심식사는 주로 샌드위치나 파이 등으로 간단히 마친다. 하지만 저녁식사만큼은 반드시 수프로 시작해 육류를 사용한 주요리에 야채가 첨가되는데, 그 요리에는 주로 양고기와 쇠고기가 사용된다. 오븐을 사용해 토스트하는 것이 일반적인 요리법이라고 한다. 그런 다음 디저트와 홍차로 소박한 가정요리는 끝난다.

원주민, 백인 할 것 없이 함께 어울리는 주민 파티에서 그들은 과연 어떤 음식을 먹으며 살아가고 있는지 궁금하지 않을 수 없다. 로토루아의 온천 지역이라는 지형적 특징은 그들만의 요리법을 개발시켰는데, 다름아닌 땅에서 나오는 지열을 이용한 돌찜구이 요리, 즉 항기(돌항아리)이다.

마오리족의 전통음식인 항기의 조리법을 살펴보면 우선 땅 속에 구덩이를 파고 달군 돌멩이를 집어넣은 다음, 그 위에 나뭇잎으로 싼 음식을 얹고 흙을 덮는다. 그리고 한참을 기다리면 돌의 열과 음식물의 수분으로 찜이 되는 것이다. 오랜 기다림 끝에 하나씩 덮은 포장을 거둬내면 맛있는 항기요리가 그 모습을 드러낸다.

이렇게 펄펄 끓는 땅속은 언제 어디서든지 요리를 해먹을 수 있는 즉석화덕인 셈이다. 마오리족은 이런 자연현상을 이용해 그들만의 독특한 음식문화를 발전시켜왔다.
항기요리에 사용되는 고기는 돼지고기, 쇠고기, 닭고기, 민물고기, 호박, 감자에 이르기까지 다양하다.
이들 요리에는 향신료는 사용하지 않는다는 점이 특이하다. 항기요리는 마오리인들이 마라이에서 집회할 때도 재현되는데, 집회가 끝난 후 참가자 전원의 회식용으로 쓰인다고 한다. 마오리인들의 파티 음식은 신구가 혼합되어 있다는 표현이 적합할 것 같다.
전통적 항기음식에 유럽인들이 가지고 들어온 케이크나 샐러드가 함께 준비되는데, 백인들과 마오리족이 그들의 음식을 함께 먹으며 이야기꽃을 피운다.
이제 마오리족에게 항기음식은 여전히 그들만의 자부심이라고 할 수 있다. 백인들의 사회문화에 완전히 동화된 듯이 보이는 마오리족의 긍지와 민족성이 되살아나는 때는 아마도 이 항기음식을 먹을 때가 아닌가 싶다.
어쩌면 마오리인들의 음식을 함께 먹는 백인들에게도 이들의 자부심이 전해졌는지 모르겠다. 함께 어울려 음식을 나누는 원주민과 이주민의 모습에서 평화로운 뉴질랜드의 오늘을 볼 수 있다.
한편 뉴질랜드는 전형적 낙농국가이기 때문에 초원에서 방목하여 기른 양고기, 사슴고기, 쇠고기의 주요 생산국이며 어느 지역에서나 저렴한 가격에 원산지 고기를 구입할 수 있다.
뉴질랜드 특유의 해산물인 적어, 달고기, 호키 등은 새로운 맛을 선사해주며 전통적인 팔레요리는 싱싱한 물고기의 감칠맛을 제공한다. 조개류, 초록껍질의 홍합, 블러프굴, 뉴질랜드 전복인 파우아, 함박 조개류 등도 이곳에서만 맛볼 수 있는 해산물이다.

오스트레일리아 Australia

캥거루와 양떼가 뛰노는 축복의 땅

맑고 짙푸른 바다와 하늘을 자랑하는 축복의 땅. 광맥과 양떼의 등에 업힌 행운의 나라이며 그 유명한 하드브릿지와 오페라하우스가 있고 캥거루가 뛰어노는 나라 오스트레일리아, 그들 스스로도 세계에서 가장 행복한 나라에 살고 있다고 믿는다.

아메리카 대륙이 그러하듯이 이민의 역사로 점철되어온 오스트레일리아는 다수 인종이 모여 사는 다민족 국가이다. 때문에 그 누구도 이방인이 될 수 없는 곳이기도 하다.

오스트레일리아는 1770년 영국의 제임스 쿡 선장이 타이티 섬으로 과학 탐사를 다녀오던 길에 오스트레일리아 대륙에 최초로 영국기를 게양하면서 유럽 세계에 소개되었다. 다민족 국가 오스트레일리아의 역사는 이렇게 시작되었고, 오스트레일리아에는 입맛도 이런 특징에 맞게 형성되었다.

오스트레일리아인의 입맛은 다민족 국가라는 특성에 맞게 다원화돼 있어 소, 양고기는 물론 해산물까지 즐겨 먹는 음식들이 다양한데 그 이유는 역사를 거슬러 올라가면 쉽게 이해된다.

오스트레일리아만이 갖고 있는 생활습관을 몇 가지 소개하면, 비행기가 오스트레일리아 공항에 도착해서 제일 먼저 하는 일은 기내 소독이다. 손님들이 내린 다음 소독하는 것이 아니라 손님을 기내에 가둔 채 소독약을 뿌리는 것이다. 또 입국 통관 시에는 음식물이나 의약품 등을 지참하지 않았나 철저히 조사하고 발견되면 무조건 압수한다. 고추장, 마늘, 김치 등을 멋모르고 가지고 가던 여행자가 무참하게 빼앗기는 사례를 자주 목격하게 된다.

지구의 반대쪽에 있는 나라 오스트레일리아는 모든 것이 반대이다. 집들은 북향이고, 도어 핸들은 좌에서 우로 틀어 열고, 룸 스위치는 위에서 아래로 켠다. 자동차의 운전석도 오른쪽에 있고, 차량통행은 우측이 우선이다. 우리와는 모든 것이 거꾸로이다.

생활습관도 다른 점이 너무 많다. 가령 명함을 줄 때는 악수를 교환하고 자기소개를 한 뒤이다. 명함을 내밀면서 자기소개를 하는 것은 실례이다. 초대를 받았을 때는 약속된 시간보다 10~15분 늦게 가는 것이 예의이고, 쇠고기보다는 닭고기 · 돼지고기 값이 더 비싸며 또 고급이다. 지도를 보면 남반구가 위에 있고, 북반구는 아래에 있으며, 샤워는 아침에 한다.

말에도 조심해야 할 것이 있다. 가령 보이프렌드니 걸프렌드니 하는 것은 성적인 관계가 있음을 의미한다. 서로 잘 알고 지낸다고 보이프렌드라고 소개하면 전혀 다른 뜻을 전하게 된다. 결혼식 풍속도

좀 별나다. 청첩장을 보낼 때는 입고 올 옷이 포멀인지 캐주얼인지 명시해야 하며, 하객에게서 축의금을 받는 일은 없고, 답례품이란 것도 물론 없다.

피로연은 음료수는 신랑 측이, 연회비는 신부 측이 부담한다. 그 대신 신부가 신랑 집 가족들에게 주는 예물이란 것은 아예 없다. 결혼식은 등기소에서 올리는 것이 가장 싸다.

원주민의 축제음식으로 빠질 수 없는 게 또 바비큐 요리이다. 고기와 야채를 듬성듬성 잘라 끼운 꼬치요리는 우리 눈에도 낯설지는 않지만 캥거루고기라는 점이 특이하다.

캥거루고기야 원주민들이 늘 먹어오던 고기이므로 축제 때마다 빠지지 않는 단골요리인 것이 당연하다. 단지 그 요리방법에 변화가 있었을 뿐이다. 바비큐 화덕에는 캥거루 외에도 두툼한 소시지가 지글거리고 소시지가 익어갈 쯤 한바탕 축제의 여흥을 마친 사람들이 바비큐 화덕으로 모여든다. 구수하게 구워진 소시지와 구운 양파를 곁들여 핫도그를 해먹는 모습이 먹음직스럽다.

원주민들의 음식에서 또 한 가지 특징은 소금을 비롯하여 향신료를 전혀 사용하지 않는다는 사실이다. 신선한 재료를 날것에 가까운 상태로 먹는 원시적인 식사를 아직도 많은 원주민들이 하고 있는 셈이다. 현대의 패스트푸드인 핫도그와 전통음식인 캥거루 꼬치를 함께 즐기는 원주민, 이들에게서 전통을 존중하면서 새것을 받아들일 줄 아는 신구 문화의 성공적인 융화를 엿볼 수 있다.

오스트레일리아인의 음식은 그들의 축제음식에서 보듯이 특별히 오스트레일리아만의 맛이라고 얘기하기는 힘들다.

이것은 오스트레일리아가 이민의 역사를 가진 다민족 국가이기 때문일 것이다. 그렇기 때문에 특별히 오스트레일리아의 맛을 꼬집을 수는 없지만 다만 들판 위에서 바비큐를 즐기는 그들 음식문화만큼은 오스트레일리아만의 색깔이 아닐까 싶다.

대자연의 평온함과 마이키 훗의 정신이 내재되어 있는 나라이다. 그래서인지 오스트레일리아는 그들이 이루고 있는 민족 하나하나의 맛을 소중히 여긴다.

오스트레일리아의 입맛은 입맛보다는 분위기라고 할 수 있다. 오스트레일리아만의 독특한 스타일로 맛을 즐기는 오스트레일리아인들. 그들에게는 아직도 캠프의 낭만이 살아 있다.

부시 터커Bush Tuker - 고급 요리화되어 가는 원주민 음식

시드니 차이나타운에 가면 인디언, 베트남, 타이, 프랑스 요리 등 모든 외국 음식을 다 먹을 수 있을 정도로 각 민족의 요리가 잘 발달되어 있지만 아이러니컬하게도 오스트레일리아만의 전통요리 개발은 뒷전이었다. 미국의 햄버거, 프랑스의 누벨퀴진, 이탈리아의 파스타 같은 대표적 음식은 부재했던 것이다.

부시 터커Bush Tuker는 미개한 원주민의 음식이란 뜻으로 오스트레일리아 땅에서 생산되는 다양한 약초, 향신료, 버섯, 과일, 꽃, 야채, 새, 파충류나 양서류, 그리고 곤충 등을 일컫는다. 부시 터커는 애버리지니라 불리는 오스트레일리아 원주민이 5만 년 동안 먹어온 음식을 지칭하는데, 이 나라에서는 최근에서야 고급 음식점의 메뉴로 새로이 등장하고 있다.

유럽 출신의 오스트레일리아인들은 그들만의 고유 산물에서 흥미점을 발견하였고 새로운 맛과 배합을 찾는 최고의 요리사들에게 관심이 집중되고 있는 것이다.

야생과일은 훌륭한 잼, 소스, 챠트네(매운 양념), 그리고 후식의 재료가 된다. 너트는 파이와 사탕류, 빵에 사용되는 등 야생 동식물로부터의 새로운 풍미가 아이스크림이나 음료, 양념 등 독특한 방식으로 개발되고 있다.

요즘 레스토랑에서는 갈은 쿠라종 꽃, 아틀씨앗 아이스크림, 꿀에 잰 베리 양념의 고기와 생선요리를 맛볼 수 있고 고기요리와 야생복숭아 스튜 또는 아이스크림이 같이 제공되곤 한다.

모든 사람들이 다 땅벌레나 곤충을 먹는 것은 아니지만 원주민에게는 계절이 바뀌면서 찾아오는 반가운 별미여서 뉴사우스웨일스의 산에 11월에서 1월에 나타나는 보공 나방 역시도 호기심의 대상이 되고 있다.

가장 잘 알려지고 백인들이 가장 맛있어 하는 그럽(땅벌레)은 위체티 그럽이라고 한다. 이 통통하고 하얀 그럽은 디저트로 알맞은 곤충음식으로, 생으로 또는 재에 싸서 먹는데 그 맛이 아몬드와 비슷하다고 한다.

법 제한이 있어 캥거루고기는 몇몇 주에서만 먹을 수 있는데, 최근 정부가 캥거루 식용화를 허용하였다. 그러나 캥거루는 오스트레일리아를 상징하는 동물로서 이를 식용하는 데는 아직까지 논쟁이 계속되고 있다. 캥거루고기를 먹는 오스트레일리아인들은 많지 않고 주로 동남아 지역으로 수출된다고 하는데, 국가의 상징인 동물의 식용에 반대하는 동물보호협회와 논쟁이 계속되고 있다고 한다.

03 서유럽

그리스 · 네덜란드 · 독일 · 벨기에 · 스위스 · 스웨덴 · 스페인 · 영국 · 오스트리아 · 이탈리아 · 프랑스 · 핀란드

유라시아 대륙 서북부에 돌출한 반도 모양의 지역으로부터 러시아 및 독립국가연합에 이르는 유럽권은 그 면적이 약 2733만 제곱킬로미터로 전 세계 육지 면적의 18퍼센트 정도가 된다. 해발 200미터 이하의 평지가 반 이상을 차지하므로 인구는 전 세계의 20퍼센트 정도로 많고 산업이 발달하고 옛날부터 세계 문화의 중심이 되어왔다. 해안지대는 내해와 만이 풍부하여 해안선 발달해 좋은 기후와 어울려 6대주 가운데 해운이 발달하고 문명이 발달하는 계기가 되었다. 현재 유럽권에는 40여 독립국이 있으나 영국, 프랑스, 독일, 네덜란드 등 여러 나라가 세계의 정치 · 경제에서 차지하는 역할은 과거에 비해 조금도 변하지 않았다.

세계의 가장 부자 나라들이 모여 살고 있는 유럽 요리는 오랫동안 중동 및 사하라 사막 이북의 아랍 제국 · 중국 · 인도 등지의 동양 요리, 그리고 몽골의 침입으로 전파된 중앙아시아 요리와 콜럼버스의 미대륙 발견 이후에 전파된 미국 요리 등의 영향을 받으면서 과학과 기계 문명의 뒷받침으로 형성된 새로운 형태의 음식문화이다.

이들 유럽 요리는 산업혁명 이전에 미국으로 건너가서 남 · 북아메리카에서 새로운 음식문화를 창조하기에 이르렀으며, 그 속에서 형성된 식문화가 다시 유럽의 식문화 속에 파고들고 있다. 즉 인도에서 전파된 후추를 중심으로 한 향료 문화, 아프

리카에서 아랍을 통해 도입된 커피, 중국 및 일본에서 도입된 도자기와 이에 뒤따라 들어간 차 문화, 그리고 중국에서 이탈리아로 건너간 것으로 구전되고 있는 국수 문화, 아메리카 대륙에서 도입한 감자를 중심으로 한 매쉬드 포테이토 · 감자칩 · 포테이토 프렌치 프라이 · 콘칩 등은 오히려 서양 음식으로 이해되고 있다.

그리고 대부분의 사람들이 서양 요리를 다 같은 것으로 오해하고 있는데, 동양의 우리나라와 중국 및 일본의 음식이 비슷하면서도 전혀 다르듯이 유럽 요리도 남부와 중부 그리고 북부로 북상함에 따라 점차 변해 서로 다른 특징을 지니고 있다.

일례로 요리의 왕국 프랑스에는 너무 유명한 음식이 많다. 그 중 몇 개를 꼽는다면 역시 달팽이요리와 부르고뉴 지방의 개구리요리일 것이다. 이탈리아 음식이라면 스파게티와 마카로니이다. 이 둘을 합쳐 '파스타'라고 부른다. 파스타는 500여 종류 이상이 있다 한다. 한때 이탈리아 빈대떡으로 소개된 피자도 이 나라 대표 음식이다. 스페인에는 '파엘라Paella'라는 볶음밥이 있다. 쌀밥에 닭고기와 해물 · 야채 등을 넣고 비볐다. 그리스는 삼면이 바다에 둘러싸여 해물요리 왕국이다. 그 중에서도 '롭스터'로 불리는 해물잡탕이 가장 널리 알려져 있다.

내륙 국가인 독일은 소시지와 감자와 맥주의 나라이다. 소시지를 이곳에서는 '부르스트'라고 하는데, 간을 재료로 한 리버 부르스트, 선지와 기름으로 만든 블러드

부르스트, 돼지의 귀와 코와 혀로 만든 즐체 부르스트 등 여러 가지가 있다. 스위스는 퐁뒤의 나라이다.

북극에 가까운 북유럽은 훈제가 유명하다. 뷔페 스타일의 바이킹 요리도 이곳에서 나왔다. 덴마크에는 청어를 통째로 넣은 거대한 샌드위치 '스모아브로', 노르웨이는 푸짐한 아침식사인 '콜드보르드', 스웨덴은 바이킹 요리의 원조라는 '스뫼르고스보르드'가 대표 음식들이다.

유럽에는 커피숍이 없다. 커피란 것은 어디서나 팔기 때문에 굳이 커피숍을 찾을 필요가 없다. 식당이나 스낵에 가서 커피 한 잔 시켜 마시고 그냥 나와도 상관없다. 한국의 커피숍에 해당되는 곳을 굳이 대자면 카페라고 해도 될 것 같다. 유럽의 카페는 개방적이다. 어둡고 침침하고 이상한 분위기와 조명을 한 한국식 카페와 비교하면 사뭇 다르다.

프랑스와 이탈리아의 카페는 절반이 길거리에 의자를 내다 놓고 있다. 카페 테라스라는 것이 바로 이것이다. 그런데 테라스에서 차를 마시면 값이 두 배 정도 비싸다. 바는 웨이터가 서비스할 필요가 없기 때문이다. 독일이나 오스트리아의 커피숍은 제법 분위기 있게 실내가 꾸며져 있다.

독일에서는 커피를 주문할 때 타세Tasse인가, 칸첸Kannchen인가 분명히 밝혀야 한다. 타세는 한 잔이고, 칸첸은 한 주전자이다. 카페에서는 커피와 함께 과자를 주기도 한다. 이 과자를 쿠헨Kuchen, 토르테Torte라고 부른다.

빈 사람들은 오후 3시가 되면 카페로 몰려온다. 야오제Jouse를 즐기기 위해서이다. 야오제 시간에는 으레 커피와 함께 과자가 나온다. 이 과자 맛이 기가 막혀서 커피보다 과자 맛 보러 오는 손님도 있다. 간판에 카페 콘디토라이엔Kaffee-Konditoreien이란 표시가 붙은 카페가 있는데, 직접 만든 과자를 내놓는 집이다.

그리스 Greece

문명과 관광의 나라

그리스는 지중해의 눈부시게 아름다운 쪽빛 해안과 그림보다도 더 환상적인 하얀 가옥들, 그리고 한가로이 걸어가는 노새와 노인네들, 어디든 들추기만 하면 쏟아져 나오는 수천 년을 전해 내려오는 신화에 얽힌 이야기들이 많다. 현세이면서도 마치 화려한 신들의 세계에 와 있는 듯한 신비로운 나라이다.

그러나 지금까지 그리스는 신화의 나라이거나 가기 힘든 나라 정도로 인식되어왔다. 유럽을 이해하려면 적극적인 노력으로 우선 그리스를 알아야 한다. 그리스는 유럽의 시작이라 할 수 있는 역사와 문화의 열쇠를 쥐고 있는 곳이기 때문이다.

즉 서구 문명의 모태라 할 수 있는 그리스 문명은 기원전 16세기 크레타 섬의 크노소스를 중심으로 발생한 미노아 문명에 의해 비롯되었다. 이 미노아 문명은 펠로폰네소스 반도에 정착해 있던 아카이

아인(그리스인의 선조)과 교류하며 미케네 문명으로 발전하여 인류 최초의 서사시인 호메로스의 『일리아스』 『오디세이아』의 주무대인 트로이 전쟁을 승리로 이끄는 등 한때 번창 일로를 걸어왔다.

하지만 기원전 12세기 북방계 도리아인의 침략으로 미케네 문명이 붕괴되자 그리스는 오랫동안 암흑 시기를 맞이했다. 이후 기원전 9세기경 아테네를 필두로 폴리스라는 도시국가가 생겨나면서, 그리스 문화는 깊은 잠에서 깨어나 다시금 화려한 꽃을 피웠다.

알파벳의 기초가 되는 문자가 창안되고, 제우스 신전을 비롯한 여러 고대 건축물들이 축조되는가 하면, 고대 올림픽 경기가 생겨난 것도 모두 이 시기의 일이다. 그리고 이때의 도시국가들 중 아테네는 다리우스라는 걸출한 영웅이 이끄는 페르시아 제국의 서진西進을 마라톤 전투와 살라미스 해전 등을 통해 막아냄으로써 서구 문명의 방파제 역할까지 했다.

세계 어느 곳에서나 서민들의 노곤한 발을 쉬게 하는 편안한 공간이 있기 마련인데 그리스에는 아크로폴리스 언덕에서 신다쿠마 광장 쪽을 지나다 보면 아테네 최고의 명물인 노천식당 다베투나를 만날 수 있다. 몇백 개가 되는 다베투나가 한꺼번에 모여 있는 이곳에는 우리나라의 포장마차처럼 아테네 사람들에게 삶의 휴식과 편안한 토론의 장소를 제공해준다.

다베투나의 인기 메뉴는 단연 스부라키아나 무사카이다. 무사카는 일종의 파스타로 감자, 양파, 다진 고기, 토마토, 파슬리 등에 와인, 소금으로 간을 하여 잘 섞어 볶은 후 우유와 밀가루를 넣어 파스타를 만든다. 그 후 버터 바른 팬에 슬라이스한 감자, 고기 볶은 것을 올리고 노릇해질 때까지 구운 다음 식혀서 먹는다. 스부라키아는 고기를 피타Pita라는 밀가루 빵에 각종 야채와 함께 넣고 둘둘 말아서 그릴에 구워 먹는 것으로 그리스의 토속음식 중 하나이다.

올리브유, 계란, 레몬주스, 양파, 상추 등을 넣고 작게 썬은 양고기로 만든 후리카세는 그리스인들에게는 메인요리로 제공되는데, 후리카세는 닭고기, 새끼 양고기 혹은 송아지고기의 조각을 액체에서 스튜 요리한 다음 같은 액체로 만든 소스에 차려낸 요리이다.

케밥은 지중해 연안에서 시작된 그리스, 레바논, 터키 지역의 전통으로 전해져 오는 요리로서 소, 양, 닭고기 등을 꼬챙이에 끼워 숯불이나 장작불로 바비큐한 고기와 레바니스 브레드 또는 터키, 그리스의 전통 브레드에 싸서 즐겨 먹는 음식이다.

그리스는 기독교(그리스 정교)의 나라인 만큼 그 식습관이 종교에 관련된 계율을 가지고, 단식斷食에 의한 특별메뉴가 현재도 존재한다. 매년 8월 1일부터 15일까지 단식에 의하여 올리브유 · 물고기 · 고기 · 달걀 · 치즈 등이 금지되고 부활제에도 마찬가지이며 변칙적인 단식을 하고 있다. 특히 부활제까지의 1주간 단식은 올리브유나 어육도 먹지 못하도록 할 만큼 엄격하고, 부활 바로 앞의 금요일은 예수 수난의 날이기에 주부들은 부엌에도 들어가지 않고 하루 종일 교회에 나가서 렌스Lens콘을 먹는다. 부활제의 명물요리는 어린 양의 통구이가 있고, 붉게 물들인 달걀을 서로 던져서 행복을 빈다. 다음 날은 양의 내장을 썰어서 양파 · 양상추 · 레몬 · 달걀을 곁들인 수프를 먹는다. 1월 1일에 어린 돼지의 통구이와 빵을 만들어 가족의 행복을 비는 풍습이 있다.

그리스의 시에스타

남유럽에서 흔히 볼 수 있는 풍경 중 하나는 시에스타이다. 한낮에는 너무 덥기 때문에 이 시간을 이용하여 낮잠을 자두는 풍습이다. 그리스인도 예외는 아니다. 어쩌면 가장 철저하게 시에스타를 즐기는 국민이 그리스인이 아닌가 싶다. 아테네 시민들은 낮 12시부터 3시까지 장장 3시간 동안 어김없이 낮잠을 즐긴다. 이 시간에는 길도 조용하다. 지나다니는 사람도 없다. 이 시간에 지나다니는 사람은 여행자이거나 외국인이다. 길도 조용하다. 음악 소리조차 없다. 만약 길에서 떠들면, 창문이 열리면서 쉬이, 쉬이, 조용히 하라는 경고가 들린다. 그래도 떠들면 어디선가 돌이 날아온다.

아테네 시민들은 부지런하다. 은행이나 관공서는 아침 7시 30분에 출근한다. 그 대신 1시 30분이 퇴근시간이다. 일반 기업체는 하루 두 번 출근한다. 오후 시에스타가 끝나면 다시 출근하기 때문에 러시아워가 하루에 두 번이다. 신나는 건 버스 회사와 호텔들이다. 낮걸이 손님 때문에 호텔들이 톡톡히 재미를 보기 때문이다. 그리스인들은 점심이 정찬이다. 푸짐하게 아주 잘 먹는다.

낮 인사가 이 나라에서 "카리올레꾸시" 라고 하는데, 이것은 "좋은 식욕을!" 이라는 뜻이다. 잘 먹고 늘어지게 자고 난 다음, 오후에는 밤늦도록 인생을 즐긴다. 저녁식사 시간은 보통 오후 8시부터 12시 사이이다. 레스토랑도 8시 이전에는 문을 열지 않는다. 보통 새벽 2시까지 영업하는 레스토랑이 많다. 부부가 외식할 때는 자정이나 새벽 1시에 레스토랑을 찾는다.

네덜란드 Netherlands

풍차의 나라

네덜란드는 우리에게 한말의 헤이그 밀사사건이 머리에 떠오르는 나라이다. 그리고 그보다 앞서서는 네덜란드 사람 하멜이 우리나라 남쪽에 표착하여 귀국 후에 우리나라 견문록을 써서 서양 사회에 처음으로 우리나라를 소개하기도 하였다. 이러한 역사적 배경을 가진 나라 네덜란드는 그 이름 Netherlands가 나타내듯 바다를 간척해서 해발보다 낮은 땅을 가지고 있다. 그리고 인구밀도가 세계에서 가장 높은 나라이고, 풍차의 나라이며, 유럽공동체 현관과도 같은 위치에 있는 나라 등 여러 가지 이미지를 주는 작으나 실속 있는 나라로 알려져 있다.

네덜란드는 전 면적의 약 4분의 1이 바다보다 낮고, 모래언덕이나 제방으로 해수의 침입을 막고 있다. 원래 이 땅은 개펄이었고, 중세 이래로 끊임없이 물과 싸워왔다. 간척지의 건설에 심혈을 기울여 배수에는 제방과 풍차를 사용했고, 이 물을 빼는 무수의 운하(연장 8000킬로미터)가 중요한 교통로가 되고 있다.

물을 정복한 한 예가 조이데르 해Zuider zee이다. 오랜 세월에 걸친 대공사 끝에 길이 약 30킬로미터에 달하는 대제방을 건설하여 바다를 막고 그 안에 담수호(에이셀 호)를 만든 것이다.

인내심이 강한 국민성을 4만 1526제곱킬로미터에 불과한 좁은 국토 중 20퍼센트에 가까운 부분을 간척 농경지로 개간하여 세계에서 손꼽히는 치즈 생산국 · 농업국이 되었다. 그 때문인지 EC 여러 나라 중에서도 순조로운 경제발전을 이룬 나라로 꼽히며, 로테르담은 서유럽에서도 굴지의 무역항이 되었다.

여름이면 목초를 뜯는 소나 양떼를 볼 수 있고, 겨울이면 얼어붙은 운하에서 스케이트를 즐기는 아이들을 볼 수가 있다.

거리에서 마주치는 자전거 등 이 나라에서 볼 수 있는 풍경들은 모두 평온하고 한가로워 보인다. 그러나 그 평화로움과 화창함이 매일 아침 여자들이 자기 집 돌층계에 윤을 내는 것에서 볼 수 있는 근면함과 혹독한 자연조건을 극복해온 강인함에서 나온 것임을 생각할 때 또 다른 신선한 감회를 느끼게 된다.

유럽의 열강 프랑스, 독일의 틈바구니 속에 끼여 있으며 수많은 전화를 겪으면서도 네덜란드가 생존할 수 있었던 배경에는 무엇이 있을까? 이 질문에 대한 대답은 여러 각도에서 구해질 수 있겠으나 우선 그 설명들에 설득력을 부여해줄, 네덜란드 사회를 관통하고 있는 사회규범으로서의 근검절약 정신과 관용Tolerance을 먼저 이해하는 것이 필요하다.

헤링 Herring

영어로는 헤링Herring, 같은 철자를 쓰고 네덜란드어로는 하링Haring이라 불리는 생선 청어(많은 사람들이 정어리라고 하나 청어로 알고 있음) 머리를 자르고 내장을 빼낸 후, 엄지와 검지로 꼬리를 잡고 팔을 위로 치켜든 다음, 고개를 뒤로 젖히고 입을 벌려 한 입 또는 두 입에 먹어치우는 사람을 보게 될 것이다. 그 사람은 십중팔구 네덜란드 사람이다.

처음엔 빵에 넣어 정어리 샌드위치를 만들어서, 두 번째는 잘게 썰은 양파와 함께 일회용 용기에 일회용 포크를 사용하여. 빵에 넣은 것은 생선의 냄새가 빵으로 인해 반은 없어진 듯했다. 두 번째는 생선 자체의 양이 많기도 했지만 입안에 느껴지는 생선 냄새와 기름기 때문에 양파를 더 달라고 해서 먹어야만 했다.

토요일마다 열리는 시내의 시장에 가면 언제나 생선가게에 임자를 기다리는 하링이 다듬어져 있고 장보러 나온 사람들 중에 특히 아저씨들이 음, 음 하며 감탄의 소리를 내며 선 자리에서 두세 마리를 해치운다. 그들이 먹는 걸 관찰해 본 결과, 잘게 썰은 양파는 내가 했던 것처럼 먹으라고 주는 게 아니고, 그곳에 하링을 쓱쓱 문대어 향기만 더하는 용도이다.

진짜 하링을 먹을 줄 아는 사람은(자기를 가르킴) 양파를 사용하지 않고, 즉석에서 통후추를 갈아 뿌려 먹는다고 한다. 더욱 놀라운 사실은 집안사람 중에 누가 감기 기운이 있거나 하면 우선 하링을 먹게 하는데, 그 효과가 대단하단다.

네덜란드 요리의 특징으로는 전통적으로 생선을 이용한 요리가 많고, 육류로는 섬에서 기른 양고기를 주로 사용한다는 것을 들 수 있다. 그 밖에 고양이 이름을 딴 톰포젠이나 산뜻한 애플파이 등이 네덜란드를 대표하는 음식이라고 할 수 있다.

우선, 더치 헤링Dutch Herring을 들 수 있다. 네덜란드식 청어요리는 우리식의 젓갈과 비슷한 요리인데, 청어를 간단하게 조리해 신속하게 만들어 먹을 수 있다.

이것은 익히지 않고 날로 먹고 들고 다니면서도 먹는다. 맛은 약간 짭짤한데, 한 번 맛을 들이면 쉽게 잊지 못한다고 하는 네덜란드의 아주 대표적인 요리이다.

둘째, 고다Gouda 치즈이다. 네덜란드가 원산지로 세계 최고의 치즈 중 하나이다. 네덜란드의 로테르담 외국 고다 마을의 이름에서 시작되었지만 지금은 전 세계에서 만들어지고 있다. 네덜란드 치즈 생산의 60퍼센트 이상을 차지하고 있으며 오랜 역사를 지녔다. 노란색의 왁스 표면에 싸인 고다 치즈는 달콤하고 과일 같은 맛이 난다. 18개월 이상 숙성된 고다는 짙은 노란색의 치즈가 검은색 왁스 표면에 싸여있다. 작은 크기의 베이비 고다는 주로 붉은색 왁스 코팅이 되어 있다. 식사에 곁들이기도 하지만 디저트용으로도 사용한다. 과일이나 와인과 잘 어울린다.

셋째, 에담Edam 치즈이다. 네덜란드의 가장 유명한 치즈로서 지방을 일부 제거한 우유로 만든다. 즉 개봉 후 수주일 내에 다 먹어야 한다는 것을 의미한다. 그리고 수출용으로 만들어진 에담은 주로 왁스 코팅을 한다. 어린이용으로 많이 소비된다. 17주 이상 숙성된 에담은 검은색 왁스 코팅이 되어 있다.

넷째, 진Gin이다. 진은 네덜란드가 전통적인 생산국으로 진의 원료인 두송나무 열매가 상처 부위를 쉽게 아물게 하는 성질이 있어 소독약으로 개발되었던 것을 술로 제조한 것이다. 진은 무색투명하여 저장할 필요가 없고 대량생산이 가능하여 값싼 것이 장점이다.

특히 느끼한 음식을 먹은 후 산뜻한 입맛을 유지하며 식욕을 돋우는 역할을 한다. 또한 잔의 원료인 두송나무 열매는 이뇨작용을 원활히 하여 생리에도 좋다. 어떤 면에서는 위스키보다 권장하고 싶은 술이다. 특히 생선회를 좋아하는 한국인의 경우 진과 함께 먹으면 비린내를 제거할 수 있어 더욱 좋다. 진으로 만들 수 있는 대표적인 칵테일은 탐칼린스와 진토닉이 있는데, 이것들은 가정에서 파티 시 부담없이 사용할 수 있다. 진토닉의 경우 드라이 진 28그램(1온스)에 토닉워터(맥주잔의 8잔부 정도)와 레몬을 혼합한 것으로 진의 향기가 시원하여 여름철에 마시면 더욱 좋다.

흔히들 네덜란드 하면, 각자가 식사 때 자신의 몫을 지불하는 것을 의미하는 더치 페이Dutch pay(혹은 Dutch treatment)라는 말을 떠올린다. 또한 "유대인들에게 싸게 사서 아일랜드인들에게 비싸게 팔아먹을 수 있는 유일한 민족이 바로 네덜란드인들"이라는 비유도 있다. 그러나 네덜란드와 그 국민들의 역사를 돌이켜본다면 이러한 비유들은 결코 부정적으로 해석해서는 안 될 것이다.

그 국가명이 뜻하는 바와 같이 네덜란드(프랑스어로는 Pay-Bas)는 바다보다 낮은, 농업을 하기에 부적합한 땅을 가지고 있었다. 또한 자원이 없는 관계로 일찍부터 해외로 눈길을 돌려 교역에 치중할 수밖에 없었으며, 주위 열강들 사이에서 국가를 보전하는 길도 교역을 통한 부국의 길밖에 없었기 때문에 이 나라에서 해외교역이 의미하는 바는 지대하다. 이를 바탕으로 창출된 상인 정신은 막스 베버가 지적했듯이 네덜란드의 국교인 칼뱅교와 만나면서 더욱 공고해졌다. 칼뱅교는 네덜란드인에게 근검절약이라는 사회적 규범을 제시해주었으며, 이를 바탕으로 네덜란드의 상업은 더욱 발전하게 되었고, 이러한 정신은 여전히 네덜란드 사회의 한 덕목으로 자리잡고 있다. 실제 현대 네덜란드인들의 사회생활에 있어 중요한 기준도 바로 이 정신이라 할 수 있다.

네덜란드의 음식문화는 소박하기 그지없다. 아침과 점심은 빵 몇 조각과 햄, 치즈, 그리고 우유 한 잔, 저녁은 감자에다 고기 한 점 혹은 소시지. 그들의 의복은 거의 작업복 수준을 넘지 않는다. 학생들은 청바지에 티셔츠와 스웨터. 물론 정치인들이나 영업직 사원들은 정장을 고수하지만 일반인들의 의복은 소박하기 그지없다. 자동차도 마찬가지이다. 이 모든 것들은 네덜란드인들의 정신에 뿌리 박혀 있는 근검절약 정신의 결과이며, 이것이 또한 네덜란드인들을 실용주의적인 국민으로 만들었다.

네덜란드는 가난한 듯하면서도 부자인 나라이다. 그래서 네덜란드에서는 부를 과시하거나, 고급 의상을 입고 다닌다거나, 좋은 차를 타고 다닌다 해서 어떤 대우를 기대해서는 안 된다. 또한 네덜란드인들은 누구의 집에 초대를 받아 간다거나 방문을 할 때 절대로 비싼 선물을 들고 가서는 안 된다. 가장 일반적인 선물은 꽃 한 다발인데, 이것도 우리 돈으로 5000원 정도여야 하며, 다른 것으로는 와인을 많이 사 가는데 이것 역시 5000원짜리 정도를 가져가는 것이 예의이다.

이렇게 하는 이유는 성의 표시는 하되, 받는 이가 부담을 갖지 않게 하기 위함이다. 그래서 쉬는 시간에 교수와 학생들이 나란히 줄서서 각자 커피를 뽑아 먹는 것과 레스토랑이나 선술집에서 자기 몫을 자기가 지불하는 것이 이해가 되는 것이다. 남이 먹은 것을 자기가 지불할 때는 예의를 갖추어 그 이유를 설명하고 동의를 구해야 한다. 그렇지 않으면 당사자는 내심 불쾌하게 생각할 것이다.

독일 Germany

실용과 약속을 중시하는 질서의 대국

독일은 역사적으로 슬픈 나라이다. 어느 한 순간도 자신들의 행복한 삶에 대해 조용히 생각해볼 만한 한가한 시간이 없었다. 항상 언제나 주변 강대국의 괴롭힘 속에서 살아야 했다. 한동안은 오스트리아 전신인 합스부르크 왕가의 영주가 관리하던 복속국가였으며, 국가의 힘이 커질 때마다 러시아와 프랑스의 끊임없는 견제와 시달림 속에 살아왔다. 진지하게 자신들의 삶에 대해 고민해볼 만한 여유도 없이 항시 싸움과 피로 얼룩진 세월을 살며 그들은 강인함과 단결만이 살 길이라는 것을 체험적으로 느껴왔다. 독일인의 건축은 견고하기로 소문 나 있다. 견고한 건축과 언제라도 떠날 수 있는 간편한 생활도구가 이제 그들의 습성이 되어버렸다.

독일인의 무뚝뚝함은 국민성이라기보다 더 이상 흘릴 눈물이 없기 때문인지도 모르겠다. 그래서 독일인들의 성향을 말하라고 한다면,

무엇보다도 타 문화와 이민족에 대한 배타성과 새로운 것보다는 기존의 것을 중시하고 유지하려는 보수성을 들고 싶다. 인접국가인 네덜란드, 영국 혹은 프랑스 사람들의 성향은 이들과 사뭇 다르기 때문에 더욱더 그렇게 느껴진다. 이들은 독일인에 비하여 이질적이고 타 문화적인 것에 대해 훨씬 개방적이고 관용적이다. 그 원인을 두 가지로 압축할 수 있을 것 같다.

첫째, 독일인은 지정학적으로 볼 때 강대국에 둘러싸여 항상 포위당한 듯한 위협 속에 살아왔다는 점이다. 이로 인해 끊임없이 외부의 적들로부터 방어해야 한다는 강박관념에 시달려왔다.

둘째, 역사적으로 독일인들은 짧은 기간 동안만 식민지를 가져보았을 뿐 장기간의 식민지를 가져보지 못했다는 데 있다. 이에 반해 인접국가들은 거대한 식민지를 가져보았기 때문에 상이한 문화를 오랫동안 경험할 수 있었다. 그래서 독일인보다 좀더 포괄적인 시각을 갖고 있다.

이러한 배타적, 보수적 성향이 음식문화에도 반영되어 게르만 민족의 독특한 음식문화를 지금까지 고스란히 이어져 오게 한 요인이 된 것이 아닐까 한다. 또한 기후와 관습도 지역에 따라 다소 차이가 있어 이러한 것이 지역적 특성을 살린 조리법으로 더욱 발전하여 다양화하게 한 주요인으로 작용했을 것이다.

한편, 독일인들은 대단히 분석적으로 생각하는 사람들이다. 독일 비즈니스 문화에서는 객관적인 사실이 진실의 기초가 되고, 감정은 중요하지 않은 것으로 받아들여진다. 특히 협상에서는 더욱 그러하다. 그리고 독인 비즈니스맨들은 새로운 아이디어와 관념을 받아들이지 않는 경향이 있다. 더구나 그들은 동일한 조직 내에서도 정보를 자유로이 공유하지 않는다. 그러나 젊은 사람들은 개방적이다. 유연성과 동시성은 독일 문화의 특징이 아니다.

독일에서는 '브레인스토밍', '리스크테이킹' 또는 원칙과 권위에 대한 도전과 같은 관념들이 반드시 바람직하게 여겨지는 것은 아니다. 일반적으로 독일 사업가들은 이유가 극도로 확실하고 증명된 경우가 아니면, 남과 다른 방식으로 하는 것을 꺼린다. 당신의 제안과 주장을 뒷받침할 풍부한 정보와 경험적 증거가 있음을 확인시켜야 한다. 어떠한 종류이건 과장은 용납되지 않는다. 독일 사업가들은 현란한 광고, 삽화, 구호에 속지 않는다. 독일 시장을 겨냥한 팸플릿은 진지해야 하고, 상세하게 묘사해야 하며, 증명될 수 있는 내용을 써야 한다. 장황하게 느껴지더라도 걱정할 필요는 없다. 정보가 적절한 것이면 독일인 상대방은 전부 다 읽으려고 할 것이다. 더구나 독일인들은 당신의 제품이 제품 명세에 정확하게 부합하기를 바란다. 독일인들은 당신의 제품과 서비스의 결함을 둘러보고, 당신이 주장한 내용과 다른 부분이 있으면 이를 공개적으로 비판할 것이다.

뤼데스하임-프랑스보다 맛난 와인

흔히 독일을 맥주의 나라라고 알고 있지만 실은 맥주를 가장 좋아하는 나라는 네덜란드이다. 독일 사람들은 맥주 못지않게 와인도 즐긴다. 독일 와인의 주류는 라인 와인이다. 라인 강 주변에서 생산되었다 해서 붙여진 이름이다. 라인 와인과 함께 명성을 떨치고 있는 모젤 와인, 그 밖에도 북부 바이에른 지방 특산의 프랑켄와인, 독일의 남서쪽에 있는 바덴뷔르템베르크 주 특산의 바디슈 와인 등이 독일의 대표적 와인들이다.
라인 와인은 다색 병에 넣지만 약간 신맛이 있는 모젤 와인은 녹색 병에 담는 것이 특징이다. 라인 강을 끼고 강의 양쪽 산기슭은 거의 대부분이 포도밭이다. 해마다 9~10월은 포도 수확기이며, 각 고을마다 와인 축제가 열린다. 만하임 부근에 있는 바드 뒤르크하임의 뷔르스트마르크스 축제는 규모면에서 볼 때 가장 큰 와인 축제이다. 라인 와인을 가장 많이 소비하는 도시는 뤼데스하임이다. 마인츠에서 배로 1시간 반 거리에 있는 뤼데스하임은 라인 강변에서 가장 유명한 휴양지이다. 뤼데스하임은 도시 전체가 술집이라고 해도 지나친 말이 아니다. 강변에서 내륙으로 뻗은 좁은 골목길, 드로셀가세 거리는 술집 골목이다. 이곳을 와인하우스 거리라고 부른다.
강변 가까이에 돌로 쌓은 브룀서 성이 있다. 이 성은 와인 박물관이 되어 옛날 와인 짜는 기계에서부터 각종 술통, 제조공법 모형 등이 전시되고 있다. 그 중에서도 눈을 끄는 것은 엄청나게 많은 와인 글라스이다. 와인 글라스 컬렉션에 관한 한 이 박물관이 세계 최대일 것이다.
또 향토 박물관도 성안에 함께 있어 옛날 전설적인 기사들이 활동하던 시대의 유물들과 민속 생활 도구들이 전시되고 있다. 드로셀가세 거리가 끝나는 지점 부근에는 브룀사 궁이 있다. 옛날 성주가 살던 궁궐이다. 1542년에 건립된 오랜 역사를 지닌 이 궁전은 지금은 지크프리트 기계 음악관이 되어 옛날부터 사용해오던 각종 악기들을 소장·전시하고 있다. 뤼데스하임과 라인 강을 사이에 두고 마주보고 있는 도시는 빙겐이다. 빙겐은 라인 강 최대의 라인 와인 집하장으로 유명하다.

먼저 독일인의 음식문화 중 지난 수십 년 간 독일인의 식습관의 변화에 대해 살펴보고자 한다.

다른 나라보다도 독일에서는 1960년대 중반부터 여러 분야에서 근본적으로 많은 변화가 일어났다. 제2차 세계대전 직후 겪었던 많은 어려운 문제들(굶주림, 주택 공급 부족 그리고 피난민들의 급작스런 유입 등)이 전반적으로 극복되었고 아울러 식습관도 많이 변했다. 여성들의 사회 진출도 더욱 늘어나 가정에서 식사를 준비할 시간적 여유가 줄어들고 이로 인해 편의식품의 수요와 외식 빈도수가 늘어났다.

미美에 대한 유행도 변화하여 미의 우상이었던 여배우 마릴린 먼로Marilyn Monroe의 여성적인 모습에서 벗어나 청바지를 입은 매우 마른 듯한 몸매인 튀기Twiggy의 모습으로 바뀌었다. 그래서 많은 여성들에게서 체중 줄이기 붐이 조성되어 식이요법을 통한 새로운 다이어트 방법이 유행했다.

그뿐만 아니라 점차적으로 산업이 공업화됨에 따라 환경공해와 더불어 식품의 안정성 문제가 야기되기 시작하자, 식품 중의 환경오염물질과 잔류성분에 대해 비판적인 이의를 제기하는 여론이 높아졌다. 식품에 의해서 발생되는 위해危害를 방지하기 위한 식품위생법도 차차 개정되었으며, 특히 식품첨가물에 대한 새로운 법안들이 생겨나고 있다.

평화적 통일을 이룩한 독일, 이러한 역사적 사실들을 두고 세상사람들은 흔히 기적이라고 부른다. 그러나 이 기적들은 우연한 것이 아니라, 독일인들의 합리적 사고방식에서 비롯된 것이다. 합리적 사고는 토론을 통해 이루어진다. 독일인들처럼 토론을 즐겨 하는 사람도 드물 것이다. 매사가 토론이다. 식사시간에도, 산보를 하면서도, 휴식시간에도 틈만 나면 어떤 주제를 놓고 토론을 벌인다. 토론을 한다는 것은 모든 것을 깊이 생각한다는 것을 의미한다. 따라서 토론은 논리적인 합리성으로 이어지는 것이다.

요즈음 독일에서는 합리성을 살린 식생활 기법을 찾기 위한 열렬한 토론이 일고 있다. 토론의 주제는 독일의 철학자 포이어바흐가 말한 "당신이 먹은 음식이 바로 당신이 된다"이다. 이 말이 담고 있는 속뜻은 우리가 올바른 식생활을 하게 되면 육체와 정신을 건강하게 만들고, 바람직하지 못한 식생활을 하게 되면 몸과 마음을 병들게 한다는 것이다. 삶에 대한 태도 내지는 철학까지도 결정한다고 한다.

해를 거듭할수록 새로운 식생활법에 따라 식사를 하는 독일인들이 점차적으로 늘어나는 추세이다. 독일의 소비자운동 단체에서는 독일 성인의 약 2~5퍼센트가 기존의 음식문화와 다른 새로운 원칙에 준해서 식사를 하는 것으로 추산하고 있다. 이들이 새로운 식생활법을 추구하게 된 동기를 들어보면, 가히 독일인다운 합리적인 발상이라 할 만하다

이들은 우선 건강상 이유를 든다. 독일인들에게 흔한 심장질환, 순환계 질환, 비만, 통풍, 당뇨병 및 기타 소화기계 질환 등의 성인병은 기존의 잘못된 식습관에 의한 것이라고 본다. 그래서 자신의 육체에 이러한 질환이 일어나고 있다고 생각하는 사람은 식습관을 새로운 식이 형태로 바꾸어야 한다는 의견을 갖고 있다.

그렇다고 독일 영양학자들이 권장하는 식사지침이 근본적으로 잘못되었다는 것은 아니다. 단지 이를 실생활에서 적용하기가 너무 어

렵다는 데 의견을 같이하고 있다. 따라서 새로운 식이형태로 바꾸었을 때에만 자신의 식습관을 변화시킬 수 있다고 본다. 또 다른 이유는 일상적으로 섭취하는 식품, 즉 기존의 농법에 따라 생산된 식품들을 섭취하면 자신의 건강 상태를 악화시킬지도 모른다는 우려 때문이다. 기존의 농법은 너무 많은 화학물질들을 사용한다는 지적이다.

새로운 식사법을 택하게 된 또 하나의 동기는 지구 생태계에 미치는 영향을 고려했다는 점이다. 독일인들에게 가장 큰 관심거리는 환경문제이다. 기존의 농법은 환경파괴와 식품 중의 독성물질 증가에 큰 영향을 준다고 생각한다.

"아침은 황제처럼, 점심은 귀족처럼, 저녁은 거지처럼 식사하세……." 이는 옛날 게르만 민족에게서 전해져 내려오는 민요의 한 구절이다. 이 노랫말은 당시 아침식사의 중요성을 강조하고 있다. 물질문명이 극도로 발달한 오늘날에도 예외 없이 아침식사의 중요성을 재인식시켜주는 격언이 아닐까 한다.

■■ 벨기에 Belgium

유럽연합의 메카

벨기에에는 독일, 프랑스, 네덜란드 문화가 공존한다. 벨기에의 문화와 언어적 분열은 특히 민감한 주제이다. 세 개의 문화집단과 언어를 혼동하지 않도록 주의해야 한다. 대개의 벨기에인은 종교가 가톨릭이고, 2~3개 국어를 구사한다. 그 때문에 종교적, 언어적, 민족적 편견이 지속되고 있다. 예컨대 프랑스어계는 자신들이 우월하다고 생각하지만, 왈론인은 플라망인에 비해 우월하다고 생각한다. 플라망계와 대화할 때는 영어를 써야 하고, 프랑스어를 쓰면 안 된다. 플라망어를 잘하는 경우에는 플라망어를 쓰도록 한다.

벨기에는 유럽의 작은 왕국이다. 국토의 넓이는 겨우 3만 500제곱킬로미터로 우리나라(남한)의 3분의 1에도 못 미친다. 전자 · 석유화학공업 등의 발달로 유럽에서는 가장 잘 사는 나라 중의 하나이다. 겉보기에는 행복스러워 보인다.

그러나 내부를 들여다보면 그렇지 않은 면도 있다. 북쪽에는 네덜란드어를 쓰는 플라망계, 남쪽은 프랑스어를 쓰는 왈론계, 동쪽에는 소수의 게르만계 민족이 함께 살고 있다. 수도 브뤼셀에 가면 도로표지나 공용문서들이 2개 문자로 기록되어 있다. 브뤼셀조차 Brussel(네덜란드어)로 표기되어 관광객들을 어리둥절하게 만든다.

그래도 브뤼셀에서는 2개의 언어가 공존하여 편한 편이다. 지방으로 가면 아예 고유어 하나로 표기해 골치 아프게 한다. 가령 루벤스의 집이 있는 항구도시 앤트워프는 네덜란드어 표기로 안트웨르펜Antwerpen으로 되어 있다. 그러나 남쪽 사람이 지참하고 간 지도상에는 프랑스어로 앙베르Anvers로 적혀 있다. 반대로 프랑스어 지역의 리에주Liege를 찾아가는 북쪽 사람의 지도에는 리에주란 지명은 없고 링크Link가 있을 뿐이다. 남쪽 사람과 북쪽 사람이 서로 대화를 할 때는 통역을 세워야만 한다. 이들 민족 간의 자존심은 사뭇 가관이다. 멋모르고 외국 관광객이나 장사꾼이 남쪽에 가서 서투른 북쪽말을 쓰거나, 북쪽에 가서 남쪽말을 지껄이다가는 괄시를 받게 되거나 심할 때는 몰매를 맞을 우려조차 있다. 차라리 영어를 쓰던가, 아니면 벙어리 노릇 하는 편이 후환이 없다.

이 나라 사람들은 자신의 요리법에 특별한 자부심을 가지고 있으므로 꼭 요리에 대한 칭찬을 아끼지 말아야 한다. 벨기에 요리법의 핵심은 와플, 초콜릿, 홍합, 기타 300여 종의 맥주이다.

북부 벨기에에서는 빵보다 감자가 식사로 제공된다. 남부 벨기에에서는 보통 빵—버터 없이—이 식사로 제공된다. 벨기에인은 검소하기로 유명하므로 음식을 남김없이 먹어야 한다. 파티에 가면 음식

플라망과 앙뜨레

집으로 초대받았다면 상대방은 북부 벨기에의 플라망 지방 사람일 것이다. 이런 초대는 대단한 영광으로 여겨야 한다. 집으로 초대받은 경우, 사업 이야기는 하지 않도록 하라. 다른 상황이라면 상대방이 사업 이야기를 먼저 꺼낼 때까지 기다리는 것이 좋다. 당신이 초대한다면, 벨기에의 관습에 따라 테이블 머리에 앉도록 해야 한다. 배우자가 있으면 당신의 맞은편에 앉도록 한다. 전통적으로 가장 연장자인 여성이 주인의 오른편에, 가장 연장자인 남성이 안주인의 왼편에 앉는다.

건배할 때까지 술잔을 입에 대지 말아야 한다. 주인이 건배를 위해 일어서면 같이 일어서라. 플라망에서는 건배 하기 위해 잔을 두 번 든다. 첫 번째는 축사를 위해서 들고 잔을 부딪치기 위해 한 번 더 든다. 점심과 저녁 반주로 와인이 일반적이지만 광천수도 인기 있다. 커피나 차를 원하면 앙뜨레가 나올 때 주문하도록 한다. 나이프는 오른손으로 포크는 왼손으로 잡고 손을 바꾸지 않는다. 벨기에에서는 식사 중에 식탁 밑으로 손을 내리는 것은 무례한 것으로 받아들인다. 손을 반드시 테이블 위로 올리도록 한다.

| 자료: 한국무역협회, 2002, p. 206 |

을 줄 때까지 기다리도록 한다. 저녁식사 후에는 음주와 함께 사교활동이 있다.

음식값에는 15퍼센트의 서비스요금과 부가가치세가 포함되기 때문에 팁을 줄 필요가 없다. 그러나 서비스가 좋았다면 팁을 주는 것도 괜찮다.

▪▪ 스위스 Switzerland

유럽의 다양한 문화와 요리가 공존

스위스는 중립국이다. 중립국이란 전쟁도 독재도 희망하지 않는, 모든 세상사에 중립을 지키는 그런 독특한 형태의 국가이다. 유럽 대륙을 뒤흔들었던 제2차 세계대전에서 같은 입장의 중립국이었던 네덜란드와는 달리 독일의 침략을 받지 않은 유일한 나라이다. 스위스가 중립국이라는 입장을 견지하는 데는 여러 가지의 적절한 상황이 작용하고 있다.

첫째, 가장 중요한 것이 지리적인 조건이다. 스위스는 남쪽에는 알프스 산맥이 놓여 있고, 북쪽은 독일의 퀴센과 맞닿아 있는 구릉지대이다. 따라서 역사가 시작되면서부터 전쟁 때마다 알프스 산은 전쟁을 하는 나라들에게는 대단한 장애물이었다. 대부분의 강대국들은 알프스 산맥을 넘을 때마다 수시로 척박하고 가난한 땅의 부족들을 착취했다. 이에 맞서 알프스 산자락에 옹기종이 모여 살던 부족들은 연방 형태를 취했고, 스위스라는 이름을 얻었다. 스위스는 단일민족 국가가 아니다. 스위스가 중립국이라는 묘한 입장과 자연적인 경관으로 부를 축적하고 세계적인 국가가 되었지만 실제로 오늘날의 스위스를 만든 것은 스위스 사람들의 노력이라고 해야 할 것이다.

스위스를 방문하면 너무나 깨끗하다는 점 때문에 놀란다. 차가운 느낌과 깨끗하고 맑은 느낌을 주는 자연 속에서 살아가는 이들의 청결의식을 어디서나 목격할 수 있다. 스위스의 어디를 가도 지저분한 곳은 없다. 깨끗한 거리, 정갈하게 단장된 집들, 그리고 험준한 자연마저도 아름답게 다듬어놓은 기술은 오늘의 스위스의 저력이 아닌가 싶다.

알프스 산악에 목가적인 풍경을 만들어내는 목장의 젖소들은 스위스 초콜릿의 중요한 원료가 되고 있으며, 스위스인들의 음식문화의 중요한 부분을 차지한다. 또한 산악에서 농부들이 알프스의 푸른 초원을 가꾸듯 도시의 환경 가꾸기에도 각별하게 신경을 쓴다. 스위스 사람들은 자연과 맞서 싸우기보다 자연과 융화하면서 살아가는 적절한 방법을 찾아낸 지혜로운 사람들이다. 그렇기 때문에 거리에는 휴지조각 하나 나뒹굴지 않는 깨끗함을 유지할 수 있지 않을까 싶다.

이렇듯이 여러 문화의 다양성 때문에 스위스에서는 다양한 나라의 음식을 만날 수 있다. 프랑스, 독일, 이탈리아의 영향을 받은 것으로 그 품질은 어디를 가도 우수하다고 평가받는다. 그래서 스위스의 레스토랑들은 매우 우수하다. 세계적으로 유명한 곳도 많고 지역 내에서 명성이 자자한 곳도 많다.

호수 근처에서는 맛깔진 생선요리를 맛볼 수 있으며 다채로운 샐러드와 영념된 고기는 거의 모든 지역에서 접할 수 있다. 레스토랑에 갔을 때 그날의 스페셜을 고르면 후회하지 않을 것이다.

스위스에는 로잔 근교의 '길라데' Gilardet 나 바젤의 '부르더' Bruder 등의 최고급 레스토랑부터 체인 레스토랑 '모벤픽' Movenpick 까지 천차만별이다. 세계의 식도락가들 사이에서 호평을 받은 레스토랑이 100여 개나 있을 정도로 수준 있는 맛을 제공하며 레스토랑 내에서 봉사료는 가격에 포함되어 있어 따로 주지 않아도 된다.

그 중에서 대표적인 요리의 예를 들어보면 다음과 같다. 프랑스 문화권에는 퐁뒤 Fondue 와 라클레트 Raclette, 독일 문화권에서는 소시지와 굽거나 볶음 감자, 그라우뷘덴 지역에는 공기에 건조시킨 쇠고기와 햄, 티치노에서는 이탈리아 요리가 유명하다. 이와 함께 퐁뒤 부르귀뇽 Fondue Bourguignonne 은 스위스 전역에 걸쳐 인기 있는 요리이고, 페이스트리와 디저트류도 세계적으로 이름 나 있다.

이렇듯 스위스에서 가장 유명한 전통요리라면 퐁뒤를 꼽는다. 퐁뒤란 프랑스어의 'Fondue' 에서 비롯되었는데 '녹이거나 섞는다' 라는 뜻으로 한겨울, 키 넘게 눈이 쌓이면 다른 식품을 구하러 나설 길조차 끊기던 이 나라에서 겨울나기 음식으로 개발한 메뉴이다. 별다른 양념도 조리법도 먹을 때의 격식도 따로 없는 소박한 요리지만, 요즘은 치즈와 와인이 어우러진 이국 異國 적인 음식으로 세계 여러 나라에서 사랑받고 있다.

이 요리는 지금 스위스 어디에서나 먹는 요리가 되었지만 본래는 프랑스어권의 요리였다. '카클롱' Caquelon 이라는 도자기로 만든 퐁뒤 냄비에 백포도주와 버찌 브랜디 Kirsch, 스위스 특산인 에멘탈 Emmental

섹세로이텐 축제

스위스의 겨울은 유난히 길고 춥다. 그래서 스위스인들에게 봄은 기다림의 대상이자 그리운 연인과도 같은 존재이다. 대지에 따뜻한 기운이 서리기 시작하면 여러 지방에서는 겨울을 몰아내고 포근한 봄을 맞는 다양한 축제가 벌어진다. 강과 호수로 둘러싸인 호반의 도시 취히리에서는 해마다 4월 셋째 월요일이면 '섹세로이텐' Sechse Lauten축제가 열린다. 섹세로이텐은 '6시에 울리는 종소리' 라는 의미이며, 그 기원은 중세까지 거슬러 올라간다.

축제는 일요일 오후 시내 중심가에서 어린이들이 전통 의상이나 자신들이 직접 만든 의상을 입고 가장행렬을 펼치면서 시작된다. 월요일 오후에는 25개 길드 회원들이 각 길드 특유의 의상과 깃발을 내세우고 거리를 행진하는데, 말이나 우렁찬 악대를 동반하기도 한다. 길드는 직업별 협동조합을 일컫는 것으로 중세 이후 19세기까지 취리히에서 중요한 역할을 담당해왔다. 섹세로이텐 축제가 굳이 오후 6시를 고집하는 것도 과거 길드들이 봄이 시작되는 첫날 오후 6시에 모임을 가졌기 때문이다.

길드 행진의 최종 목적지는 섹세로이텐 플라츠이다. 이는 푸르고 맑은 취리히 호숫가에 자리 잡은광장으로, 축제를 위해 마련된 특별 행사장이기도 하다. 월요일 오후 정각 6시에 섹세로이텐 플라츠 축제 행렬들이 모여 그로스뮌스터 성당의 종소리에 맞춰 보오그Boog를 불태우는 순간이 축제의 하이라이트이다. 보오그는 추운 겨울을 상징하는 솜으로 만든 커다란 눈사람 인형이다. 보오그에 들어 있는 화약에 불이 붙으면 요란한 폭음을 내며 터지게 되는데, 이를 보면서 취리히 시민들은 빨리 봄이 올 것이란 예감을 한다.

이어 호반에서 오색찬란한 불꽃놀이가 벌어지며, 쏟아져나온 시민들로 거리는 홍청거린다. 각 길드들은 자신들의 조합 건물에서 대규모의 만찬을 베풀고, 서로 다른 길드를 방문해 유쾌한 만남의 시간을 갖는다. 일반 대중들도 음식점이나 야회장 등에서 파티를 벌이면서 축제의 밤을 즐긴다. 상공업의 중심지인 취리히의 특성과 오랜 풍속이 멋지게 조화된 섹세로이텐 축제는 시민들의 봄맞이 행사로 계속 이어질 것이다.

과 그뤼에르Gruyere(이 치즈들은 우리나라 사람들이 많이 먹는 체다나 모차렐라와 달리 냄새가 아주 고약해서 거부감을 느낄 수도 있다) 치즈를 넣어 데운 것에 빵을 찍어먹는 요리로서 치즈의 독특한 맛이 우러나 치즈를 좋아하는 사람들이 즐기는 요리이다.

퐁뒤의 유래는 19세기 초 스위스 사냥꾼들이 깊은 산 속에서 밤이 되면 텐트를 치고 가지고 다니던 빵을 꼬챙이에 끼워 약한 불에 녹인 치즈에 찍어 먹은 데서 유래되었다는 설과 추운 겨울 먹을 것이 없을 때 말라서 먹을 수 없는 치즈를 냄비에 부드럽게 녹여 딱딱한 빵 조각을 찍어서 먹어봤더니 부드러워서 생각보다 꽤 먹을 만했다는 것이 이 음식의 슬픈(?) 유래라는 설 등 재미있는 이야기가 전해져오고 있다.

퐁뒤는 여러 가지 종류가 있는데, 대표적인 요리로는 치즈에 포도주, 체리주 등 소량의 알코올과 마늘, 후추, 너트멕 등 약간의 향신료를 첨가하여 불에 녹인 후 바게트 빵조각을 찍어 먹는 치즈 퐁뒤, 뜨겁게 달군 기름에 쇠고기와 송아지고기를 넣어 익힌 후 꺼내 여러 가지 소스를 곁들여 먹는 퐁뒤 부르귀뇽, 그리고 감칠맛 나는 국물에 여러 가지 육류와 야채를 넣어 익혀먹는 퐁뒤 시누아즈 등이 있으며 이외에도 해물 퐁뒤, 데리야키 퐁뒤, 바쿠스 퐁뒤, 오일 퐁뒤 등과 디저트로는 스위스 초콜릿 퐁뒤 등이 있다.

퐁뒤에 얽힌 재미난 에티켓도 있다. 퐁뒤용 포크는 일반 포크에 비해 아주 긴 편이라 익숙하지 않은 사람은 종종 포크로 꿴 빵이나 고기를 포트 속으로 빠뜨리기가 쉽다. 이럴 때마다 벌칙이 있는데, 만일 떨어트린 사람이 여성이면 무조건 오른쪽 남성에게 키스를 해야 하고, 남성이면 와인을 한 병 사야 한다고 한다.

또 한 가지 퐁뒤를 먹을 때 조심해야 할 것이 있다. 급하게 먹다가는 뜨거워 델 염려가 있으니 차라리 퐁뒤가 좀 식으면 끈끈하니 먹기가 편리하다. 물론 처음 맛보는 사람은 우리나라 청국장 같은 독특한 향내로 인해 다소 거부감을 가질 수도 있다. 그러나 어려움을 견디고 일단 치즈 퐁뒤를 시식해본 사람은 결코 그 맛을 잊지 못한다고 한다.

한편, 오븐 위에서 녹아내린 치즈에 삶은 감자, 오이, 양파 등의 야채를 섞어 조리한 라클레트 요리 또한 치즈 요리의 명품으로 꼽히며, 훈제 쇠고기와 베이컨, 보리가 들어 있어 구수한 보리의 맛과 훈제 쇠고기의 맛이 어우러져 독특한 맛을 내는 발리 수프, 또는 보리 크림 수프라고 하는 수프도 정평이 나 있다. 이 보리 크림 수프는 스위스의 대표적인 수프로 한국인들의 입맛에도 잘 맞는다.

또 스위스는 곳곳에 호수들이 많아 호수에서 잡힌 생선을 이용한 요리도 유명하다. 그 중에서 계피와 사과를 곁들인 농어요리가 대표적이다. 지방이 거의 없는 송아지고기요리도 스위스 요리의 으뜸으로 꼽힌다. 그 밖에도 쇠고기 덩어리를 1~2년 공기에 건조시켜 얇게 잘라 먹는 전채요리인 그라우뷘덴 지방의 뷘트너플라이슈

Bundnerfleisch, 송아지고기를 얇게 저며 크림 소스와 함께 익힌 취리히의 대표 요리 게슈네첼테스Geschnetzelres, 얇게 썬 감자를 프라이팬에서 양면으로 알맞게 구운 베른 지방의 뢰스티Rosti, 소시지를 익혀 수프를 곁들여 먹는 브라트부르스트Bratwurst, 특산 소시지를 익혀 수프를 곁들여 먹는 쉬블리크Schubilg 등도 대표적인 요리들이다.

한마디로 스위스는 '눈과 호수와 초원이 나라' '치즈와 초콜릿의 나라'로 다양함을 맛볼 수 있다. 그곳에는 초콜릿 치즈, 그리고 알프스 이상의 것들이 있다. 바로 전통과 문화이다. 스위스는 독일어, 프랑스어, 이탈리아어, 로망슈어를 국어로 쓰며 70개 이상의 방언을 갖고 있다. 약 2000년 전부터 유럽의 이동 전이지대로서 유럽 여러 나라의 문화가 공존하게 되었고 특히 식생활 문화를 자랑하고, 시 문화를 사랑하는 독일과 프랑스, 이탈리아의 영향을 요리 면에서도 크게 받은 것이 지금도 각 나라의 요리를 맛볼 수 있는 이유이다.

스웨덴 Sweden

바이킹의 나라

스웨덴 사회에서 특유하게 인정되고 지켜지는 관습 중 하나는 스웨덴어로 'Allemansratt' 라 불리는 것이 있다. 이 관습은 국토의 거의 모든 부분을 소유주와 관계없이 모든 국민이 이용할 수 있음을 나타내는 것으로서, 우리말로 하면 '자연환경 공동향유권' 이라 표현할 수 있다.

이 내용은 스웨덴의 모든 국민은 자연환경을 만끽할 수 있는 권리가 있다는 뜻이다. 따라서 누구나 숲속에 들어가 산책을 하거나 산딸기나 머루, 버섯 등을 채취할 수 있고, 꽃을 꺾을 수 있으며, 평지에 텐트를 칠 수 있고, 호수나 바다에서 수영을 할 수 있는 권리를 부여하고 있다. 그러나 이 자연환경 공동향유권은 자연환경을 손상시키지 않아야 한다는 전제조건하에서 부여되는 권리이다. 그러므로 자연환경을 국민 모두가 공유하고 만끽하지만 자연환경을 보존하기 위해서는 국민 모두가 책임이 있다는 것으로 해석할 수 있다.

스웨덴 사람들은 극도로 개인적이기 때문에 사귈 때 개인의 프라이버시가 침해되는 일이 없도록 각별히 조심해야 한다. 처음 만난 사람에게 가족관계를 물어본다든지 학력을 물어보는 일은 일단 삼가야 할 사항이다.

스웨덴인들은 상당히 격식을 따지는 민족이다. 초대받지 않았는데 불쑥 남의 집을 방문하는 것은 결례이며, 적어도 사전에 전화로라도 승낙을 받아야 한다. 초대를 받았을 경우에는 시간을 꼭 지켜야 하며, 부득이한 사정으로 초대에 늦거나 또는 응할 수 없을 때에는 전화로 연락해야 한다.

초대하는 경우도 마찬가지이다. 적어도 일주일 전쯤에 초대의 성격, 초대의 대상 등에 대한 사전 설명을 해주어야 한다. 초대의 성격이란 식사 초대인지 아니면 단순한 커피 초대인지를 구분하는 일이며, 초대의 대상이란 누구누구를 초대하고 또 왜 초대하는지를 알리는 일이다.

초대를 받았을 때에는 꽃이나 또는 와인 한두 병을 준비해가면 된다. 비싼 선물은 서로에게 부담되기 때문에 삼가는 것이 좋다. 초대의 성격에 따라 틀리겠지만 복장은 결례가 되지 않을 정도이면 되고, 굳이 정장할 필요는 없다. 그러나 결혼식이나 장례식에는 가급적 정장 차림으로 가는 것이 좋다.

식사 초대에 응해서 가면 식사와 같이 보통 와인을 마시게 된다. 이때 우리 식으로 마시고 잔을 내려놓는 것이 아니라, 우선 마시기 전에 주위의 사람들과 눈인사를 하고 마신 후에 다시 눈인사를 해야 한다. 이 예절을 잘 지키지 못하면 식탁 분위기가 이상해진다.

식탁 예절 중 또 하나는 식사 중에 소리를 내지 말아야 함은 물론 식탁에 팔꿈치를 올려놓지 말아야 한다는 것이다. 식사를 마친 후 식사를 마련해준 사람에게 맛있게 잘 먹었다는 인사를 하는 것 또한 기본적인 에티켓이다.

한편 노르웨이, 덴마크와 더불어 세계적인 복지 국가로 의료혜택이나 노후연금, 실업수당, 교육 지원금 등 완벽한 사회보장제도를 갖추고 있어 북구의 낙원으로 불리는 나라이다. 이 3국은 지역적으로 인접한 까닭에 풍습도 비슷하고 음식문화도 비슷하다. 가정생활 수준은 유럽에서도 높은 편으로 높은 부담률로 유지되는 사회정책 덕에 모두가 현대식의 편리한 주택에서 살고, 안정된 고도의 사회복지를 누리지만 식생활만큼은 가정요리, 옛 그대로의 농가요리가 전해져 내려오고 있다. 9세기에서 11세기에는 바이킹들의 해상왕국이기도 했던 이들 나라들은 국토의 대부분이 바다에 접하고 있어 음식에서도 해산물요리가 주류를 이룬다.

식생활에 있어서 일반적으로 스웨덴 사람들의 식사시간은 길지 않으며 양도 많은 편이 아니다. 그러나 공식모임의 식사인 경우에는 시간이 길어지게 된다. 식사 에티켓 중 한 가지를 소개하면 만찬 중간에 초대된 손님들 중에서 누군가가 일어나 주인에게 고맙다는 내용의 말을 하고 건배를 권하며 모두 일어나 서로 눈을 바라보면서 잔을 비우고 앉는 순서가 있다. 다음에는 주인이 일어나 답사를 하고 다시 한 번 건배를 권한다. 그러면 또다시 모두 일어나 잔을 비우게 된다. 그리고 식사 중간중간에도 누군가 일어나 말을 하고 건배를 권하고 또 필요한 경우 선물도 전한다.

스웨덴에서 전통요리 레스토랑은 찾아보기 힘들며 외국계의 레스토랑이 주를 이루고 있다. 레스토랑의 종류는 고급과 중급 레스토랑 · 피자리아 · 퍼브 · 셀프 서비스 레스토랑 · 스탠드식의 가게 등 여러 가지가 있다. 레스토랑에는 해물요리가 풍부해서 식탁에는 거의 틀림없이 가재와 새우가 오른다. 스칸디나비아 공통요리인 바이킹 요리가 명물이고 찜요리와 돼지갈비구이, 양고기 스테이크 등을 즐겨 먹는다.

음료수로 식사 중에는 보통 맥주를 마신다. 저녁식사에는 흔히 와인을 마시지만 모두 수입품이며 술을 마시지 않는 사람은 미네랄워터를 마시면 좋다. 우유는 전 국민이 즐겨 마시는 음료수로 런치타임에는 누구나 마시며 물도 무척 깨끗하고 맛있다. 주류는 알코올 중독을 막기 위하여 알코올 농도에 따라 세율도 높아져서 가격은 꽤 비싸고 국영 전문점에서만 팔고 있으며 20세 이하에게는 팔지 않는다. 그렇지만 스웨덴인은 멀리 덴마크까지 술을 사러 가는 사람들이 있을 정도로 술을 매우 좋아한다.

오늘날 외국의 패스트푸드가 점차 젊은 세대들 사이에 인기 품목으로 자리잡고 있지만 오랜 기간을 거쳐 경제적 요인과 환경의 영향을 받아 발전한 가정요리는 여전히 식생활의 기본이다.

스웨덴의 가정요리는 레스토랑의 점심 메뉴로 쉽게 접할 수 있는데, '오늘의 스페셜'이라는 이름으로 고급 요리가 선보이기도 한다. 여기에는 보통 고급 전통요리로 으깬 순무와 곁들여 끓이거나 소금 절임한 돼지등심, 양고기와 양배추 스튜, 스웨덴식 완두콩 수프 등이 포함된다.

스웨덴 요리는 19세기 중반 벽난로 대신 나무 화력을 이용한 칠 스토브가 개발됨으로써 큰 변화를 맞아 미트볼(고기완자)이나 절인 청어볶음, 양파 소스의 돼지고기요리, 양배추 롤 등의 요리가 가능해졌다.

음식은 사회의 변화에 따라 함께 진화한다. 예전에는 소금에 절인 청어가 스웨덴 중상층의 주요한 음식이었으며, 오늘날에도 양념과 비네가 소스에 절인 청어는 전통 있는 식당들이 각각의 독특한 조리법을 가지고 만들어내는 진미로 꼽힌다.

가정에서 또는 야외에서의 축제 요리의 특징은 그라블락스Gravlax라는 조리법, 무덤Grave이라는 영문과 관련되어 묻는 방법을 의미한다. 스웨덴에서는 이른 여름 연어가 많이 잡혔으나 저장이 문제였는데, 소금이 비싼 이유로 인해 깊은 구덩이를 파고 생선을 넣은 후 충분한 양의 소금을 뿌려 산성화시키고 발효시켰다. 이러한 방법은 생선을 오래 보존시키는 데 효과적이어서 가정이나 농장에서 많이 쓰였다. 400년 전에는 소금, 설탕, 양념의 사용으로 썩히지 않고도 연어의 비린내를 없앨 수 있게 되었다. 오늘날 비린내 없는 '신만의 생선' 이라는 이름으로 전해내려 왔고 그라브락스는 세계 요리에 큰 영향을 미치고 있다.

스뫼르고스보르드

우리나라에 소개된 지 30여 년이 된 뷔페는 이제 웬만한 가정집 모임에서도 예사로 택하는 상차림 방식이다. 일부에서는 이 뷔페를 '바이킹' 이라고도 부른다. 원산지가 바이킹의 후예인 스칸디나비아이기 때문이다. 기다란 상에 온갖 음식을 차려놓고 자유롭게 덜어 먹는 이 같은 방식을 스웨덴에서는 '스뫼르고스보르드' 라고 부른다. 스뫼르고스보르드의 유래에 대해서는 온갖 설이 있으나 가장 유력한 설은 집에서 만든 음식을 펼쳐놓고 먹었던 농촌의 야외 파티였다는 것이다. 손님들은 자기 접시를 들고 적당히 덜어 먹고 난 후 새 접시로 다음 코스를 먹곤 했다는 것이다.

첫 순서로는 대개 훈제 청어와 뱀장어, 소금과 겨자 등을 곁들인 연어 등 차가운 생선을 먹고, 다음은 따뜻한 음식(주로 돼지고기나 닭고기), 샐러드와 차가운 육류, 감자와 양파, 앤초비(멸치절임)찜을 든다. 곁들이는 술은 라거 맥주와 차가운 독주(위스키나 브랜디) 정도이다. 찬 음식이나 더운 음식 모두 생선이 주종을 이루는 것은 발트 해를 끼고 있는 스웨덴의 지형 특성 때문이다.

지금 우리 뷔페 식당에 가보면 아직도 많은 사람들이 김치와 샐러드, 나물에서부터 구운 갈비, 생선튀김까지 한 접시에 수북이 담아오는 모습을 심심찮게 볼 수 있다. 그러나 이것은 뷔페를 가장 맛없게 먹는 방법이다. 다소 귀찮더라도 찬 음식부터 뜨거운 음식, 후식에 이르기까지 한 접시에 한 코스씩 가져다 먹는 것이 음식 맛을 제대로 즐기는 것이고, 보기에도 좋다. 맨 처음 훈제연어나 햄 등 찬 것을 가져오면서 우리나라 음식 중 청포묵무침 같은 것을 곁들인다. 갈비구이, 로스트비프 등 뜨거운 음식은 따뜻하게 데워진 접시에, 초밥이나 무침 등은 찬 접시에 담아 내온다.

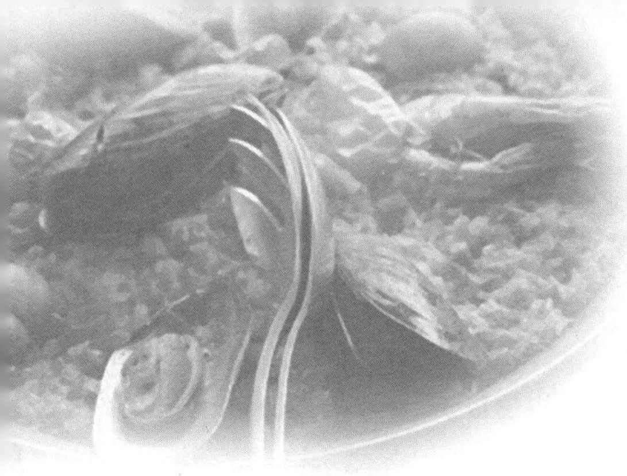

▪▪ 스페인 Spain

정열의 나라

스페인은 유럽의 남서쪽 끝에 있는 국가로 정식 명칭은 에스파냐España 이며, 스페인은 영어명이다. 이베리아 반도의 대부분을 차지하는 스페인이 세계적으로 발전하는 데 주역을 담당했던 나라이다. 비교적 일찍 정치통일을 이룩했으며, 문화적 · 역사적 전통을 유지하면서 민족적 통일을 달성한 유럽에서도 가장 오래된 민족국가 중 하나이다.

이러한 스페인 사람들은 모두 대식가이며 식도락가이다. 스페인 사람들은 살기 위해 먹는 것이 아니라 먹기 위해 산다는 이야기가 있을 정도이다. 이렇듯 먹는 것이 대단히 환영받는 곳인 스페인의 요리는 올리브유와 마늘을 이용해 맛을 내는 것과 재료가 지닌 순수한 맛이나 특징을 요령 있게 살려 요리한다는 것 외에는 공통점이 별로 없고 기후나 풍토에 따라 각기 지방의 요리가 다양하게 발전했다.

다양한 맛과 종류의 스페인 요리는 수백 년에 걸쳐 문화와 각 지역별로 다른 특성 등 역사로부터 많은 영향을 받았다. 스페인의 전통요리는 기본적으로 아라비아와 유대인의 영향을 받아 혼합된 것이다. 거기에 아메리카 대륙의 발견으로 감자, 토마토, 고추, 옥수수, 코코아 등을 들여오게 되어 진정한 요리법의 혁명이 유럽 전역에 일어났다. 반대로 스페인은 아메리카 대륙에 닭, 돼지, 소, 쌀, 양파, 호밀, 당근 등을 전해주었는데, 이런 교류가 식습관에도 많은 영향을 미치게 되었다.

스페인 요리의 특성 중 하나는 다양성이다. 고기와 야생고기, 생선이나 해산물 등을 스페인 전역에서 나는 각양각색의 야채들과 조리하는 그 종류와 방법이 매우 풍부하다. 더욱이 스페인은 와인, 치즈, 햄, 소시지 그리고 과일도 종류가 다양하며, 특히 올리브유의 사용은 지역별로 서로 요리와 식습관이 다른 가운데서 스페인 전역에 걸쳐 공통된 특성이라 할 수 있다.

스페인은 올리브유의 선도적인 생산국이며 수출국이다. 올리브는 페니키아 시대부터 재배되었으며 고대 로마인들로부터 많이 사랑받았다. 최근 들어 올리브유가 콜레스테롤을 분해시켜 심장순환계에도 좋다는 등 그 영양가와 가치가 인식되어 세계적으로 소비 붐이 일고 있다. 질 좋은 올리브유는 햇빛과 적당한 비, 풍부한 미네랄 토양 등이 이상적인 생산 조건이다. 스페인은 각기 다른 산성도, 향, 컬러, 맛으로 60종류의 올리브유를 생산하고 있다.

특별한 잔치가 아니더라도 풍성한 식탁을 차리는 것이 대부분 스페인 사람들의 식습관이지만 타 지방간 관습과 음식문화는 크게 다르다.

가장 서민적인 음식 – 파엘라

오랫동안 세계 각국을 식민통치하여 남아메리카 요리에도 많은 영향을 미친 스페인 요리는 그 질과 다양성에서 세계 최고 중 하나이다. 스페인 각 지방의 기후와 토속적인 생활방식의 영향을 받아 각 지방별로 독특하고 다양한 요리를 자랑하고 있다. 북부 해안 지방에는 생선과 해산물로 만든 훌륭한 요리가 있고, 남부 안달루시아 지방에는 여름철에 차게 먹는 음식인 가스파초가 있다. 특히 지중해 연안의 쌀 생산지인 발렌시아 지방의 음식인 파엘라는 쌀과 해산물, 그리고 닭고기를 함께 섞어 만든 요리로 많은 사람들이 즐겨 먹는 요리이다.

여기서 소개할 스페인 음식이 바로 이 파엘라Paella이다. 고기와 해물을 넣은 철판볶음밥이라고 할 만한 이 음식은 스페인 사람들뿐 아니라 외국인 관광객으로부터도 사랑을 받는 서민풍의 음식이다. 원래 파엘라란 말은 밑이 넓고 깊이가 얕은 뚜껑 없는 팬인 파엘레라에서 유래했다.

옛날 스페인 사람들은 포도나무나 오렌지 나뭇가지를 잘라 불을 지피고 그 위에 철판냄비 파엘라를 건 다음, 인근에서 쉽게 구할 수 있는 모든 것을 넣어 조리한 것을 여럿이 나누어 먹었다. 그래서인지 지금도 파엘라 재료는 향신료 사프란Saffraan을 제외하고는 평범한 것들이다. 가장 보편적으로 알려져 있는 것은 해물을 많이 넣은 발렌시아 지방 요리(파엘라 발렌시아나)이다.

파엘라 팬에 올리브유를 두르고 양파와 마늘을 볶아 향을 낸 뒤 미리 볶아 놓은 파프리카, 줄콩 등의 야채와 돼지고기, 닭고기(경우에 따라 토끼고기, 달팽이도 넣는다)를 넣고 함께 볶는다. 여기에 쌀을 넣고 토마토와 오징어를 납작납작 썰어 올리고, 향기 짙은 노란색의 사프란으로 맛을 낸 생선 국물을 부어 약한 불로 밥을 짓는다. 새우, 씨갈라(작은 바닷가재의 일종), 홍합, 모시

조개로 모양을 내기도 한다.

쟁반처럼 넓은 팬을 불에 직접 올려놓고 밥을 만들다 보니 아랫부분을 눌거나 타게 된다. 이 부분을 소까라다라고 부르는데, 누룽지 좋아하는 우리와 똑같이 스페인 사람들도 소까라다가 없는 파에야는 파에야가 아니라고 할 정도로 이를 좋아한다. 파에야가 치자로 물들인 것처럼 노랗게 물드는 것은 사프란 때문이다. 돈키호테로 유명한 라 만차 지방이 주산지인 사프란은 크로커스 사티부스Crocus sativus라는 식물의 꽃봉오리 하나에서 단 세 가닥만을 채취할 수 있는데, 1킬로그램의 사프란을 얻으려면 무려 16만 가닥을 손으로 다듬어야 한단다. 매우 비싼 향신료이지만, 서너 명분 파에야에 두서너 가닥만 넣으면 되므로 별 부담이 되지 않는다. 파에야에는 가벼운 드라이 와인이 어울린다. 로즈와인이나 바르셀로나 근처 페네데스 특산 스파클링 와인 '카바' 도 좋다.

스페인 요리는 세계에서 가장 다양하고 훌륭한 것 중 하나이다. 바스크Basque 지역 북부에는 대구로 만든 비스카이나Vizcaina요리나 필필Pil-pil요리, 아기나가Aguinaga의 맛있는 뱀장어요리, 도미와 오징어요리 등이 있다. 아스투리아스Asturias에도 훌륭한 요리가 있다면 진미인 콩수프 파바다Fabada가 있다. 그리고 갈리시아Galicia에는 특히 냄비에서 먹음직스럽게 끓고 있는 조개요리와 어떤 지방에서만 나는 많은 양의 해산물요리 그리고 대구의 갈리시아A La Gallega요리가 있다. 동부 지방의 파에야는 스페인에서 가장 유명한 요리의 하나로서 대단한 명성이 있다. 파에야는 고기, 조개, 해산물 등이 준비되면 여러 가지 방법으로 요리되고 있다. 스페인 북동부 지방에는 그곳의 특산물로 바닷가재 카탈란Catalan, 소시지, 콩스튜 요리와 양배추를 곁들인 반시고기가 있다. 칼레아리느(지중해 서부의 스페인령)는 수프, 소시지, 바닷가재 이비사Ibiza로 유명하다.

카스티아Castilla는 주로 새끼양과 돼지새끼 불고기의 본고장이지만 또한 맛있는 스튜, 소시지, 햄, 그리고 반시고기요리도 유명하다. 안달루시아는 특히 더운 날씨에서 먹기에 좋은 요리인 인기있는 가스파초Gazpacho, 찬 야채수프, 소꼬리 수프, 명치요리, 트라벨레스Travelez 햄과 바다에서 다량으로 구할 수 있는 생선을 재료로 하는 많은 요리들로 잘 알려져 있다.

수다와 열정이 어우러진 축제

원래 스페인은 플라멩고 춤을 추고 투우를 한다고 해서 정열의 나라가 아니다. 스페인 사람들의 체면치레 없는 수다와 열정을 보고 스페인을 정열의 나라라고 부르는 것이다.

오랫동안 이민족, 이문화, 이정부의 접촉 지점이자 갇혀 있었던 스페인, 이러한 역사적인 배경이 그들의 문화에 지극히 짙은 색깔을 반영하고 있는 것이다.

노래 실력이 넉넉지 않은 역사를 걸어온 이유로 곤혹감의 공포가 전통적으로 존재하는 민족, 그래서 스페인 사람들은 인생을 즐기며 먹는다는 것 그 자체가 차지하는 비중이 실로 압도적이다. 그래서일까, 축제가 많기로 소문난 스페인에서 축제마다 빠지지 않는 단골 순서가 있다면 그것은 바로 먹기

대회이다. 남녀노소 할 것 없이 누구나 자유로이 참가하는 이 대회에서 심사 규칙은 이색적이다. 많이 먹는 것도 중요하지만 그보다는 우선 살 한 점도 남기지 않고 얼마나 알뜰하게 샅샅이 뼈를 발라내는가가 높은 점수를 사는 비결이다.

마을마다 많은 크고 작은 민족 축제를 통해 그들만의 소박하지만 고유한 음식문화를 맛보는 것도 의미 있는 일이다.

스페인의 동북부 나바라 아라본 지역, 스페인의 수호신인 피르나르 성모가 모셔져 있기 때문에 오랫동안 스페인 사람들이 마음의 고향이 되어온 곳이다. 리오하에 포도 수확제가 열리고 있는 작은 마을 로그로뇨, 이곳 나바라 지역에선 팜플로나 소몰이로 유명한 산 페르멘 축제 다음으로 성대한 축제이다. 5월 중순부터 닷새 간 열리는 이 축제도 마을의 열기는 후끈하다. 축제에 먹을 것이 빠지는 일은 없다. 먹기 대회가 열리고 있는 한쪽 편에서 또 다른 요리를 만들어내느라 분주한데, 세따스라는 생표고버섯 철판볶음으로 버섯만의 향긋한 내음이 식욕을 자극한다.

스페인들의 식욕은 가히 잡식성이다. 육류만 해도 소나 돼지, 닭고기 외에도 뱀장어나 양고기, 특히 양 창자(드리피 데 코르데로 요리) 같은 것도 훌륭하게 요리해낸다. 마치 향토 음식 대축제처럼 축제가 열리는 닷새 동안 사람들은 매일같이 다양한 요리를 즐길 수 있다.

축제 기간 동안 와인은 누구나 원하는 만큼 공짜로 마실 수 있는데, 마시는 방법을 자세히 눈여겨볼 필요가 있다. 포르타도르비노라는 양가죽 주머니에 와인을 넣고 짜 마시는 방법이 이채롭다. 지중해의 푸른 하늘과 빛나는 태양으로 빚은 신의 선물 와인, 마을 사람들은 좋은 포도의 수확을 주신 자연의 영광에 감사드리기 위해 축제를 벌인다. 마시다 춤추고, 얘기하다 춤추고, 쉬었다가 춤추고 하기를 대낮부터 시작한 그 열기가 밤을 완전히 새고도 남는다.

리오하 지방 아로 마을 나바라의 경계지역에 세계 제일의 품질을 자랑하는 리오하 와인이 있다. 3만 3000헥타르 재배지에서 1년간에 1억 5000만의 와인이 생산되고 있다. 리오하 와인의 역사는 오래되었다. 1560년에 처음으로 조합의 형태인 양도 가에 길드가 만들어지면서부터 시작됐다. 이곳의 와인은 여전히 길드의 전통을 이어가고 있다. (파테르미나)와인 창고, 리오하 와인을 만들고 있는 이 부근 포도에는 짧게는 15년 길게는 50년까지 묵히고 있는 대단위 와인 창고가 곳곳에 있다.

겉보기엔 단순한 창고 같은 곳에 리오하 와인 맛의 비결이 숨어 있다고 한다. 음습한 지하실로 들어가보면, 빽빽이 쌓인 와인 저장통들의 어마어마함에 놀라지 않을 수 없다. 오랜 세월을 입증하듯 해묵은 포도통들에선 한결같이 곰팡이를 피워내고 있다. 세계적인 리오하 와인의 신비는 여기에 있는 것이다.

스페인의 정열은 비단 축제에서만은 아니다. 마드리드 마요르 광장, 그곳에 가면 미모의 아가씨들이 즉석에서 춤추는 모습을 어렵지 않게 볼 수 있다.

스페인 특유의 낮잠 습관인 시에스타 때문에 마드리드는 밤이 되어서야 활기를 띤다. 저녁은 보통 10시나 되어서 먹는데, 그전에 한잔 마시려는 사람들로 마드리드 광장 뒷골목은 상당히 붐빈다. 우리나라의 대폿집이나 선술집과도 같은 메손, 거무튀튀하게 때가 찌든 이곳에서 남녀노소가 삼삼오오 술을 마시며 떠들어댄다. 올리브 멸치조림에 맥주나 과일주인 샹그리아라도 한잔 마신다면 더없이 즐거운 사람들이 바로 이들이다. 홍겹고 정다운 메손의 풍경을 보면 사람들은 이집 저집 순례하며 술을 마시는데, 이 집은 특히 투우를 하다 받혀서 죽은 마타도르(투우사)의 사진과 전리품을 전시하고 있다.

메손에는 그 집에서 자랑하는 안주거리가 있다. 그 중에서도 가장 대중적인 안주가 되는 것이 바로 토르티야Tortilla(여러 재료를 프라이팬에 굽거나 부친 요리)이다. 계란과 감자, 양파를 기본으로 해서 만든 빈대떡과도 같은 이 토르티야는 우리나라의 김치처럼 스페인들이 많이 먹고 즐기는 음식이다. 술기운이 얼큰해지면 기분이 좋아 목소리가 커지는 사람들, 이러한 살아 있는 서민의 분위기는 아마도 스페인 말고는 발견하기 어려울지도 모른다.

우스꽝스런 분장을 하고 거리에 나선 광대 초대는 시민들의 환호가 가득하다. 그들의 무대는 특별히 정해진 곳이 없다. 바르셀로나 축제의 하이라이트는 인간탑이다. 높이 50미터 그리고 제일 밑에 있는 사람이 받는 무게만도 3000킬로그램 이상이라는 이 인간탑은 보기만 해도 아슬아슬하다. 인간탑은 작은 마을 단위로 팀을 이루어 참가한다. 여섯 살 꼬마에서부터 노인에 이르기까지 이 인간탑을 이루는 이들은 모두 초인간들이다. 그만큼 한 사람 한 사람이 중요하단 이야기이다.

묵묵히 승부를 가리는 경기는 아니지만 친선 도모로 사람들은 내기를 한다. 똑같은 숫자의 사람들이 탑을 쌓기 시작해서 가장 빨리 가장 탄탄하게 탑을 쌓는 마을이 한 해 동안 우승기를 갖게 된다. 강한 조직력과 협동심이 절실히 요구되는 탑은 무엇보다 인간에 대한 숭배를 의미하는 데 그 의미가 크다. 오전에 시작한 축제는 점심이 시작되는 오후 2시 전에 어느 정도 끝난다.

바로셀로나의 성 메르세 축제를 즐기러 온 관광객들로 음식점은 하루 종일 활기를 띤다. 바로셀로나의 독특한 미각에 모두들 반한다는 것이다. 주방장이 선보이는 이 요리는 카탈루냐 지방의 전통요리이다. 어패류의 보고인 지중해에 면해 있어서 예로부터 풍부한 재료로 하는 어패류요리가 발달했다. 그 중 새우, 조개, 대합 같은 가지각색의 어패류를 토마토와 마늘, 양파소스에 넣고 조린 사르수엘라Zarzuela(전골용 접시를 뜻하는 스페인어로 가재, 새우 등을 넣은 해물요리)는 가장 인기가 있는 대중적인 요리이다. 오븐에서 바로 꺼내온 사르수엘라는 지중해 향기를 듬뿍 느낄 수 있게 해준다.

영국 Britain United Kingdom

전통을 세워가는 나라

영국은 유럽 대륙 북서쪽 북대서양에 위치한 섬나라이다. 정식 명칭은 그레이트 브리튼 및 북아일랜드 연합왕국이다. 잉글랜드England, 웨일스Wales, 스코틀랜드Scotland, 북아일랜드North Ireland 등 4개의 지방으로 구분되며, 모양은 우리나라와 비슷하다.

영국에 대한 인상은 유럽 근대화의 최선국最先國이란 이미지이다. 하지만 이는 17세기 말 이후 시대에 해당하는 말이며, 실상 그 이전의 영국은 유라시아 대륙 변경에 위치한 후진국가에 불과했다. 지중해 연안에서 그리스 · 로마문명이 화려하게 꽃피우고 있을 때 영국은 미개한 켈트계 부족들의 연합체에 지나지 않았다. 게다가 영국의 고대사는 주로 로마 제국의 속주로 지냈던 시절(1~4세기)로 장식되어 있다. 4세기 말 로마 세력이 물러나자 북방 게르만계의 앵글로색슨족이 침입하여 기존의 켈트족을 웨일스와 스코틀랜드 지방으로 몰아내고 잉글랜드 왕국을 건설했다. 또한 11세기에는 노르망디공 윌리엄이 이곳을 정복, 노르만디 왕국을 수립하면서 중세 봉건국가의 기틀을 다지게 되었다. 이후 12세기 플랜태저넷 왕조 때에는 프랑스의 속령과 같은 신세로 전락했다가 두 차례에 걸친 100년전쟁을 통해 국민 국가로서의 면모를 갖추면서 튜더 왕조의 절대주의 시대를 맞이하게 되었다.

영국의 역사에서 중세와 근대의 가교역할을 한 이는 여왕 엘리자베스 1세였다. 이 여왕은 1588년 당시 무적함대를 자랑하던 스페인 세력을 격파, 해상의 지배권을 확립하는 한편, 문화적으로도 셰익스피어, 베이컨 등을 배출하며 문예부흥 시대를 구가했다.

17세기 초 스튜어트 왕조가 들어서자 영국 내정은 영국국교회와 청교도 간의 종교 마찰이 발생, 수많은 청교도들이 탄압을 피해 북아메리카대륙으로 이주하는 사태를 빚게 된다. 게다가 이 종교분쟁은 왕정과 의회 간의 마찰을 초래하여 결국 크롬웰이 이끄는 의회파가 청교도혁명을 일으켜 왕을 처형하고 공화제를 선언함으로써 일단락됐다. 그리고 이후 1688년 영국 의회는 '권리선언'을 골자로 한 명예혁명에 성공하여 입헌정치를 확립했다. 이 청교도혁명과 명예혁명으로 말미암아 영국은 유럽 대륙에서 근대화의 최선두 주자로 나서게 되었다. 즉 전 세계에 걸친 식민지 경영, 산업혁명의 수행, 의회정치의 확립 등으로 초기 자본주의의 전형을 가르치는 모범국으로 부상했던 것이다. 특히 19세기 빅토리아 여왕 시대에는 폭발적인 산업의 발달과 전 세계에 걸친 식민지 경영으로 '지지 않는 태양, 대영 제국'의 절정을 구가하였다.

정감 있는 술집 퍼브Pub

영국인들의 휴식을 위한 공간으로 가장 대중적인 곳이 퍼브Pub이다. 외국인들에게 홍미롭게 보이지만 사실 많은 나라에 이 영국의 퍼브를 모방한 술집들이 있고 성공적으로 운영되고 있는 곳도 많다. 이 퍼브는 정식으로 퍼블릭하우스Public House라고 하는데, 중세 시대에 사람들이 만남의 장소로 이용하고 여행자들이 머물곤 했던 여인숙이나 선술집에서 그 기원을 찾을 수 있다.

홍겨운 분위기, 친밀하고 모두 평등하게 즐길 수 있다는 것이 큰 특징이다. 오늘날 런던에서의 밤에 대해 퍼브를 빼놓고 얘기할 수 없을 만큼 오피스가나 주택가 어디를 불문하고 곳곳에 자리하고 있다.

영국의 맥주 애호가들의 바이블인 '굿 비어 가이드' Good Beer Guide에서 작가 마이클 잭슨은 좋은 퍼브의 룰에 대해 명확히 설명하고 있다.

"좋은 퍼브 안에서 최대한 주의를 기울여야 할 것은 술, 특히 맥주이다. 좋은 퍼브는 상호 사교적 교감을 북돋워주며 일부 그룹에 의해 변하지 않는다. 책임감 있는 주인이 있으며 주의 깊은 서비스가 제공된다. 부담스런 장식, 시끄러운 오락, 강요되는 식사 등의 방해요소가 전혀 없이 간단히 술을 마시거나 담소를 나누고자 하는 사람들을 위해 바가 항상 마련되어 있다."

즐겁게 시간을 보내고 가정요리를 맛보기 위해서는 퍼브가 으뜸이다. 전형적인 퍼브바의 스낵 메뉴는 수프, 스테이크 앤 키드니, 폭 파이, 라자냐, 롤 등의 정식과 빵, 치즈, 피클, 샐러드의 대중적 런치이다. 여름철 야외 좌석에서 즐기는 퍼브런치는 낭만이 가득하다.

음료의 종류도 풍부한데 퍼브에서 마시는 대표적인 술이 다갈색의 독특한 영국식 생맥주인 비터Bitter와 독일식 맥주인 라거Larger이다. 영국인들은 상당한 맥주 애호가로 알려져 있는 만큼 1200개 이상의 맥주 브랜드가 있다. 비터, 라거, 페일에일, 스타우트, 리얼에일 등등이다. 하지만 맥주 시장의 4분의 3은 6개의 내셔널 브랜드가 차지한다. 맛에 있어서는 알코올 농도가 약하고 탄산이 많이 함유된 라거류가 인기 상승 중이라고 한다.
술이 약한 사람에게는 사이다를 권할 만하다. 우리나라 사이다와 달리 독특한 사과주를 말한다. 퍼브에서의 음주문화는 우리와는 사뭇 다르다. 안주를 먹는 모습은 거의 볼 수 없고 한 잔의 맥주를 한 시간에 걸쳐 천천히 마시며 이야기를 즐기곤 하는 것이다.

하지만 20세기의 영국은 대공황과 두 차례의 세계대전이 남긴 후유증, 식민지 국가들의 독립, 그리고 1956년 수에즈전쟁에서의 굴욕적인 철군과 유럽경제공동체$_{EEC}$에 대항하여 조직했던 유럽자유무역연합$_{EFTA}$의 실패 등으로 세계 자본주의권의 대권을 잃게 되었다. 그리고 과거의 영광이 퇴색된 지금의 영국은 복지국가의 위상을 정립하기 위해 노력하는 유럽 대륙의 평범한 국가로 자리매김하고 있다.

영국에서의 식사는 고기와 두 가지 야채로 대표될 만큼 단순하고 평범하다. 요리법도 삶거나 오븐에 넣어 익히는 것이 많으며 조리 시 조미료를 거의 사용하지 않고 먹을 때 소금, 후추 등의 향신료나 머스터드를 기호에 따라 사용한다. 노력과 절약이 깃들인 조리법이랄까?

그러나 오늘날에는 세계 여러 나라의 영향으로 점차 전통적인 조리법을 응용한 요리들이 개발되고 있다. 이러한 움직임은 최근 몇 년 동안 재능 있는 젊은 조리사들에 의해 일어났는데, 프랑스와 그 밖의 많은 나라들의 것을 조합, 영국 땅에서 자란 재료로 가볍고 섬세한 맛의 요리를 만들어내고 있는 것이다. 좋은 예가 민트 소스, 과일, 야채와 함께 내어지는 육즙이 많은 웨일스 램Welsh lamb으로 그 맛이 우수하다.

영국은 섬나라이기에 해산물이 중요한 주식의 일부이고, 스코틀랜드 지역은 세계적으로 우수한 품질의 쇠고기 산지로 유명하며 또 치즈나 와인, 위스키도 우수한 품질을 자랑한다. 이렇듯 노력으로 일궈낸 우수한 산물로 만든 전통음식과 독특하게 형성되어 온 음식문화는 흥미로움을 전해준다.

영국 요리라면 첫 번째로 꼽히는 것이 로스트 비프, 쇠고기 부위 중 설로인(허리고기 윗부분) 덩어리를 굵은 실로 감아 오븐에 구운 것으로 양념은 호스 래디시(서양 고추냉이)를 쳐서 먹곤 하며 요크셔 푸딩이 들여 나온다.

도버 해협에서 잡히는 물고기 소울(넙치)을 말하는 도버 소울도 맛있는데, 소금과 레몬즙만으로 맛을 내 아주 담백하다. 넙치뿐 아니라 훈제연어와 굴도 더할 수 없는 맛이다.

전통적인 패스트푸드인 피시앤칩스도 빼놓을 수 없는 서민적인 음식이다. 피시는 생선을 프라이한 것으로 코드Cod와 해덕Haddok이라는 대구를 많이 사용하며 칩스는 감자를 가늘고 길게 채썰어 튀긴 것이다. 이 피시앤칩스는 소금과 비네가 식초를 기호에 따라 쳐서 먹는데, 값도 다른 요리에 비하면 상당히 싸다.

한편 스코틀랜드의 명물 요리로 해기스Haggis가 있다. 양의 내장을 저민 후에 곡물을 넣어 햄처럼 만든 것으로 냄새를 없애기 위해 양념이 되어있다. 스코틀랜드 사람들은 어린이들에게 이 하기스라는 동물의 고기라고 가르쳐준다는데, 들판을 막 돌아다니는 이 작은 동물을 실제로 타탄체크 모자를 씌워 헤어리 해기스Hairy Haggis라고 판다고 한다.

요리가 아니더라도 품질 좋은 특산물이나 식품도 많다. 해산물로는 해덕이나 코드 외에 플레이스Plaice(홍가자미류)도 주요한 산물로 디너 요리에 많이 이용되며, 매년 9월부터 12월까지는 굴이 제철이다. 굴의 대표적인 산지가 콜체스터의 이스트 머시로, 관광객을 위해 매달 첫째 금요일에는 굴 투어도 열린다고 한다.

치즈 또한 유명한데 체다, 블루 데어리나 서머싯의 츄톤 멘딥을 방문하면 치즈의 전통적인 생산방식을 볼 수 있다.

한편, 영국인들은 사탕과자 등 단것의 세계적인 소비자인데, 상점에 들어가면 고르기 어려울 만큼 많이 진열된 초콜릿에 놀라게 된다. 캐드베리스Cadbury's가 선두적 생산업체로 버밍엄의 캐드베리 월드 비지터스 센터를 방문하면 초콜릿의 역사와 전시된 샘플을 볼 수 있으며 시식도 가능하다.

그 밖에도 요크셔는 소시지로 유명한 곳으로 제임스 우드랜드 소세지숍을 가면 30가지 이상의 소시지를 판매하고 있다. 스태퍼드셔와 더비셔의 오트 케이크는 수세기 동안의 중요한 생산품으로 녹인 치즈와 함께 뜨겁게 먹으면 매우 맛이 좋다. 또 하나의 더비셔 특별요리가 베이크웰 타트Bakewell Tart라 불리는 아몬드 페이스트리로, 피크 디스트릭트의 베이크웰 지역에서 최고의 것을 맛볼 수 있다고 한다.

영국인들은 점심시간이나 비공식적인 모임에서 맥주를 즐겨 마신다. 영국 맥주는 상온에서 마신다. 차갑고 부드러운 것을 원하면 라거를 주문하면 된다. 영국 맥주는 알코올 도수가 다양한데, 일반적으로는 아일(가장 강함)에서, 스타우트, 비터, 라거순으로 분류된다. 영국 연방에 속했던 국가에서는 '라운드'로 주문하는 전통이 있다. 즉 집단의 전원이 한 번씩 돌아가면서 사는 것이다.

저녁식사 전에는 혼합술을 마시지 않지만, 마티니는 점점 보편화되어 가고 있다. 그냥 마티니를 주문하면 마티니와 버머스 로지를 받게 된다. 진이나 보드카가 들어간 마티니를 원하면 아메리칸 스타일로 주문해야 한다. 앉으라고 할 때까지는 아무렇게나 앉지 않도록 한다.

티타임Tea Time

영국 하면 먼저 떠오르는 것이 오후 5시면 티타임을 갖는 그들만의 차문화이다. 이처럼 어느 가정에서나 홍차를 물 마시듯 자주 먹는다고 한다. 아시아권에서는 일본과 중국이 그 문화를 이어가고 있다. 영국 동인도 회사가 런던의 커피하우스에서 일반인들에게 차를 시판하게 된 1657년 이후, 18세기 후반부터 인도의 실론티를 자신들의 기호에 맞도록 매일 즐겨 마시는 홍차 문화권을 형성했는데, 이것 또한 특이해서 홍차에 우유를 섞어 마시고 있다. 영국에 홍차가 처음 보급되었던 것은 1600년 중반으로 스페인의 캐서린 공주가 영국 왕실로 시집갈 때 설탕과 함께 홍차를 가지고 가 영국 왕실에서 마시기 시작하면서부터라고 한다. 이후로 영국 왕실은 물론 귀족 사회에서 가장 인기 있는 기호음료가 되었다. 그 후 영국이 인도, 스리랑카 등을 식민지로 지배하면서 싼값으로 원산지에서 원료를 들여올 수 있게 되자 일반 시민들도 차를 즐길 수 있게 되었다. 그리고 영국은 중국으로부터 수입한 차의 대금을 중국에서 아편을 팔아 그 대금으로 지불하려고 하여 중국과 영국이 전쟁을 벌였는데, 그 전쟁이 바로 아편전쟁이다. 아편전쟁에서 진 중국은 홍콩을 100년간 영국이 사용하기로 하였던 것이다.

영국 사람들은 동양에서 차를 마시는 것과는 달리 자기들의 취향에 맞게 차를 마시고 있으며, 보통 네 번의 시간을 구분하여 각각 달리 브랜딩한 홍차를 마시기도 하는데, 아침에는 브렉패스트티Breakfast Tea, 정오에는 티브렉Tea Break, 오후 3~4시경엔 에프터눈티Afternoon Tea, 늦은 오후에 하이티High Tea 등으로 구분하여 마신다. 에프터눈티는 19세기 초 베드퍼드 공작의 부인 안나가 만든 관습으로 전해지는데, 간단한 점심식사로 저녁때까지의 긴 시간을 보내는 것이 무료하게 느껴진 공작부인이 오후 4시경에 차와 버터를 바른 빵을 차려놓고친구들을 초대한 데에서 비롯되었고 이때부터 차문화는 귀족적이라는 인식이 생긴 것이다.

오스트리아 Austria

달콤한 후식의 천국

오스트리아는 유럽 대륙의 정중앙에 위치하여 동서유럽의 접점지대를 이루고 있는 나라이다. 이곳은 선사시대부터 교통요지로 여러 민족들의 이동이 잦은 곳이다. 특히 기원전 2세기에는 켈트족이 노리쿰이란 왕국을 세웠다가 로마에 의해 멸망했으며, 이후 5세기에는 게르만족의 대이동으로 게르만족이 터를 잡는 동안 슬라브족을 동반한 아바르족이 진출하였다. 하지만 8세기 후반 샤를마뉴 대제가 아바르족을 물리치고 이곳에 오스트마르크란 백작령을 설치하면서 국가다운 면모를 갖춤과 동시에 신성 로마 제국의 일원으로 자리잡았다.

그 당시 오스트리아를 영도한 왕가는 바벤베르크가였다. 바벤베르크의 군주들은 동방식민을 추진하여 경제발전을 꾀하는 한편, 황제가 교황 간의 분쟁을 이용해 세습권까지 확보했다. 그러나 13세기 중반 헝가리와의 전쟁으로 군주였던 프리드리히 2세가 전사함으로써 오스트리아는 바벤베르크가의 시대가 막을 내리고 합스부르크가의 시대를 맞이했다.

1273년 보헤미안의 오타카르 2세가 세력을 확대하려 하자 이를 염려한 독일 제후들은 급히 스위스 출신의 합스부르크 백작 루돌프 4세를 황제로 선출하였다. 황제 루돌프 1세는 즉위 즉시 오타카르를 제거하고 오스트리아를 영지로 확보하는 한편, 인근 룩셈부르트가의 도전도 당당히 물리침으로써 명실상부한 합스부르크가 천하를 구축한다. 이후 오스트리아의 합스부르크가는 1438년부터 1806년까지 신성 로마 제국의 제위를 독점하면서 유럽의 패자로 군림하게 된다.

19세기의 막이 열리고 나폴레옹 보나파르트의 등장에 직면한 합스부르크가의 프란츠 2세는 패권을 유지하기 위해 신성 로마 제국을 해체하고 오스트리아 황제로 등극하였다. 그리고 재상 메테르니히는 국제여론을 교묘히 이용하여 유럽의 새 질서확립이란 기치하에 빈회의를 소집하고 복고 · 정통 · 연대를 기조로 한 반동체제를 구축했다. 그러나 1848년 프랑스의 2월 혁명에 고무된 빈시민들의 봉기로 오스트리아는 혁명과 반동의 갈림길에서 한 차례 홍역을 겪게 된다. 결국 빈의 3월 혁명은 메테르니히의 망명으로 성공을 거두는 듯했으나 상 · 하 시민들 간의 분열로 인해 반혁명의 승리로 귀결되었다.

빈의 3월 혁명은 실패로 끝났지만 그 여파는 오스트리아 내 여러 민족들의 민족의식을 고취시키는 계기가 되었다. 그 중 특히 슬라브계와 헝가리인들의 민족주의 운동은 자본주의 발달과 함께 노동운동과 맞물려 전개되면서 왕권을 위협하는 지경이었다.

이에 위기감을 느낀 오스트리아의 프란츠 요세프 황제는 헝가리의 토지귀족들을 회유, '오스트리아-헝가리 군주국'을 탄생시켜 제2의 도약을 꾀하였다. 하지만 국내의 민족분규와 노동자들의 저항을 국외의 제국주의적 진출로 무마하려 했던 오스트리아의 패권정책은 마침내 범슬라브계의 저항에 막혀 제1차 세계대전의 도화선이 된다.

1914년 오스트리아의 황태자 프란츠 페르난데스가 사라예보에서 암살당한 사건을 계기로 폭발한 제1차 세계대전은 1918년 강대국 '오스트리아-헝가리 군주국'의 멸망을 낳고 종결된다. 이로써 오스트리아는 전쟁 전의 7분의 1밖에 안 되는 영토에서 사회민주당 주도로 공화국을 출범시킨다. 하지만 전후의 경제 혼란과 1929년에 발발한 대공황의 여파로 오스트리아 공화국은 출범 초기부터 혼미를 거듭하게 된다.

게다가 이후 독일의 나치스가 제2차 세계대전의 주역으로 등장함에 따라 오스트리아는 독일에 합병되어 또 한 차례 전화의 소용돌이에 휩싸였다. 전쟁은 독일의 패배로 끝났다 그리고 오스트리아는 미국 · 영국 · 프랑스 · 구소련 등 4개국의 분할 점령지로 진락했다가 1955년 7월에 가서야 주권을 회복했다. 오스트리아의 좌우연합 정권은 주권 회복과 동시에 영세중립국을 선포하고 UN에 가입, 지금까지 민주공화국으로서의 새 지평을 열어 나가고 있다.

오스트리아의 음식을 소개하면 도시 이름이 요리에 붙은 빈슈니첼이 대표적이다. 적당한 크기의 송아지고기에 밀가루, 달걀, 빵가루를 입힌 후 기름에 튀겨 밥과 샐러드를 곁들인 음식으로, 주로 일요일 점심에 가족들이 함께 많이 즐기는 요리이다. 타펠슈피츠는 소 허벅

숲속의 호이리게

빈 숲속에 가면 '호이리게' Heurige란 술집이 있다. 직역하면 '올해의' 라는 뜻인데, 이곳에서는 '올해에 담근 와인을 파는 술집' 으로 통용된다. 와인은 오래된 것일수록 비싸다. 서양 속담에 "친구와 와인은 오래될수록 좋다"는 말이 있을 정도이다. 그러나 오래된 와인의 그윽한 맛도 좋아하지만, 그 해에 새로 담근 생포도주의 신선한 맛도 즐기는 서양인이다. 신주新酒는 값도 싸다.

빈의 호이리게 술집은 그린칭Grinzing, 레오폴드베르크Leopoldberg, 하일리겐슈타트Heiligenstsdt에 몰려 있다. 모두 빈 숲속에 있는 작은 마을들이다. 이 마을은 전체가 술집이다. 호이리게 술집은 대문간에 소나무 가지를 꽂아 놓았다. 이곳에서는 술을 유리 항아리로 판다. 큰 것은 한 말들이 항아리이다. 투명 유리라 속이 들여다보인다. 이 술을 마실 때는 숭늉 마시듯 한다. 잘 마시는 사람은 항아리째 입에 대고 꿀꺽꿀꺽 들이켜기도 한다. 술을 마시고 있노라면 악사들이 나타난다. 손님 좌석을 돌며 악사들은 연주를 해준다.

그린칭에는 베토벤하우스가 많다. 베토벤이 한 번이라도 다녀간 집은 모두 베토벤하우스이다. 그런데 베토벤하우스의 악사들은 베토벤의 음악을 연주하지 않고, 엉뚱하게도 왈츠라든가 편곡된 경음악을 연주한다. 이러한 술집에 안주는 없다. 특별히 주문하지 않는 한 안주는 내놓지 않는다. 그리고 술값이 싸다.

지살을 장시간 부드러워질 정도로 적당히 삶아 기름과 버터에 볶은 감자와 파종류인 슈니틀러 소스, 서양무와 사과를 갈아 섞은 소스를 곁들여 먹는 요리이다. 또 헝가리에서 유래되었다는 구야쉬는 돼지나 송아지 또는 쇠고기를 네모지게 썬 다음 적당량의 양파와 고춧가루를 넣어 만든 것이다. 바우에른슈마우스는 뜨거운 고기를 이용한 간단한 전원 음식으로 빈의 많은 레스토랑에서 볼 수 있고 항상 완자와 함께 낸다. 고기 종류로는 소시지, 햄, 훈제구이, 돼지고기, 굽거나 튀긴 돼지고기를 이용하고 있다. 카이저슈마렌은 후식뿐만 아니라 정식으로도 먹는데 달걀 반죽, 설탕, 건포도가 주재료인 빈 전통요리이다.

빈 사람들은 세계에서 달콤한 음식을 가장 좋아할 만큼 케이크를 즐겨 먹고 식사시간 이외에도 간식시간이 따로 있으며 야오제Jouse라 불리는 오후의 티타임에 주로 커피와 함께 먹곤 한다. 이로 인해 후식이 매우 발달해 있는데 다양한 재료를 혼합해 만들어 영양이 풍부하다. 간단한 종류도 있지만 복잡하게 만들어야 하는 것도 있다.

멜슈파이젠은 밀가루로 만든 음식이라는 뜻으로 밀가루 대신 아몬드나 헤이즐넛을 쓰기도 한다. 반죽을 적당히 밀어 잘게 썬 사과조각과 빵가루, 건포도를 넣고 말아 구워낸 사과파이인 아펠슈트푸델, 사과 대신 우유치즈를 넣은 도픔슈트푸델, 프렌치 크레페보다 더 굵은 오스트리아식 팬케이크로 과일, 치즈, 초콜릿 소스 또는 잼으로 가득 채운 팔라트싱켄 등이 대표적이다.

건포도나 사과 등의 과일을 얇게 깃털 모양으로 만든 덤플링, 팬케이크, 프리터, 슈트푸델에 가득 채워 넣은 것도 독특하다.

다양한 케이크와 페이스트리도 미각을 돋워준다. 토르텐Torten(장식 케이크), 페이스트리와 비쇼프스브로트Bishofsbrot(땅콩, 건포도, 설탕에 절인 과일과 초콜릿을 꽉 채운 스펀지 케이크)와 같은 케이크는 콘디

토라이엔에서 팔며, 전통적인 푸딩은 모든 레스토랑에서 맛볼 수 있다.

자허토르테는 가장 유명한 빈의 토르테로 수십 종류가 있다. 두껍게 바른 부드러운 초콜릿층 바로 밑에 살구잼을 겹쳐 바른 이 유명한 초콜릿 케이크는 1832년 메테르니히 왕자의 요리사인 프란츠 자허가 최초로 만들었는데, 세계 각처에서 이를 모방한 제품이 계속 만들어지고 있다고 한다.

케이크와 페이스트리는 초콜릿, 커피 또는 크림을 재료로 쓰기도 하고 생과일과 얇은 웨이퍼 슈트푸델도 이용한다. 린처토르테는 달콤한 아몬드와 산딸기, 살구 또는 래드베리잼을 채운 페이스트리이며, 도보스토르테는 1887년 헝가리의 요제프 도보스가 최초로 만든 케이크로, 부풀린 빵 사이마다 초콜릿 버터 크림을 바른 후 캐러멜 시럽을 뿌린 것이다.

이탈리아 Italia

피자와 파스타의 자존심

이탈리아는 지중해 중앙에 위치하여 전형적인 지중해성 기후로 겨울에는 온난 다습하고 여름에는 고온 건조하다. 주요 농산물로는 밀, 옥수수, 쌀, 감자, 사탕무, 포도, 올리브, 오렌지 등이 있다. 그 중에서 쌀이나 밀 등의 주요 식량은 북부에서 생산되며 과일이나 올리브 등은 남부에서 주로 생산된다. 이탈리아 요리의 기원은 고대 로마시대까지 거슬러 올라간다.

로마인들은 자연을 경제적인 자원으로 여기기보다는 야만족의 세계로 간주했고 그로 인해 그들의 식생활 범위는 제한을 받을 수밖에 없었다. 로마의 귀족들은 주로 육식을 위주로 한 식사를 했고, 일반인들은 거의 굶주린 생활을 영위했다. 고대 그리스의 곡물 중 대핵이나 스페루토 보리는 빵 제조에 별로 적합하지 않아 물을 많이 넣고 끓인 폴렌타Polenta 죽을 만들었고 이 전통은 그 후까지 이어졌다. 또한 그리스 시대에 이미 현재 우리가 먹는 빵과 같은 것이 '아르토스' Artos라는 이름으로 만들어졌다. 도시의 발달과 함께 빵은 가정에서 점차 벗어나 전문점에서 만들게 되었고 점차 일반인의 생존을 위한 주식량으로 자리잡았다.

11세기에 접어들면서 이탈리아를 포함한 서유럽에서 '농업혁명'이 시작된 결과, 밀과 그 밖의 다른 곡물들의 생산이 급증했고, 또 주민들의 경제생활에서 수요자와 공급자의 역할이 구분되었다. 일부 농민들은 재산을 축적하기도 했고 점차 식생활의 안정이 이루어졌다. 13세기 초에 이르면 점차 영양적으로 충분한 양을 섭취하게 되었을 뿐 아니라 심지어는 폭식 경향마저 나타났다. 또한 새로운 맛을 추구하려는 시도가 활발해지면서 점차 향료의 사용이 증가하였다.

14~15세기경에 유럽의 다른 나라들에 비해 도시 문화가 가장 잘 발달했던 이탈리아에서는 음식을 대량으로 요리하여 도시민을 대상으로 판매하는 '요리사의 전문 음식점'이 등장했다. 이러한 전문 음식점의 등장은 지배계층과 시민층 간의 음식문화가 상호 교차되는 동기와 공간을 마련하는 역할을 했다.

14세기 중반 이후 계속되는 경기 침체와 엄청난 사상자를 낸 흑사병, 그리고 금욕적인 생활을 강조하는 종교적인 영향은 점차 대체 음식문화의 등장을 촉진했다. 그 결과, 과거에는 잘 이용되지 않았던 콩류, 치즈, 달걀, 생선 등 다양한 식품들이 식탁에 오르게 되었다.

르네상스 이후 근대로 접어드는 시기는 점차 상류층과 일반층의 음식문화가 차별화에서 점차 동질화되어가는 시기라고 할 수 있다. 중세 후기의 지배계층은 고유한 식생활 스타일과 영역을 형성함으로써 다른 계층과의 '차별화'를 위해 노력했다. 단순히 음식을 먹는 것을 떠나 어떻게 먹을까에 대한 관심이 식탁에서의 행동 요령으로 이어졌다. 또한 이 시기에 조류의 수요가 증가했는데, 이것은 인간들의 신분상승 욕구를 반영하는 입맛의 변화라고 할 수 있다. 또 숲이 점차 사라짐에 따라 생산이 줄어들어 상대적으로 가치가 상승한 야생 사슴이나 멧돼지고기도 지배계층이 선호하는 육류였다. 식물성 재료도 차이가 나서 농민들은 마늘류의 구근식물, 양파, 무 같은 재료들을 이용한 반면, 귀족들은 밤을 제외한 과일이 전부였다.

신대륙의 발견 이후 옥수수와 감자는 가난한 사람들의 주식량으로 자리잡아 18~19세기에 민족 문화전통의 핵심이 되었다. 근대로 접어들면서 이탈리아는 '음식문화의 지역성 극복', 음식문화의 동질화를 이루게 되었는데, 가장 큰 이유는 공업화와 그로 인한 도시화 때문이다. 이러한 도시 인구 집중 현상은 새로운 음식문화의 도래 및 획일화를 가져왔다.

로마 제국이 분열된 이후 이탈리아는 여러 나라에 의해 점령되어 많은 나라의 영향을 받았는데 그 결과 음식문화도 각 지역마다 특유의 요리가 발달해 많은 향토요리가 생겨났다. 즉 밀라노, 베네치아를 중심으로 하는 북부 지방은 겨울이 길고 추운 기후로 인해 진한 맛의 요리가 발달했다. 또한 농업이 발달해 쌀이나 손으로 만든 파스타 외에 버터, 크림, 치즈 등의 유제품이 풍부하다. 로마, 피렌체를 중심으로 하는 중부 지방은 북부나 남부의 요리가 혼합되어 소재나 맛이 다양하다. 파르마 치즈Parmesan Cheese와 햄이 유명하다. 시칠리아 섬과 나폴리를 중심으로 하는 남부 지방은 올리브와 올리브유, 토마토나

235년의 역사를 간직한 티룸

로마의 아포톨리 레스토랑에서 맛볼 수 있는 껍질이 얇은 피자와 반세기의 전통을 자랑하는 로마 안티카Roma Antica의 해물요리는 이탈리아 음식을 맛보고자 하는 사람들에게 한 번쯤 권장하고 싶은 음식이다. 더욱 폼페이 플리니오 레스토랑의 스파게티는 지금도 그 맛이 유명하다. 홍합을 듬뿍 넣어 만든 해물 스파게티는 그 맛이 일품이다. 이탈리아 여행에서 가장 기억에 남는 것이 무엇이냐고 묻는다면 대부분의 사람들은 이어가고 있는 티룸Tea Room과 이탈리아 아이스크림을 꼽는다.

로마에서 가장 아름다운 분수 '물의 요정' 앞에 위치한 티룸은 1760년에 개업한 이래 아직까지도 음료 상품으로 성업을 이루고 있는 보기 드문 업소이다. 고풍이 감도는 자주색 의자와 연회색 대리석 식탁, 고화古畵로 장식한 벽 처리와 웨이터들의 까만 턱시도 차림은 이 업장의 역사와 함께 신뢰와 품위를 그대로 보여주고 있다.

또 애천 분수 앞에 위치한 세계적으로 유명한 아이스크림 집의 맛은 샤벳에 가까운 맛과 질감, 그리고 가벼운 뒷맛으로 어느 누구도 모방할 수 없으리만큼 우수한 명품이다.

건조 파스타, 모차렐라 치즈 등이 유명하고 삼면이 바다로 둘러싸여 해산물이 풍부하여 이를 이용한 요리가 발달했다. | 자료: 김숙희 외, 1998 |

로마의 거리에서 가장 많이 볼 수 있는 간판은 빠르Bar이다. 영어식으로는 '바'로 발음해야 하나, 현지인들은 '빠르'로 부르고 있다. 로마의 빠르는 술집이 아니다. 다방에 가까운 업소로 보는 것이 타당할 것 같다. 빠르에서 파는 것은 커피는 물론, 주스, 아이스크림, 샌드위치, 피자, 술 등 여러 가지를 판다. 어찌 보면 서울의 카페 비슷하기도 하다. 빠르는 여행자들이 잠깐 쉬거나 가벼운 요기를 하고 싶을 때 큰 부담 없이 이용할 수 있는 편의시설이다.

그런데 빠르에는 두 가지의 요금이 있다는 사실을 알아야 한다. 메뉴북을 펼쳐보며 요금이 두 가지씩이다. 가령 똑같은 카푸치노 한 잔 값이 3000~6000리라라고 적혀 있는데, 그리 놀랄 일은 아니다. 로마의 빠르에서는 앉아서 마시면 요금이 2배, 심할 때는 5배까지 껑충 뛴다. 주문법도 다르다. 서서 마시는 것은 계산대에 가서 요금을 먼저 지불하고, 주문서를 가지고 카운터에 제시한 다음 차를 마시게 되어 있다. 앉아서 마실 때는 그냥 의자에서 기다리면 웨이터가 주문을 받으러 온다.

이탈리아 사람이 즐겨 마시는 커피는 에스프레소와 카푸치노인데, 에스프레소는 원두를 증기로 뽑아 향기가 좋고, 카푸치노는 카푸치노 수도원의 승려복 빛깔을 닮았다 해서 붙여진 이름이다. 대체로 카푸치노가 에스프레소보다 요금이 갑절 비싸다.

이탈리아 레스토랑의 종류를 살펴보면 다음과 같다.

- **리스토란테**Ristorante: 고급식당
- **트라토리아**Trattoris: 가족이 경영하는 식당. 맛있고 유명한 일품요리를 위주로 하며 지방에서는 아예 메뉴 없이 특색 요리만을 제공하기도 한다.
- **피제리아**Pizzeria: 피자 전문점. 수프, 계란 요리, 샐러드 등의 간단

한 식사도 취급한다.

- **젤라테리아**Gelateria: 아이스크림 전문점
- **라테리아**Latteria: 디저트 및 페이스트리류Pastries를 판매한다.
- **비레리아**Birreria: 맥주 판매 전문점

이탈리아 요리는 기본적으로 안티 피아티Anti Piatti(전채), 프리미 피아티Primi Piatti('첫번째 접시' 라는 뜻으로 파스타나 리조토, 수프 등), 세콘디 피아티Secondi Piatti('두번째 접시' 라는 뜻으로 육류나 생선요리), 포르마조Pormaggio(치즈), 돌체Dolce(디저트), 카페Caffe(커피)의 순으로 구성되어 있다.

그러나 이탈리아 요리는 코스가 특별히 정해져 있지 않으므로 세콘디 피아티를 중심으로 취향에 따라 메뉴를 구성해 주문한다. 따라서 전체적인 균형에 신경을 쓰면서 소스나 재료가 겹치지 않도록 한다. 웨이터에게 좋아하는 기호품이나 맛 등을 알려주어 그 레스토랑의 추천 메뉴 등을 소개받아 주문해도 좋고, 대개 레스토랑마다 그날의 스페셜 메뉴 등이 정해져 있으므로 참고하면 된다.

참고로 이탈리아 사람들은 프리미 피아티와 세콘디 피아티를 함께 먹어야 식사다운 식사를 한 것으로 인정하고 있다.

피자

이탈리아 음식의 대명사라고 할 수 있는 '피자' Pizza. 외국어 시간은 아니지만 우리의 김치가 '기무치' 가 아니라 '김치' 듯이 원래의 발음은 피자가 아

닌 '핏짜' 로 발음을 해야 한다.

미국에 가면 햄버거 가게가 즐비한 것을 볼 수 있는데, 이와 마찬가지로 이탈리아에도 어느 곳이든지 피자를 파는 가게 '피제리아' 를 쉽게 찾을 수 있다. 물론 미국을 시작으로 차례차례 전 세계의 외식시장을 파고들어 이제는 어느 나라를 가도 쉽게 피자를 먹을 수 있다.

이탈리아의 나폴리에는 모레툼Moretum이라는 빵이 있었는데 이것은 납작한 밀가루 반죽을 화덕에 구워낸 것으로 올리브와 식초에 담근 생양파와 곁들여 먹는 음식이었다고 한다. 피자는 이 모레툼의 형태에서 응용된 것으로 1700년 대 말부터 다른 빵들과 구별되기 시작하였다.

피자가 오늘날의 형태를 갖추게 된 것은 미국에서 토마토가 건너오고 나서 한참이 지난 1700년대 초기의 피자는 토마토 소스 피자가 중심이었다. 그 외의 다른 형태로는 마늘과 올리브, 모차렐라, 소금과 올리브에 저린 멸치를 넣은 피자인 치치니엘리, 커다란 만두형태를 한 피자 알 리브레토Pizza Alibretto라는 것이 있었다고 한다.

19세기 초에 가장 대중적이었던 피자는 올리브 피자, 라르도 피자, 수냐 피자, 치즈 피자, 토마토 소스 피자, 페스콜리니 피자와 8일 피자라는 것이 있었다. 그 중 8일 피자는 먹기 1주일 전에 요리한 것으로 매우 크고 오래 보관할 수 있어서 붙여진 이름인데, 다른 한편으로는 가격이 비싼 이유로 8일 후에 돈을 지불한다고 해서 붙여진 이름이라는 추측도 있다.

이탈리아에서 피자는 밀가루 반죽을 넓게 펴고 이를 둥근 막대기나 손바닥으로 눌러서 둥글게 펴며 그 위에 생각나는 대로 재료들을 올려놓고 기름을 바른 다음 이를 불 위에 올려놓고 요리하는 음식으로 올리브유와 마늘 이외에도 오리간 향신료와 소금을 첨가하고 가루로 된 치즈, 돼지기름, 바실리코 또는 작게 자른 생선, 모차렐라 등이 첨가되기도 하지만 가장 중요한 재료는 토마토이다.

프랑스 France

요리예술의 나라

옛날부터 '꽃의 도시 파리' 라고도 하고, '파리의 하늘 아래 센 강은 흐른다' 는 노래도 있는 만큼 아름다움의 대명사처럼 되어온 도시를 가진 나라가 프랑스이다. 프랑스는 많은 사람들이 동경하는 나라이다. 그 이유는 그만한 것을 충분히 간직한 나라이기 때문이다. 풍광이 수려한 코트다쥐르의 해안시내, 흰눈에 덮인 몽블랑의 산들, 고호를 매혹케 하여 그들이 그려낸 프로방스의 전원풍경, 파리의 루브르박물관, 베르사유 궁전, 에펠탑과 개선문 등과 거기에다 패션과 요리, 이처럼 여행객을 흥미로 가득 채우는 나라가 프랑스인 것이다.

프랑스의 선사 시대는 구석기 시대의 크로마뇽인 시대로까지 거슬러 올라간다. 이후 신석기 시대를 거쳐 기원전 5세기 무렵부터 켈트인이 부족을 이루고 살았으며, 로마 총독 카이사르의 '갈리아 정복'

(기원전 58년)을 통해 당시 화려했던 로마의 문명과 비로소 접하게 된다. 5세기 게르만계의 프랑크족이 서유럽 일대를 통일하고 프랑크 왕국을 건설하면서 프랑스 중세봉건 시대의 막을 열게 된다. 이 프랑크 왕국은 메로빙거 왕조에서 카롤링거 왕조로 이어지면서 중세의 기틀을 다지게 되었다. 특히 샤를마뉴 대제 시대에는 로마 교회와의 상호 협조 속에 학문과 예술을 꽃피워 교황으로부터 서로마 황제란 칭호까지 받았다. 그러나 샤를마뉴 대제 사후에 귀족과 왕국 간의 권력다툼이 벌어져 위그 카페의 카페 왕조 수립과 동시에 멸망하고 말았다. 10세기 후반 들어 권좌에 오른 카페 왕조는 흔들렸던 왕권을 강화하고 봉건적 지배체제를 확립함으로써 통일국가로서의 면모를 갖추게 된다.

이후 프랑스는 영국과의 100년전쟁(1337~1453)을 통해 관료제의 정비, 조세개혁, 군 창설 등으로 국민국가로서의 기본적인 틀을 마련하고 르네상스와 종교개혁 운동의 파고 속에 초기 자본주의적 맹아를 싹 틔우게 된다. 그러나 도시 수공업자, 농민, 하급 귀족층을 중심으로 파급되던 신교운동은 종교전쟁을 불러일으켜 절대왕정으로 대변되는 부르봉 왕조를 탄압시켰다.

프랑스 역사에서 부르봉 왕조 시대를 이른바 '앙시앵레짐'(구제도) 시대라 한다. 특히 화려한 베르사유 궁정으로 상징되는 루이 14세의 치세는 절대왕정이 극에 달했던 시대로 부국강병을 국시로 프랑스의 황금시대를 구가했다. 그러나 절대권력은 잦은 전쟁과 궁정의 낭비로 국가재정이 악화되고, 화폐남발과 투기 등 경제적 혼란이 가중되면서 파국의 길을 걸어왔다. 그리고 급기야는 1789년 루이 왕조에 불만을 느낀 신흥시민계급이 로베스피에르를 중심으로 봉기하여 왕정을 폐지하고 공화정을 수립(제1공화제)함으로써 프랑스 대혁명을 맞이했다. 혁명 후 프랑스는 자코뱅파와 지롱드파의 암투 속에 암흑정국을 빚어냈다. 이때 국외에 있던 나폴레옹은 영국과의 워털루전투에서 치명타를 입고 헬레나섬에 유배되어 죽게 되었다.

이후 프랑스는 왕정의 반동정책과 신흥계급의 혁명적 열기가 맞물리면서 7월혁명(1830년)에서 2월혁명(1848년)으로의 시대에 접어들었다. 이 시기는 프랑스 근대국가의 기초를 확립한 시기(제2공화제)로 시민들의 봉기에 의해 선거권이 보장되고 대통령제를 골자로 한 헌법이 성립되었다. 선거에 의해 권좌에 오른 루이 나폴레옹은 공화파를 몰아내고 독재체제를 구축하여 프랑스 제2제정을 연다. 그러나 나폴레옹 3세의 권력도 보불전쟁의 패배로 몰락하더니 이후 프랑스는 파리코뮌(1871년)을 거쳐 제3공화제의 시대를 맞이했다. 프랑스 제3공화정은 드레퓌스사건 등을 일으키며 무차별적인 식민지 경영에 나선다. 하지만 기세등등했던 제국주의도 제2차 세계대전의 발발과 함께 종지부를 찍게 된다.

이후 프랑스는 전쟁의 종결과 함께 드골 장군을 중심으로 임시정부를 구성했다. 그러나 드골은 제4공화제 발족 직전에 밀어닥친 정당간의 마찰에 휩쓸려 수반의 자리에서 물러난다. 프랑스 제4공화제는 11년간 19차례나 내각이 뒤바뀌는 혼란의 시대였다. 그리고 결국은 알제리 독립문제를 계기로 정권에 복귀한 드골에 의해 마감된다. 1958년 6월 정권에 복귀한 드골은 강력한 대통령제를 골자로 한 신헌법을 발표하고 제5공화제를 출범시킨다. 그리고 이때부터 오늘날

음식 사치

이탈리아에서는 요리법이 그 밖의 기술들과 나란히 15~16세기에 모습을 나타냈다. 그 전에는 단지 많이 먹는 사치밖에 없었다. 이제는 그러한 즐거움도 세련되었으며, 여기서도 질質이 양量을 대신하였다. 음식 사치도 이탈리아에서 프랑스로 넘어갔는데, 프랑스에서는 16세기 말 이후 본격적으로 육성되었다. 그 발전을 추적하는 것은 음식 준비에 대한 긴 논문을 쓰지 않고서는 거의 불가능하다. 그렇지만 그러한 논문은 본 연구의 범위를 넘어설 것이다. 그렇지만 여기에서는 다른 경우에서와 마찬가지로 단 하나의 질문만 제기하고 싶다. 요리법의 세련화와 음식 사치의 발전도 또다시 귀여운 여성 덕택인가?

요리법과 사랑의 기술이 얼마나 가까운 관계에 있는가라는 문제는 심리학적 및 생리학적으로 아직 미결未決이다. 사람들은 인간의 나이를 사랑, 명예욕, 미식美食으로 특징지으면서 성애性愛와 식욕을 어느 정도 서로 대립하는 것으로 보는 경향이 있다. 칸트처럼 지독한 비호색가는 대단한 미식가였다. 그러나 여자들의 영향에 의한 우리 취향의 일반적인 세련화와 감각화가 없었다면 요리법의 고도의 발전도 결코 일어나지 않았으리라는 생각이 든다. 늙은 홀아비에게서 볼 수 있는 바와 같은 정열적인 식도락은 성적 충동 억압의 결과인가? 따라서 남자에게서 식도락은 혹시 노처녀의 고양이 사랑에 상응하는 것이 아닌가? 이것도 역시 검증할 필요가 있을 것이다. 오늘날 한 가지 점만은 확실한 것 같다. 즉 그것은 단것의 소비와 여성지배의 연관이다. 우리는 오늘날에도 여성의 영향하에 있는 영역의 경계를 긋는 선을 분명하게 인식할 수 있다.

그런데 바로 이 선은 맛있는 요리 및 푸딩을 지닌 나라와 맛없는 요리 및 푸딩을 지닌 나라를 구분한다. 이탈리아, 오스트리아, 프랑스, 폴란드에는 아주 맛있는 과자가 있다. 북독일에는 플라메리Flammeri(소맥분, 계란, 우유 등으로 만든 푸딩)가 있으며, 영국에는 앨버트 케이크Albert Cake가 있다. 그런데 (구식의) 페미니즘과 설탕의 이러한 결합은 경제사적으로는 가장 중요한 의미가 있었다. 초기 자본주의 시대에는 여성이 우위에 있었기 때문에, 설탕이 매우 빨리 애용되는 기호품이 되었으며, 또 설탕이 있었기 때문에 코코아, 커피, 차 등의 자극제가 유럽에서 매우 신속하게 널리 이용되었다. 그리고 이 네 가지 품목의 무역, 유럽 식민지에서의 코코아, 커피, 설탕 생산 그리고 유럽 안에서의 코코아 가공과 원당原糖 정제는 자본주의 발전에 매우 큰 역할을 하였다. 이 기호품들의 역사와 그것들이 유럽에서 널리 쓰이게 된 경위를 살펴보면, 방금 말한 일반적인 결론이 옳다는 것이 입증된다. 그 기호품들의 역사와 설탕의 역사가 얼마나 일치하는지(크게 보면 일치하고 있다)는 리프만의 책에서 잘 알 수 있다.

메디치가의 카트린은 또한 프랑스 사회에 설탕 소비를 퍼뜨린 중개자이다. 특히 이 여군주女君主의 이탈리아인 종자從者들은 최초로 파리에 리큐르 술을 소개하였다고 한다. 그 후 리큐르 술은 프랑스인 자신들에 의해서 더 세련되게 발전했다. 그 당시에 가장 애용되는 품목은 알코올, 설탕, 사프란(착색 향미료)으로 비너스의 기름Huile Venus이었다. 에티엔은 농업경제에 대한 그의 논문에서 이미 설탕 소비가 매우 널리 퍼져 있다고 단언하였다. 프랑수아 1세의 시의侍醫인 라브뤼예르 샹피에르는 설탕은 이미-물론 상류계층에서만이기는 하지만-없어서는 안 되는 기호품이 되었다고 말했다(1560년). 그는 자신의 주장을 다음과 같은 말로 설명하고 있다. 왜냐하면 세련된 생활양식을 지닌 사람들은 설탕을 치지 않은 것은 먹지 않기 때문이다. 마찬가지로 영국에서도 이미 16세기는 설탕과자, 젤리, 마멀레이드Marmalade(설탕으로 삶아 으깬 과일잼), 설탕물에 절인 레몬, 오렌지, 생강, 그리고 설탕으로 만든 성城, 배 및 여러 가지 모양은 모든 품위 있는 식탁에는 없어서는 안 되는 것으로 간주되었다.
17세기 초부터 설탕 덕분에 코코아, 커피, 차가 유럽에 널리 퍼졌다. 그것들은 모두 최고 상류층 사회에서, 특히 궁정에서 애용되었다. 예를 들면 커피는 루이 14세가 술탄 모하메드 4세의 사절使節을 접견할 때(1690년) 맛보고서 그것을 궁정 안으로 도입한 이후에야 비로소 프랑스에 받아들여졌다. 그 후 시중의 커피하우스에서는 이 기호품을 중심으로 새로운 대도시적인 사치가 생겨나기도 했다. | 자료: 베르너 좀바르트, 1997 |

까지 제5공화제가 이어져 오고 있는 것이다.

실제로 프랑스에서 식도락은 예술이며 전통이다. 19세기의 미식가인 사바랭은 "당신이 무엇을 즐겨 먹는가를 말해주면 나는 당신이 어떤 사람인지를 말해주리라"라고 했다고 한다. 식성을 알면 그 사람의 인간성과 직업까지고 알 수 있다는 이야기이다. 프랑스인들은 정말로 먹기 위해 사는 사람들 같다. 점심시간은 두 시간씩이나 된다. 모든 사람들은 점심시간이 되면 하던 일을 놓고 점심을 오랫동안 즐긴다. 그래서 파리에 처음 오는 외국인들은 불편을 느낀다. 그래서 그런지 미국식 패스트푸드는 샹젤리제 거리 등에 많이 있다. 프랑스 레스토랑에 가서 큰 소리로 종업원을 불러 음식을 재촉한다면 영락없이 쫓겨나고 만다. 그렇다고 프랑스의 레스토랑에서 겁먹을 필요는 없다. 메뉴나 와인의 종류를 몰라도 되고 서양 테이블 에티켓을 알고 싶으면 물어보면 된다. 더욱이 프랑스에서는 예약과 정장이 필수인 '레스토랑' 만 있는 것은 아니다.

비스트로는 트로케라고도 불리는데, 와인과 안주류의 가벼운 식사를 먹을 수 있다. 조그맣고 평범한 분위기로 카운터에서 와인을 즐길 수 있는 곳이다. 더욱더 대중적인 곳은 '브라스리' 라는 곳이다. 프랑스 거리의 카페들도 유명하지만 카페보다 더욱 우아한 분위기는 '살롱드페' 에서 느낄 수 있다.

반대로 화려한 음식문화를 자랑하는 프랑스인들의 아침식사는 의외로 간단하다. 빵 한 조각과 커피 한 잔이 전부이다. 바게트나 크로아상과 우유를 많이 넣은 커피 한 잔으로 아침식사가 생활화되어 있다. 영국이나 미국의 푸짐한 아침식사와 좋은 대조를 이룬다. 프랑스의 상징이 되다시피 한 바게트는 거리에서도 많은 사람들이 들고 다닐 정도로 프랑스의 명물이 되었다. 빵집마다 소량을 굽기 때문에 그 맛이 제각각 특징이 있다. 그래서 미국의 부자들은 매일 아침 비행기로 파리의 바게트를 공수해 본고장의 특색 있는 맛을 즐긴다고 한다.

간소한 아침을 먹는 대신 프랑스의 점심은 푸짐하다. 두 시간의 점심시간이 말해주듯 에피타이저, 주식, 샐러드, 치즈, 디저트 순서의 풀코스 메뉴를 즐긴다. 365가지 치즈가 있다는 프랑스에는 치즈를 '프로마즈' 라고 부르는데, 식사가 끝난 후 와인과 함께 먹는다. 대개의 서양 음식문화가 비슷한 코스의 맛을 주식 코스 후에 즐기는 프랑스인들의 미각적 여유가 부럽기까지 하다.

그 외 프랑스에는 파리에만 약 500여 개 이상의 레스토랑이 있다.

전통적인 레스토랑부터 현대적인 레스토랑까지 그 종류가 다양하다.

- **후깨**: 최근 프랑스 정부에서 문화유산으로 지정한 곳이다. 그런 만큼 가격도 비싸다. 1층은 카페, 2층은 레스토랑인데, 저녁식사 시간에 종종 유명한 프랑스 배우들을 볼 수 있다.
- **브라스리**: 우리나라 호프집과 비슷한 형태로 간단한 프랑스 요리를 맛볼 수 있는 곳이다.
- **살롱드페**: 우아한 찻집 분위기로 간단한 음식과 함께 담소를 즐길 수 있다.
- **카페**: 파리 거리에서 가장 눈에 많이 띈다. 간단한 식사도 할 수 있으며, 밖의 풍경을 바라보며 생각에 잠길 수도 있고, 조용히 독서를 할 수 있는 테라스가 있다. 카페에는 테라스, 실내 테이블, 또는 스탠드바가 있어 그 위치에 따라 가격이 다르다. 물론 서비스하기에 가장 가까이 있는 스탠드바가 제일 싸다.

프랑스 국제 포도주 및 주류 전시회VINEXPO

1981년 보르도 상공 회의소의 주관으로 개최된 VINEXPO는 이제 전 세계 주류업계들이 2년에 한 번 한 자리에 모여 그들의 노하우와 신기술 등을 선보이는 국제 비즈니스의 장이 되었다. 1981년 526여 개의 출품업체가 참가하여, 49개국 1만 1000여 명의 방문객을 맞이했던 VINEXPO는 세계 최고의 주류 전시회로 성장하였다.

■ 포도주 감별법

프랑스 사람들은 옛날부터 포도주의 맛을 감별하는 감정사가 있어서 그것을 마치 의식처럼 엄숙하게 시행한다. 은잔에 따른 포도주를 가만히 흔들어 그 색과 방향을 관찰하며 코로 냄새 맡고 다음에 입에 대고 서서히 맛보는 것이다. "포도주는 살아 있다"고 한다. 밭에서 딴 포도를 압착기로 짓눌러 큰 술통에 넣어서 넓은 땅굴 속이나 지하실에 저장해놓고 그것이 양조되는 변화과정을 말하는 것이다.

술통을 관리하며 저장땅굴을 지키는 술 양조 기술자가 때를 맞추어 그 술통에서 떠낸 술의 맛을 보며 포도주가 양조되는 성장과정을 살핀다. 이렇게 하여 발효가 끝난 포도주는 경매에 붙여지는데, 그것을 일종의 쇼로 꾸민 행사가 유명한 클 로드 부조의 '술맛 감정 기사 집회' 이다.

디종에서 남쪽으로 좀더 내려간 곳에 본이라는 고도가 있다. 옛날에 부르고뉴 공들이 본거지로 삼았던 곳이다. 이곳에 있는 광대한 포도원의 한 귀퉁이에는 12세기에 지어진 양조장과 술 저장고가 있고, 또 16세기에 건조된 성관이 한 덩어리로 몰려 있다. 이것이 시행되는 집회는 매년 11월 11일이 지난 토, 일, 월요일의 3일간으로 이 기간을 그들은 '영광의 3일' 이라 부르는데 세계에서 내로라하는 술맛 감별사들이 모인다.

■ '포도주 가도' 를 주로 하는 관광 코스

일반 여행관광 중에도 포도주 창고 동굴견학이 포함되는 예는 흔히 있다. 유명한 루아르 강 유역의 성곽과 노르망디 북쪽의 신비의 수도원 몽생미셸을 구경하기 위한, 파리 비전이라는 관광사에서 기획한 1박 2일 코스의 여행 등이 있다.

프랑스를 비롯한 유럽 여러 나라의 포도주 판촉은 치열하다. "산도가 높아 맛이 너무 강하다"는 등 남아공화국 포도주 깎아 내리기 작전에 정치적으로 불안했던 남아프리카 공화국은 속수무책이었다. 그래서 남아프리카 공화국의 넬슨 만델라는 느닷없이 세계적으로 유명한 남아프리카 공화국의 네더버그산 적포도주병을 치켜들고 카메라 앞에 포즈를 취했다. 술을 한 방울도 입에 대지 못하는 그가 자기 나라의 대표적 포도주를 세계 각국의 사진기자 앞에 내민 것은 신문 방송에 오르내릴 자신의 모습을 이용해 포도주를 홍보하자는 속셈이었다.

꼭 만델라의 덕택이라고 볼 수만은 없겠지만, 1995년부터 남아프리카 공화국의 포도주는 옛날의 명성을 서서히 되찾기 시작했고, 유럽의 포도주 생산국들은 비상이 걸렸다. 특히 오랫동안 포도주의 대명사처럼 불려온 프랑스로서는 자존심이 상할 수밖에 없었다. '포도주 1등국'의 자존심을 지키기 위해 대책마련에 부심한 것은 당연했다.

프랑스인들이 지방성분을 많이 섭취하는 식생활에도 관상동맥 질환 발생률이 낮은 것은 적포도주를 즐겨 마시는 습성 탓이라고 널리 알려져 있다. 또한 프랑스의 국립의학연구소는 적포도주가 순환기 질환을 유발하는 혈전의 원인인 혈소판의 혈관 흡착을 방지하는 화학적 특성을 가지고 있다는 등 건강에 좋다는 보고를 수시로 내놓고 있다.

그러나 미국의 영양학자들은 이를 '프렌치 패러독스'라며 별로 믿지 않는다. 몸에 좋은 사람도 있겠지만, 모든 사람에게 다 좋을 수 없다는 뜻이다. 포도가 심장병뿐만 아니라 암을 예방하는 데도 효과적이라는 '포도 요법'의 임상연구 결과가 발표되었을 때에도 정통의학계에서는 신중한 자세를 보였다.

핀란드 Finland

호수의 나라

스칸디나비아 반도 북동쪽 끝에 위치한 핀란드는 면적의 3분의 1이 북극권에 속하는 빙하의 나라이다. 정식 명칭은 핀란드 공화국Suomen Tasavlata Republiken Finland이다. 지구촌에서 아이슬랜드 다음으로 가장 북쪽에 위치한 이 나라는 육지의 71퍼센트가 울창한 냉대림으로 뒤덮여 있으며, 그 사이사이로 6만여 개의 크고 작은 호수가 산재해 있다. '핀란드'란 국명도 원래 '호수의 나라'란 의미를 띠고 있다.

핀란드인의 기원은 우랄어족의 핀우그릭어계 집단에서 찾을 수 있다. 이들은 원래 우랄 산맥 서쪽이 볼가 강 유역이 고향이었는데, 기원전 500년경에 서진하기 시작하여, 슬라브족 및 북부 게르만족과 차례로 조우하면서 유럽 문화와 생활양식을 습득하여 지금의 핀란드 땅에 정착하게 된 것이다.

핀란드의 원시부족 시대는 크게 3부족의 정립형태를 띠었다. 매사에 성실하고 생활력이 견고한 하메인과 음악을 즐기는 바렐리아인, 그리고 밝고 쾌활한 성품의 사보인 등이 바로 3부족의 주인공들이다. 하지만 이들 부족들은 통일국가를 형성할 겨를도 없이 자신들의 삶의 터전이 동 · 서양 양대 세력의 충돌의 장으로 변함에 따라 외부 세력의 식민지 시대를 맞이했다.

12세기 중엽 스웨덴왕 에릭 9세는 북방 십자군의 기치 아래 처음으로 핀란드에 군대를 진격시켰다. 이후 세력을 동쪽으로 뻗쳐 동방정교회 세력이 강한 노브고로트공국(지금의 러시아 지역)과 충돌한다. 그리고 이 전쟁의 결과로 두 나라 사이에는 파하키나사리 조약이 성립하게 된다. 이때부터 핀란드는 스웨덴의 정식 식민지로 자리매김하기에 이르렀다.

한편 14세기 후반에 북유럽 3국(덴마크, 스웨덴, 노르웨이)은 국가연합의 형태로 칼마르 동맹을 결성하게 된다. 그러나 동맹은 곧 내부분열로 붕괴되고 독자 노선을 천명한 스웨덴의 쿠스타프 1세는 종교개혁을 단행하여 본국을 비롯한 핀란드까지 복음루터파로 개종시킨다. 이어 1581년에 핀란드는 스웨덴에 의해 대공국으로 승격되지만 혹독한 식민정책에 반발하자 국내 귀족들을 이용해 핀란드 내의 귀족을 일소하는 한편, 러시아와의 북방전쟁 준비에 들어가게 되었다. 1709년 카를 2세가 거느린 스웨덴과 핀란드 연합군은 표트르 1세의 러시아군과 폴타바에서 일전을 벌인 결과 핀란드군의 필사적 저항에도 불구하고 스웨덴군의 갑작스런 병력 철수로 대패하고 말았다. 이로써 스웨덴은 17세기에 획득했던 모든 영토를 잃게 되며, 더불어 핀란드는 사실상 러시아의 수중으로 들어가게 된 것이다.

러시아 황제는 식민지 핀란드에 종교권 · 국가법 등 일정 정도의 자치권을 부여하는 한편, 차르 체제에 대한 충성을 골자로 한 강력한 러시아화를 꾀해 나갔다. 그러나 러시아의 식민정책이 강화될수록 핀란드 내의 민족적 자각과 독립의 기운이 고조되어 갔다. 그리고 마침내 1917년 러시아혁명을 통해 차르 체제가 붕괴되자 이를 계기로 핀란드는 오랜 외세의 식민지배를 청산하고 독립했다. 독립과 동시에 핀란드는 백위군과 적위군 사이의 내전으로 잠시 혼란상황을 겪었다. 도시의 자산계급이 중심이었던 백위군이 정국을 수습한 이후 20년간 평화를 누렸으나 제2차 세계대전의 발발과 함께 구소련과의 영토문제로 독일군을 지지하며 참전하게 된다. 그러나 대전 막바지에 전국이 불리해지자 구소련과 휴전조약을 빼앗기고 8억 달러의 배상금까지 지불하는 홍역을 겪었다. 하지만 대전 후 중립 노선을 기조로 놀랄 만한 경제성장을 이룩하여 선진복지국가를 구현했다.

핀란드의 요리법은 동 · 서양 모두의 영향을 받아 지역에 따라 전통 음식이 다른 것이 특색이다. 동부 지역에서는 러시아의 오지냄비요리(고기와 야채를 섞은 볶음밥이나 감자요리), 고기만두 등을 비롯해 상큼한 맛의 음식들이 주류를 이루는 반면, 서부 지역에서는 스웨덴의 생선구이나 불고기, 스튜 등 감미로운 맛의 요리를 즐긴다. 또 랩 지방사람들은 양쪽 모두의 영향을 받기는 했으나 이들 음식의 주재료가 순록이기 때문에 순록을 이용한 다양한 요리법이 발달했다. 특히 오븐이나 철판에서 은근히 굽는 순록요리는 가히 핀란드의 전통 음식으로 꼽을 만하다.

핀란드인들은 주로 감자 · 고기 · 생선 · 황금빛 우유 · 버터 · 빵 등을 즐겨 먹는데, 여름에는 햇감자, 신선한 야채, 연어 · 백어 · 발트해의 청어 · 왕새우를, 가을에는 버섯과 야생고기를, 겨울에는 모캐(대구과의 민물고기) · 백어 · 연어류의 신선한 물고기 등을 애용한다.

대표적인 향토요리로는 아침식사나 점심식사에 알맞은 건강 영양식으로 카리알란식 파이가 있다. 소량의 밀가루를 섞어 반죽한 호밀을 얇게 펴서 가장자리를 손끝으로 잡고 톱니 모양의 주름을 잡아 여기에 밥, 감자, 버섯을 담아서 화로에 구운 것이다. 카리알란식 스테이크는 쇠고기, 돼지고기, 양고기를 작은 크기로 모나게 잘라, 잘게 썬 양파와 후추로 양념을 하고 물에 10시간 정도 끓인 것이다. 칼라쿠코는 반죽한 호밀가루를 가로세로로 겹쳐놓고 생선, 쇠고기를 넣고 돼지고기 기름을 발라 포개어 화로에 구운 것이다.

핀란드의 아침식사는 가볍게 하는 편이다. 점심과 저녁식사에서는 핀란드식 에티켓을 지켜야 한다. 공적인 회의에 참석하는 것만큼 시간을 엄수하라. 만일 안주인이 겉옷을 벗지 않는다면 손님도 벗을 수 없다. 초대자가 건배를 외칠 때까지 와인잔을 만지지 말라. 다른 유럽 국가의 문화와는 대조적으로 손님이 안주인에게 건배를 제의할 수 없다. 핀란드인들은 식사를 할 때 상당한 양의 술을 마신다. 그들은 일반적으로 보드카나 맥주를 좋아하지만, 최근의 수입 관세 인하로 와인 소비가 늘고 있는 추세이다.

손가락으로 음식을 집어 들어선 안 된다. 과일 종류도 손으로 만져선 안 된다. 예를 들어 사과를 먹을 때는 포크로 집어서 칼로 깎는다. 추천할 만한 요리로는 순록고기 스테이크와 산딸기 같은 것이 있다.

또한 핀란드에서 진들 딸기를 맛보는 것을 잊지 말라.

산타클로스

백야관광을 위해 핀란드의 로바니에미를 방문하면 꼭 들르게 되는 코스가 있다. 로바니에미에서 북쪽으로 8킬로미터 더 가면 코르바투툴리 산이 있고, 이 산에 산타클로스 마을이 있다. 마을이라지만 산타클로스의 집과, 장난감 공장, 세계 각국의 크리스마스 장식이 달린 '100명의 요정들의 집' 등 5~6채의 집이 있을 뿐이다. 산타클로스의 집 입구에는 빨간색의 모자와 외투를 입고, 흰 수염을 기른 산타클로스 인형이 서 있고, 문을 열고 들어서면 진짜 산타클로스 할아버지와 난쟁이 요정들이 바쁘게 움직이고 있다.

이 집이 이른바 세계 산타클로스 본부이다. 산타클로스는 실제 있는가, 아니면 어디에 살고 있는가. 이것은 세계 무수한 어린이들의 의문이며 꿈이다. 주소도 모르고, 산타클로스 할아버지에게 편지를 띄우는 어린이들도 부지기수이다. 해마다 산타클로스에게 보내는 편지는 350만 통이나 된단다. 이 편지들이 모두 이곳 산타클로스의 집으로 배달된다. 난쟁이들은 이 편지 답장 쓰기에도 보통 바쁜 것이 아니다. 그러나 답장을 받으려면 반드시 반송우표를 동봉해야 한다.

산타클로스의 집은 바로 북극권인 툰드라에 있다. 하필이면 왜 산타할아버지는 이곳에 본부를 두게 되었을까? 그것은 전설 때문이다. 산타클로스의 고향이 바로 이 마을이 있는 산의 숲속이었다 한다. 산타클로스의 역사를 보면 일찍이 3세기부터 시작한다. 터키의 성 니콜라스란 성인이 가난해서 세 딸을 팔아야 하는 사정이 있는 어떤 집의 굴뚝으로 금화 세 닢을 떨구어 구해주었다는 이야기가 있는데, 이 산타 니콜라스가 산타클로스란 것이다. 그러나 빨간 옷을 입고 썰매를 타고 선물을 나르는 산타클로스는 19세기 미국의 어떤 시인의 시 속에서 처음 발견된다.

04 동유럽

러시아 · 루마니아 · 폴란드 · 헝가리

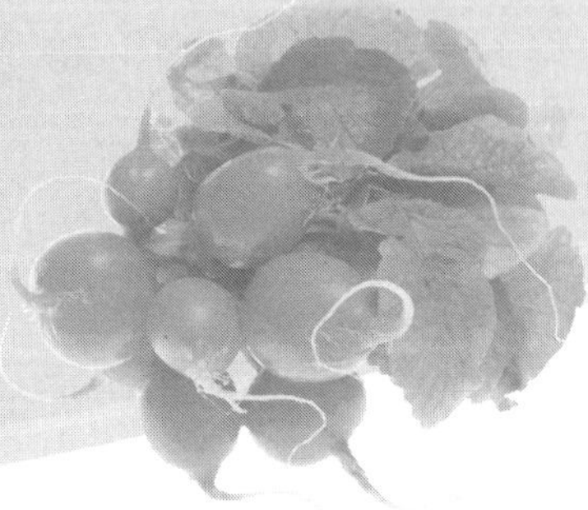

유럽이라는 같은 권역 내에 있으면서도 서구와 동구는 여러 가지 이유로 구분되어왔다. 가장 일반적인 구분은 역사적인 것으로 서구는 자주적인 국가의 건설과 유지에 힘쓴 반면 동구는 수세기 동안 주변국가에 강점당하는 수난을 겪는 다소 피해자적인 입장이었다는 점이다.

동구와 서구를 나누는 또 다른 경계선은 인종족인 문제이다. 서구를 형성하는 다양한 인종에 비해 동구는 슬라브와 마자르족이 대부분이다. 따라서 국가적 특성이 두드러지지 않기 때문에 우리의 기억에서 동구 지역은 큰 의미를 갖지 못했다. 하지만 동구권이 붕괴되고 자유를 얻은 지금은 상황이 다르다.

비록 동구의 공산권에 머무르면서도 발전의 기회를 놓치지 않았던 폴란드의 경우는 강력한 추진력을 뒷받침으로 급성장을 꾀하고 있다. 이제 우리가 기억하고 있는 동구의 옛 모습은 거의 찾아볼 수 없다.

폴란드를 비롯한 동유럽 지역의 공통점은 자존심 강한 슬라브족이라는 것이다. 슬라브족이 남하하면서 동쪽으로 간 사람들은 러시아를 세웠고 서쪽으로 간 사람들은 폴란드와 체코를 세웠다. 마자르족의 헝가리를 제외한 동구권의 거의 대부분이 슬라브족이라는 공통점을 지니고 있다.

폴란드의 개국신화를 보면 루소, 레흐, 체크 삼형제에 대한 이야기가 나온다. 이

East-Europe

삼형제는 20년 뒤 성공하여 다시 만나기로 하고 길을 떠났다. 20년 뒤 약속 장소에서 만난 삼형제는 모두 성공했지만 가족들이 너무 많아 함께 생활할 수 없었다. 큰형 루소는 동쪽으로 가서 모스크바 언덕에 나라를 세웠고 둘째 레흐는 서쪽으로 가다가 흰 독수리가 있는 언덕에 자리잡았다. 폴란드에 레흐 바웬사처럼 유독 레흐라는 이름이 많은 것도 바로 이 때문이다. 마지막 동생인 체크는 남쪽으로 가서 체코라는 나라를 세웠다고 한다.

이처럼 슬라브족이 공통의 탄생신화를 가지고 있듯이 언어도 같은 슬라브어를 쓴다. 물론 약간의 어법 차이와 사투리가 있기는 하지만 마음만 먹으면 문화를 통일할 정도의 잠재력을 가진 지역이기도 하다. 흔히 동구 지역을 굳이 나라별로 나누지 않는 것도 역사적인 배경과 언어, 문화적인 배경이 비슷하기 때문이다.

오늘날 우리나라는 동유럽 국가 중 알바니아를 뺀 다른 나라와는 이미 수교관계가 수립되어 누구든 마음대로 여행할 수 있게 되었다. 몇 년 전까지만 해도 이들 나라를 여행하려면 당국의 미수교국가 여행 승인을 받아야 했고, 이 수속절차가 워낙 까다로워 특별한 이유와 명분이 없는 사람은 아예 여행할 생각조차 가질 수 없었다.

그러나 갑자기 불어온 개방화 물결에 따라 동유럽은 대부분 자유여행 지역이 되었고, 여행사에서는 동유럽 일주여행 패키지 상품까지 내놓고 관광객을 모집하고 있을 정도이다.

동유럽은 오랫동안 감추어졌던 세계이고, 중세 시대의 유산이 거의 원형대로 보존되어 있는 곳도 많으며, 색다른 풍습과 문화, 예술적 분위기가 많은 사람들의 호기심을 자극하고 있다. 그러나 이 지역의 여행은 많은 문제점이 있다.

우선 가장 기본적인 숙박시설이 태부족이고 빈약하다. 개방 후 갑자기 불어난 유럽 관광객으로 피크 시즌인 6~9월 중에는 호텔 방 잡기가 하늘의 별따기이다.

환전문제도 관광객이 주의해야 할 문제 중 하나이다. 동유럽 국가의 인플레는 대단하다. 따라서 이곳 여행자는 입국 시 환전부터 하는 것은 생각해볼 일이다. 되도록 달러나 마르크화를 그냥 사용하는 것이 좋고, 잔돈을 미리 준비해가는 것이 좋다. 큰돈을 내면 현지 화폐로 거스름돈을 주기 때문이다.

러시아 Russia

보드카의 나라

러시아는 동양과 서양의 문화가 공존하는 나라로 널리 알려져 있다. 특히 우리와는 문화적으로나 정서적으로 친근감이 가는 가까운 나라로 인식되어 왔다. 정이 많아서 쉽게 친구가 될 수 있다든지, 술을 즐겨 마시고 노래를 좋아한다든지, 또는 정신적인 가치에 대한 관심이 다른 민족들에 비해 각별하다든지 하는 것 등이 두 민족에게 공통되는 특징들이다.

하지만 오랜 역사를 통해 자신의 고유한 문화를 발전시키고 간직해온 모든 민족이 항상 그렇듯이 러시아에 가면 우리에게 아주 생소하면서 또한 서양의 다른 나라와도 전혀 다른 러시아 특유의 생활습관, 예절, 의식구조를 곳곳에서 발견하게 된다.

러시아 연방의 고대사는 신천지를 향한 끊임없는 개척과 식민의 역사였다. 그리고 이 척식拓殖은 하천을 따라 이루어졌으며, 따라서 이미 대부분의 하구들을 차지하고 있던 당시의 여타 민족들과 '바다로의 출구'를 확보하기 위한 계속된 투쟁을 해야만 했다. 또한 러시아의 주무대인 유라시아 대평원은 방어지형이 전혀 형성되어 있지 않은 탓에 남쪽으로부터는 사나운 유목민족들이, 그리고 북쪽과 서쪽으로는 유럽의 강대국들이 끊임없이 침입해왔다.

따라서 러시아 연방은 13세기 몽골의 내습에서부터 제2차 세계대전 나치 독일의 침공에 이르기까지 수많은 전쟁을 치르면서도 끝내는 이를 물리치고 극복해왔다.

현 러시아 연방의 핵심 민족인 동슬라브족이 '루시'란 이름으로 역사의 전면에 등장한 시기는 9세기 후반경이었다. 이미 스키타이 시대부터 남부와 중부 러시아 일대에 널리 퍼져 하자르인 등 여러 다른 민족들의 지배를 받으며 살았던 슬라브족은 9세기 말 노르만인들의 침입에 직면하자 바란지아 출신의 수장 후예인 올레그를 중심으로 '키예프 공국'을 건설했다.

그리고 이 키예프 공국 시대는 이후 350여 년 간 지속되면서 11세기 한때 비잔틴 문화를 꽃피웠으나, 13세기에 거듭된 내부 분열과 몽골의 침입으로 종말을 고한다. 이때부터 러시아는 15세기까지 타타르인, 즉 몽골의 지배 아래 놓이게 되는데, 사가들은 이를 '타타르의 멍에'라 부른다.

러시아의 근대화는 17세기 후반 표트르 대제 치세하에서 비롯된다. 제정 러시아 시대의 막을 연 장본인인 표트르 대제는 대내적으로 유럽의 선진문물을 적극적으로 수용하여 과감한 개혁정책을 추진하는 한편, 크고 작은 전쟁에 모두 승리 발트 해로의 출구를 확보하고,

이곳에 유럽의 창문 격인 상트페테르부르크를 건설하여 위용을 과시했다.

그러나 표트르 대제 사후 제정 러시아는 프랑스 혁명의 여파로 밀어닥친 자유주의 사상과 차르의 반동정치가 맞물리면서 심각한 동요기를 맞이하게 된다. 더욱이 제정하에서 받아들인 산업자본주의 체제가 공황으로 귀결되고, 러 · 일전쟁을 비롯한 잇단 대외전쟁에서의 패배로 차르의 권위가 땅에 떨어지자 레닌을 중심으로 한 혁명주의자들의 활동이 표면화되었다.

그리고 1917년 11월 레닌의 볼셰비키당은 제1차 세계대전의 와중에서 차르체제를 마감하고 마침내 인류 최초의 사회주의 혁명을 승리로 이끌었다. 이어 레닌은 1922년 주변 지역과 연방조약을 체결하여 '소비에트 사회주의 연방공화국' 을 발족하게 되었다.

이후 구소련은 70여 년 동안 미국과 함께 지구촌을 양분하는 양대 산맥으로 군림했다. 하지만 거대했던 '소련' 이란 존재도 지난 1980년대 말에 밀어닥친 자유화의 물결에 편승하여 1991년 12월에 연방을 구성하고 있던 15개의 공화국이 각각 분리 · 독립함으로써 역사의 뒤안길로 물러나게 되었다. 그러나 지금은 그 적자라 할 수 있는 '러시아 연방' 의 역사 속에서 재기의 발걸음을 힘차게 내딛고 있다.

카프카스 지역의 장수촌

구소련 남부 흑해와 카스피 해에 낀 카프카스 지역은 세계적인 장수 지역으로 손꼽힌다. 기후는 온난하며, 지형은 기복이 심한 편으로, 전 인구 약 530

만 명 중 100세 이상인 사람이 907명이나 된다. 이를 인구 10만 명당으로 환산하면 100세 이상의 장수자가 17명꼴이나 되는 셈이다.

이 지역의 사람들은 특히 야채와 과일을 충분히 섭취하며, 특히 과일은 껍질과 씨까지 모두 섭취하는데, 과일의 껍질에는 섬유소의 함량이 많고, 씨에는 불포화지방이 많으므로 아주 효율적인 섭취 방법이라 할 수 있다. 또 가정에서는 상시 요구르트를 만들어 먹는데, 요구르트에는 항생물질이 많이 함유되어 있어 아주 오래 상하지 않은 채로 보관이 가능하다.

주식은 밀가루와 옥수수로 만든 빵에 향미채소와 치즈를 으깨 섞은 것을 빵 속에 넣어 먹고 육류의 경우는 '샤슈릭'이라고 하여 고기를 야외에서 꼬치구이한 형태나 혹은 '하슈라마'라는 데친 형태의 고기요리를 즐기는데, 이러한 요리 방법은 육류의 지방질을 빼고 질 좋은 단백질을 많이 섭취하게 되므로 동물성 지방의 섭취를 적게 할 수 있다.

상당량의 보존식품을 섭취하는 편이므로 소금의 섭취가 적은 편은 아니지만 대신 요구르트나 유제품, 칼륨 및 식이섬유 섭취가 많아 오히려 심혈관계 질환은 적다.

알코올 섭취량이 많지만 식사시간에 온 식구가 모여서 건배를 하면서 즐겁게 식사를 하는 화목과 화합의 자리로 여긴다. 특히 노인들도 매우 바쁘게 활동하고 즐겁게 식사에 동참하여 온 식구가 노인을 존중하므로 노인들에게 생의 의미를 부여하고 있다.

이렇게 지형이 험난하여 외부와의 접촉이 드물고 따라서 문명의 접근이 서서히 일어나는 곳, 식량의 자급자족이 가능하고 항상 많이 활동하면서 생의 가치가 부여되는 장소가 바로 장수 지역의 특징이라 할 수 있다.

자료: 김숙희 외, 1998

러시아는 그 광활한 영토에 많은 민족들이 살고 있어 식탁에서도 다양한 민족의 요리를 맛볼 수 있다. 러시아인에게 전통요리를 물으면 금방 떠올리지 못할 정도로 러시아 요리, 우크라이나 요리, 카프카스 요리 등 국제적인 식탁을 이루고 있다.

러시아의 요리는 기름기가 많아 조금만 먹어도 든든한데, 고기요리가 주를 이루고 감자요리도 즐겨 한다. 특히 감자는 제2의 빵으로 불릴 정도로 많이 먹는 음식재료이다. 감자 외에 많이 사용하는 야채류가 양배추, 당근, 비트(사탕무)이다. 낙농국인 만큼 유제품들의 품질이 좋아 우유나 치즈 등도 즐겨 먹는다. 또 고기요리는 소금이나 후추 등 간단한 양념만을 사용해 고기의 맛을 최대한 살리는 등 자연미각을 중시하는 것도 특징이라 할 수 있다.

러시아의 평범한 사람들의 하루 세끼를 우리가 흔히 접하는 서양식과 큰 차이는 없다. 아침으로는 카샤라 불리는 죽과 밀로 만든 빵에 소시지, 달걀과 치즈 등을 넣어 만든 샌드위치를 주로 먹는다. 카샤는 한 가지의 곡식을 물에 불린 후 우유를 넣어 삶고 설탕, 소금, 버터 등을 넣은 것으로 쌀이나 소맥, 메밀국수 등으로 만든다. 쌀로 만든 것이 키스 와카샤, 소맥으로 만든 것이 그리 치카샤인데, 아침 식사에는 차나 커피, 우유도 함께 마시곤 한다.

러시아 음식에는 점심이 정찬으로 전채, 수프, 메인, 디저트의 코스로 먹는다. 전채로는 손쉽게 샐러드를 즐기며, 수프는 보르시치나 야채 또는 마카로니 등을 넣은 수프를 즐겨 먹는다. 메인으로는 비프스테이크와 감자요리가 대표적이며 스파게티와 흡사한 마카로니 요리도 즐긴다. 마지막으로는 케이크나 깜보트라는 야채 차, 커피나 차로 식사를 마무리하게 된다.

저녁식사는 수프를 뺀 점심식사와 비슷하다. 이러한 세끼 외에 아침과 점심 사이 과일이나 차를 즐기기도 하고, 오후 4~5시쯤에 아이들에게 간식으로 우유와 빵을 꼭 먹인다고 한다.

우리나라와는 또 다른 독특함을 지닌 러시아 요리 몇 가지를 살펴보면 대표적인 수프인 보르시치와 소를 넣은 빵인 피라시키, 팬케이크와 흡사한 블리니, 또 축제 때 볼 수 있는 샤시리크 등이 있다.

러시아 하면 강한 보드카 술을 떠올린다. 예로부터 남자들이 점심식사를 하기 전 작은 잔에 한 잔씩 따라 마시곤 했는데, 이는 식욕을 돋우고 소화촉진에도 좋은 식습관으로 자리잡고 있다. 요즘은 보드카만이 아닌 다양한 술을 취향에 맞게 마시는 추세이다.

러시아만의 차 마시는 방법 또한 흥미롭다. 세계 3대 명차 중의 하나인 그루지아차(홍차)를 즐겨 마시는데, 정식으로 차를 즐기는 방법은 잼이나 각설탕을 차에 타지 않고 적셔서 조금씩 갉아 먹으며 차를 마시는 것이다. 단맛과 쓴맛의 조화를 혀로 느낄 수 있다.

다양한 민족의 다양한 요리 속에서도 러시아만의 독특함의 배어나오는 요리들이 많은데, 러시아인들은 이 요리들을 대부분 집에서 만들어 먹어 외식 문화는 그리 발달하지 못했다. 보통의 식당들은 평이 좋지 못하며 웬만한 수준의 식사가 제공되는 레스토랑은 가격이 상당히 비싸다고 한다.

러시아에서 식사를 하는 장소는 크게 레스타란, 카페, 스토르바야로 나뉜다. 레스타란은 천천히 시간을 보내며 식사하고 담소할 수 있는 곳이며, 카페는 찻집이라기보다는 경양식집으로 전채부터 디저트까지 셀프 서비스 형태나 서서 먹는 곳도 있다. 그 밖에 피라시키를 제공하는 피라시키바야, 펠메니를 제공하는 펠메니야 등 한 가지 음식만을 판매하는 간이식당도 여러 곳 있다.

끝으로 종교와 음식은 밀접한 관련이 있다. 종교적인 관습에서 음식은 중요한 자리를 차지하고 있는데, 러시아 정교의 축일에 러시아인들이 무엇을 먹고 무엇을 금하는지 알아보는 것은 모든 러시아인들이 정교의 신자임을 감안할 때 매우 중요한 의의가 있다고 할 수 있다.

정교에서는 먹는 것만큼 금식하는 것도 중요하게 여긴다. 수도사 세계에서는 금식으로 몸을 망친다라는 말이 있었고, 민간에서는 "금식으로 죽고, 파식으로 죽는다"는 말이 퍼져 있기도 하다. 뿐만 아니라 "금식은 교각이 아니라, 피하여 지낼 수 있다"라는 여유를 남기는 말도 있어서 종교와 음식의 관계가 강제 조정이 아니고 각자의 형편에 따라 적절하게 적용될 수 있음을 알 수 있다.

러시아 정교의 최고 축일이라고 할 수 있는 부활절에 러시아인들은 피라미드 모양을 한 부활절 피자와 부활절 케이크를 구웠다. 이때 빠질 수 없는 것은 아름답게 여러 가지 색으로 장식하는 부활절 계란을 들 수 있다.

오늘날까지도 이 관습은 잘 지켜지고 있으며, 부활절에 만나는 사람들은 "그리스도께서 부활하셨네"라고 먼저 말을 건네면 "진실로 부활하셨네"라고 답하는 것으로 인사를 대신하며 키스를 하고 물들인 계란을 서로 나눈다.

성탄절에는 꿀죽과 과일류를 먹었다. 꿀죽은 성탄절에만 먹는 것이 아니라 그리스도 세례일 전야, 장례나 추도 때에도 먹었던 의식용 음식이다. 과일즙은 이른바 외식용 음식이란 개념에 가까운 음식이다. 과일즙이 없는 성탄절 공통식탁은 생각조차 할 수 없다.

부활절과 성탄절이 순수한 정교의 축일이라고 한다면 이교도로부터 융합된 축일인 마슬레니차라고 불리는 사육제는 가장 활기찬 축일이라고 할 수 있다.

이때에는 "코가 삐뚤어지고 딸꾹질이 날 때까지" 음식과 술을 먹고 마시며 즐겼다. 사육제 때 유쾌하고 시끌벅적하게 겨울을 보내고 봄을 맞이해온 러시아의 오래된 전통은 아직도 민간에 전해지고 있다. 이 축일이 처음에 지녔던 뜻은 비록 오랜 세월을 거치면서 그 의미가 퇴색했음에도 불구하고면 면이 이어져 오는 고대의 의식은 아직도 보존되고 있다.

다가올 대금식 시간, 바로 이전에 일주일 동안 계속되는 사육제 때에는 고기를 먹지 않기 때문에 버터로 만든 음식을 먹게 된다. 그리하여 이 축일의 이름이 버터를 의미하는 러시아어로부터 온 마슬레니차라고 불리는 것이다. 이때에 빠질 수 없는 음식이 바로 팬케이크와 만두이다. 태양을 상징하는 블리느이는 사람의 인성과 밀접한 관련을 맺고 있다. 러시아인들은 산모에게 팬케이크를 주었고, 추도식에도 팬케이크를 먹었다.

이러한 것들을 가능하게 하는 것은 정신적인 지주가 되는 종교와 생활양식의 표현인 음식문화이다. 종교를 이해하면서 우리는 그 민족이 정신적인 깊이와 가치를 이해하게 되고, 음식문화를 이해하면서 그 민족의 자연적인 환경과 역사적이고 문화적인 전통과 생활양식을 알 수 있다.

■■ 루마니아 Rumania

슬라브 속의 라틴 국가

루마니아인들의 선조는 기원전 1세기경 트란실바니아, 왈라키아, 몰다비아 등을 통일하고 강대한 노예 제국을 건설했던 다키아인들이었다. 하지만 2세기 무렵 로마 제국의 트라야누스 황제에 의해 정복당해 일개 속주屬州로 전락하며, 이때부터 다키아인과 로마인 사이의 혼혈로 이루어져 있다. '루마니아' 란 명칭도 이때 붙여진 것으로 로마인들이 다키아인들과 공존하면서 로마화했다 해서 '로마인이 사는 땅' 이란 의미를 지니고 있다. 이후 로마 제국의 붕괴와 함께 '다키아 로마' 로 불렸던 고대 루마니아의 역사는 종말을 고하고, 루마니아 민족은 오랜 역사적 공백기를 맞기도 했다.

유럽 남동부 발칸 반도의 북동쪽에 위치한 루마니아는 한반도 전체 면적보다 조금 더 큰 흑해 연안 국가이다. 불가리아와의 국경 지역을 타고 흑해로 향해 흐르는 다뉴브 강을 따라 비옥한 평야 지대가 펼쳐져 있으며 국토 중앙부에 카르파티아 산맥이 솟아 있어 전통적으로 목축이 발달했다.

바다와 강과 산맥이 어우러져 경치가 수려한 루마니아는 대부분 슬라브어를 사용하는 동유럽에서 유일하게 프랑스, 스페인, 이탈리아처럼 고대 로마의 라틴 문화를 이어받고 라틴어인 루마니아어를 사용하는 라틴 민족국가이다. 따라서 루마니아가 슬라브 국가라는 잘못된 인식은 루마니아 사람에게 불쾌감을 줄 수 있다.

루마니아인들의 조상은 다키아인들로 지금의 루마니아 영토에 강력한 제국을 이었으나 106년 로마 제국에 의해 정복되어 라틴 국가가 되었다.

루마니아 사람들은 비록 동유럽에서 슬라브 민족에 둘러싸이고 그 영향을 많이 받았지만 프랑스나 이탈리아 사람들처럼 활달하고 낙천적인 기질을 잊지 않고 있다. 따라서 쉽게 친해질 수 있고 금방 즐거운 분위기에서 마음을 터놓고 지낸다. 우연히 공원 등에서 만난 모르는 루마니아 사람도 자기 집에 초대할 정도로 순박하고 정이 많으며 친절하다. 혹독한 독재시절을 거쳐 지금은 비록 많이 개방되어 물자가 넉넉해 보이긴 하지만 식료품이 귀해서 구입하기 어려웠던 시절에도 귀한 손님들을 위해서는 많은 음식을 정성껏 푸짐하게 준비하여 대접하며 손님이 편안하게 음식을 들고 즐길 수 있도록 여러 가지 배려를 아끼지 않았다. 주인 스스로 격식만 차리는 어렵고 딱딱한 분위기를 만들지 않아서 술을 한잔하면 노래도 할 수 있어 마음 편안하고 즐겁게 어울릴 수 있지만 겸손하고 예의 있는 태도를 취해야 하는 것은 유럽의 다른 국가들과 동일하다. 공산주의 시절에는 물자가 귀해 초대를 받았을 때 커피 등을 초대 답례용으로 갖고 갔지만 현재는 초콜릿, 와인, 꽃 등이 무난하게 준비할 수 있는 물건들이다.

루마니아 레스토랑은 공산주의 시절에는 값이 저렴한 대신 별로 먹을 만한 음식이 없었지만 최근 사유화되면서 고급화되고 비싸졌다. 그러나 아직은 그리 비싸지 않은 편이어서 여러 가지 음식을 편하게 들 수 있다. 외국에 갔을 때는 다른 음식보다 그 나라의 음식을 들라고 권하고 싶다. 비록 입에는 맞지 않는다 하더라도 그 나라를 이해하기 위해서는 그 나라의 고유 음식을 맛보는 것이 먼저이다. 웨이터의 안내를 받아 자리에 앉고 식사를 마친 후 앉아서 계산서를 갖고 오도록 한다. 웨이터에게 약간의 팁을 주며 웨이터를 소리쳐 부르지 않는다. 식사 도중 담배를 피지 않고 음식을 먹을 때는 입을 다물고 조용히 먹어야 한다. 나이프와 포크를 동시에 사용하는 등 다른 식사예절은 유럽과 동일하다.

그 외 컬러풀한 독특한 민가, 선명한 민속의상, 이국적인 원무 등 루마니아의 전통문화도 지방 사람들의 생활에 그대로 살아 있어 여행자를 즐겁게 한다.

루마니아인들은 대접을 후하게 해주는 사람들로 잘 알려져 있다. 루마니아인들은 음식을 남길 정도로 여유 있게 준비한다.

특히 만찬을 겸한 회의나 행사는 비즈니스 관계를 발전시키는 좋은 기회이다. 그리고 이는 주로 루마니아 접대자가 당신에게 많은 음식과 선물, 그리고 음료를 대접하면서 형성되고 있다.

폴란드 Poland

가톨릭 문화의 나라

국민의 애국심이 높고, 세계적으로 유명한 과학자 퀴리 부인과 음악가 쇼팽, 지동설을 주장한 코페르니쿠스, 고故 로마 교황 요한 바오로 2세의 조국이기도 한 폴란드이다.

발트 해 남쪽에 자리잡은 폴란드는 비스툴라 강이 국토의 대동맥을 이루고 있는 가운데 카르파티아 산맥 부근을 제외하고는 전체 면적의 90퍼센트 이상이 평지로 구성되어 있다. 국명인 '폴란드' 역시 '폴' Pole=Field, 즉 '경지' 또는 '농지' 란 뜻에서 유래되었다고 한다.

이미 기원전 10세기부터 사람들이 살았던 이곳에 슬라브족이 정착한 시기는 4세기 후반 훈족의 침략으로 민족의 대이동이 시작되면서부터이다. 이후 10세기 중반에 슬라브계의 폴리안Polian들이 언어와 관습 및 종교가 유사한 여타의 슬라브계 부족들을 통합하며 통일국가의 초석을 마련했다. 폴란드 최초의 왕인 피아스트 왕조의 미에슈

코는 포모제, 슐레지엔, 말로폴스카 등의 땅을 합병하여 독일로부터의 독립을 위한 투쟁을 전개하는 한편, 로마 교황청과 제휴하여 996년에 기독교를 받아들이고 봉건사회를 형성했다. 하지만 폴란드 왕국의 봉건 시대는 왕위계승문제로 인한 내부 갈등과 몽골의 침입 및 독일, 키예프, 러시아와의 전쟁 등으로 분열과 혼란을 거듭했다.

이후 14세기 초에 폴란드 왕국은 30여 년의 봉건적 혼란기를 극복하고 이른바 의회군주국가 시대(1320~1455년)의 장을 열게 된다. 이때 등장한 카시미르Kasimir 대제는 강력한 중앙집권적 왕권을 토대로 제도의 개혁과 문화창달을 통해 국가의 면모를 일신하게 된 것이다.

세계 최초의 대학인 크라쿠프 대학('야기엘론 대학'의 전신)이 바로 이 시기에 설립되었으며, 뒤이어 카지미에슈 법전이 완성되었다. 그리고 카시미르 대제의 뒤를 이은 야기엘론 왕조는 인근 리투아니아와 연합하여 1410년 그룬발트 전투에서 독일군을 격파한 후에 발트해로 통하는 길을 확보했다. 이 싸움은 서양사에서 중세 시대 최대의 전략적 전투로 유명하다. 이로 인해 폴란드와 독일은 이후 계속해서 영토적 분쟁을 겪게 된다. 나아가 제2차 세계대전 당시 히틀러의 폴란드 침공에 유력한 명분이 되기도 하였다.

이후 폴란드는 제2차 세계대전 종식과 함께 구소련군을 맞이하여 공산당 주도의 통일정부가 수립되고, 폴란드 인민공화국이 출범했다. 또한 1955년에 결성된 '바르샤바조약기구'의 주요 국가로 이후 1980년대 후반까지 약 35년 동안 사회주의 노선을 견지했다. 그러나 1980년대 말에 밀어닥친 동구권의 자유화 물결을 타고 1989년에는 헌법 개정을 통해 인민공화국의 깃발을 내리고 마침내 민주공화국으로 새롭게 출발하여 오늘에 이르고 있다.

고기를 밝히는 사람들

낡은 비옷을 입고 한 손에는 우산을, 다른 한 손에는 잡동사니가 들어 있는 비닐봉지와 서류가방을 든 채 줄을 서 있는 사람들을 상상해보라. 어슴푸레한 여명 속에서 그들은 조금씩 앞으로 움직인다. 앞줄에 서 있던 사람들은 임산부나 아이를 안고 있는 여자들에게 마지못해 자리를 내준다. 뒷줄의 사람들은 투덜거리며 아침에 줄서기 위해 옷 안에 베개를 쑤셔넣거나 아이를 빌려오는 사람들이 있다면서 빈정거린다. 털모자를 쓴 여자가 이렇게 말한다. "이 상점에서 값이 오른 건 아무것도 없으니까요."

이렇게 폴란드인들은 그들의 일상적인 고기사냥을 시작한다. 고기 공급문제는 폴란드의 국가사회주의 체제의 안정을 위협하고 있다. 만약 정육점 앞의 줄이 더 길어지고 선반이 더 비게 된다면 경계해야 한다. 1981년 정부가 보조하는 고기 배급을 20퍼센트 줄이겠다고 발표한 후 질서를 회복하기 위해 계엄령을 선포해야 했다. "주부들의 인내가 한계에 달했다"고 『이코노미스트』의 특파원은 보도했다. 몇 시간씩 줄을 서서 텅 빈 시장 바구니를 들고 끝내 차례가 오지 않는 고기 배급을 기다리기에 지친 수천 명의 사람들이 거리로 나와 시끄럽게 깃발을 흔들며 쿠트노, 노즈, 바르샤바와 그 밖의 주요 도시들을 향해 굶주림의 행진을 벌였다. "우리에게 고기를 달라"고 군중들은 요구했다(굶주리는 군중은 빵이나 밥을 달라고 하는 것 아닌가). 많은 영양학자들은 고기를 사치라고 생각하며, 고기가 건강에 나쁘다고 말하는 사람들이 점점 많아지고 있지만 폴란드인들은 이러한 고기 부족에 대해 필사적인 반응을 보이고 있다.

왜 폴란드인들과 동유럽인들은 선반에 있는 햄과 소시지가 다 없어질까봐 유령에 홀린 듯 겁을 내는 것일까. 그들은 영양실조인가? 그들의 식단에 칼로리나 단백질이 부족한가? 최근 세계보건기구의 식량농업국의 권고에 따르면 몸무게가 176파운드(80킬로그램)인 성인 남성이 하루에 필요로 하는 단백질은 약 60그램이다. 1980년에 폴란드인들이 하루에 섭취한 단백질은 60그램이 아니라 100그램이었다. 그들은 고기, 생선, 가금류와 유제품 등 동물성 식품에서만 61그램의 단백질을 섭취했다. 이것은 식물성 식품으로부터 섭취하는 단백질은 계산에 넣지 않고도 단백질 권장량을 충분히 채우는 것이다. 열량을 보아도 그들은 1인당 하루에 3000칼로리 이상을 섭취하고 있다.

1980년 미국의 동물성 단백질 소비량은 1인당 하루 평균 65그램으로 폴란드인들보다 단지 4그램이 많을 뿐이고, 열량 소비량은 거의 똑같다. 나는 1인당 평균이라는 말 뒤에 다소 고통스러운 일들이 가려져 있음을 인정한다. 폴란드에서는 고기와 다른 동물성 식품의 공급이 일정하지 않다. 고기가 정육점으로 실려오자마다 모두 팔려 나간다. 많이 사는 사람도 있고 아주 조금밖에 사지 못하는 사람도 있다. 그러나 이런 문제들은 물건이 동날까봐 한꺼번에 사들이기 때문에 생기는 결과이다. 여기서 내가 말하고 싶은 것은 이런 것이다. 즉 폴란드인들은 영양실조의 위험이 없으며 고기를 더 적게 먹어도 좋은 영양상태를 유지할 수 있는데도 기를 쓰고 더 많은 고기와 동물성 식품을 사기 위해 그들 생활의 많은 부분을 허비하고 있다. 왜 그럴까?

국민들이 식량문제에 대해 만족하도록 폴란드 정부가 열심히 노력했다고 생각하는 사람도 있을 것이다. 그러나 정부는 위기 때마다 국민의 식사가 이미 적절하므로 더 이상의 고기는 불필요하다고 주장하기보다는 더 많은 고기를 약속하는 것으로 대처해왔다. 정부는 경제의 다른 부분을 크게 희생하면서 고기와 생선, 가금류의 생산을 1970년에서 1975년 사이에 40퍼센트나 증가시켰다. 1980년에는 정부가 값싼 고기를 배급하는 국영상점에 매달 보조를 하는 데에 국가 식량 보조 예산 총액의 약 절반인 25억 달러를 썼다. 폴란드인들은 단지 자의적인 문화적 입맛에 몰두하고 있는 것인가? 그들의 고기에 대한 탐욕은 폴란드제 국가 사회주의에 대한 거부의 상징에 지나지 않는 것인가? 국가 관료와 반체제 인사 모두 고기가 혁명사상을 불러일으킬 수 있는 힘을 가진 상징이라는 것을 인정했다. 그러나 그들의 고기에 대한 갈망을 단지 굶주림의 상징적 형태에 불과한 것으로 보는 것은 폴란드인에게는 불공평한 일이 될 것이다. 폴란드인들과 그 밖의 동유럽인들이 고기 배급의 삭감에 대해 우려를 나타내는 데는 타당한 이유가 있다.

최근 풍요한 사회에서 동물성 지방과 콜레스테롤이 퇴행성 질환과 관련 있다는 것이 밝혀지고 있긴 하지만, 건전한 영양을 위해서는 동물성 식품이 식물성 식품보다 더 중요하다. 그러나 식물성 식품을 전혀 같이 먹지 않아도 괜찮을 만큼 동물성 식품이 좋다고 말하려는 것은 아니다. 두 가지를 함께 먹을 때 가장 좋다. 이 말은 식물성 식품은 단지 생명을 유지시켜줄 수 있지만 동물성 식품은 단순한 생존을 넘어 건강과 행복을 준다는 것이다. 농업사회에서는 동물성 식품은 영양상으로 아주 좋은 것이지만, 생산하기에는 특별히 힘이 든다. 동물성 음식은 이처럼 유용성은 크지만 그 양이 부족함으로써 상징적 힘을 갖는다. 그러므로 폴란드에서처럼 세계의 다른 모든 곳에서 사람들이 동물성 식품을 식물성 식품보다 높게 여기고 갈망하며 이를 생산하는데, 그들의 에너지와 부를 과다하게 쏟아 붓는 것이 자의적인 문화적 사실이라고는 생각하지 않는다.

아니 그렇다고 수백만의 채식주의자들과, 동물성 식품보다 식물성 식품을 더 좋아하는 사람들을 잊은 것은 아니다. 그러나 채식주의자라는 말은 오해를 불러일으키기 쉬운 말이다. 고기와 생선, 가금류와 그 밖의 고기를 먹지 않는 사람들이 많이 있지만, 달걀, 우유, 치즈, 혹은 다른 유제품에 이르기까지 모든 종류의 동물성 식품에 대한 편견을 공헌한 사람들은 극히 소수의 사제, 수도사, 신비주의자뿐이다. | 자료: 마빈 해리스, 1993 |

폴란드 요리는 러시아, 리투아니아, 우크라이나, 독일, 유대의 전통요리가 혼합되어 있다. 음료는 맥주보다 보드카를 즐기며, 커피와 홍차가 일반적이다.

간단한 식사는 스낵바나 밀크바에서 하면 값싸고 양도 많다. 요즈음은 서구식의 패스트푸드점도 늘어나고 있다. 요리는 날 쇠고기에 향신료를 섞은 타타르, 불고기에 보드카를 넣은 샤시워크, 오리요리인 카치카, 훈제 뱀장어요리인 벵고시, 내장요리인 프라키, 새콤한 맛의 수프인 쥬레크, 생선구이인 코틀렛 슈바보비 Kotlet Schwabovy, 멧돼지요리인 드지크 Dzik, 사슴요리인 사르디나 Sardina 등이 있으며 가장 흔한 것은 양배추와 생선과 향신료를 섞은 비고스 Bigos 와 생선과 버섯을 재료로 한 푸딩인 피로기 Pierogi 이다.

헝가리 Hungary

동유럽의 파리

동유럽의 헝가리는 1000여 년의 역사를 가진 나라로 인구 1000만 명 정도에 우리나라만 한 작은 나라이다. 많은 음악가를 배출한 곳으로도 유명하지만 강한 민족성으로 지금도 자신만의 역사와 언어, 그리고 문화를 지켜나가고 있다. 특히 부다페스트는 도나우의 진주로 불릴 만큼 아름다운 도시로 많은 유물, 유적 그리고 명승지가 있는 곳이다.

우리 민족과 같은 우랄 알타이어족인 마자르족이 우랄 지역을 벗어난 시점은 기원전 10세기쯤으로 추정된다. 이후 그들은 오랜 세월을 두고 터키계의 여러 민족들과 접촉하면서 남하를 거듭하여 마침내 9세기 말 고대 로마 제국의 일부였던 이곳 헝가리 분지(카르타피아 분지)에 정착하게 되었다.

마자르족의 초기 국가 형태는 부족연합체(7부족)의 이중수장제二重

首長制였다. 그러다가 농경사회가 차츰 발달하자 씨족 지배체제가 급격히 해체되기 시작하였으며, 여기에 아르파드가家의 게자와 이스트만 1세 부자가 등장하여 국가통일을 이룸과 동시에 헝가리 왕국이 탄생하게 된 것이다.

오늘날에도 동유럽에서 가장 유서 깊은 도시답게 도시 곳곳에는 고풍스러우면서도 아름다운 건물들이 들어서 있고 도나우 강 넘어 언덕에는 정교한 솜씨로 만들어진 옛 궁전들이 지나가는 사람들의 눈길을 끌고 있다. 위대한 음악가를 키워내기도 한 헝가리는 세계에서 손꼽히는 음악 국가 중 하나이다. 특히 민중 속에 그 뿌리를 둔 헝가리 민요는 애잔하면서도 힘이 넘쳐 고난의 역사를 꿋꿋하게 견뎌온 헝가리인의 저력을 느낄 수 있다. 민중과 언어 모두 아시아에 그 뿌리를 가지고 있는 헝가리인들이다. 그래서 그들은 유럽에서 가장 동양적인 민족으로 꼽힌다. 숟가락으로 국물을 떠 먹는 식사 모습 또한 친숙함으로 다가오는 유럽 속의 아시아 국가이다.

한마디로 헝가리 음식은 매운 것이 특징이다. 이곳에서는 파프리카(고추의 일종)를 수프나 유리에 넣어 조리하는데, 앵두 파프리카는 가장 맵다. 노랗거나 빨갛고 가늘고 긴 것(토마토 파프리카)도 있는데, 이런 것은 맵지 않고 단맛이 난다.

외세의 침략이 많았던 역사적인 배경 아래 헝가리인들은 터키, 독일, 오스트리아, 체코, 슬로바키아, 세르비아인들에게서 요리법을 받아들여 그들만의 특별한 요리법으로 변화시켰다.

헝가리 요리법의 전통은 아시아 대평원에서 방목을 하던 유목민 조상들에 의해 형성되었고 이들의 식습관은 오늘날에도 그 흔적이

파프리카의 자존심

농업국가인 헝가리는 도시를 벗어나 조금만 달리면 금방 한적한 농촌 마을과 만날 수 있다. 나지막한 집들 사이로 낯익은 모습이 눈에 띄는데, 대문이나 처마에 걸려 있는 것은 다름아닌 고추이다. 수확한 고추를 마당에 널어 말리는 모습이 김장철을 대비하는 우리의 농가를 떠올리게 한다. 이것이 헝가리의 대표적인 특산물인 파프리카이다.

부다페스트에서 물건을 제일 싸게 살 수 있는 중앙시장, 갖가지 농산물이 거래되는 가운데 헝가리의 특산물인 파프리카를 쉽게 찾을 수 있다. 마치 산처럼 쌓아올린 파프리카는 이 시장에서 가장 많이 거래되는 야채 중 하나이다. 시장보러 온 주부들의 발길이 이어진다. 헝가리인들의 연간 파프리카 소비량은 약 5000톤 가량 된다. 기름에 볶아 먹거나 날것으로 먹기도 하고 소스를 만드는 양념으로도 사용하는 파프리카의 용도는 무척 다양하다.

종류도 다양해 이 시장에서는 약 50여 종의 파프리카가 거래된다. 펄펄 뛰게 하는 매운 것에서부터 단맛에 가까운 것까지 그 맛도 가지가지이다. 크기가 작을수록 톡 쏘는 매운맛이 난다. 양념용 파프리카는 유일하게 말린 채로 손님을 맞는다. 파프리카를 이용하는 가공식품도 다양한데, 우리나라의 고추장에 해당하는 파프리카 소스는 그 맛이 별미이다. 헝가리에서 유통되는 소시지와 햄은 여타 유럽 국가들에 비해 유난히 검붉은색을 띤다. 이는 붉은색 파프리카를 가미했기 때문이다. 유럽 최고의 품질을 인정받고 있는 헝가리 소시지의 독특한 풍치는 바로 파프리카에서 온 것이다. 소시지뿐만 아니라 돼지고기에 파프리카를 버무려 놓은 것에서부터 우리나라의 순대에 해당하는 육가공식품인 '콜바스'(파프리카를 넣어 만든 육가공 식품)에도 어김없이 파프리카가 들어 있다.

젊은이들이 많이 찾는 부다페스트의 대중식당에서도 파프리카는 중요한 양념으로 사용된다. 헝가리 대중음식의 하나인 '마자르쉬 쉬지르메'를 만들 때이다. 우리말로 하면 헝가리식 등심요리쯤 되는 이 음식에도 역시 양파와 파프리카, 토마토가 기본이다. 볶는 데 사용되는 파프리카는 우리나라의 피망과 같이 단맛이 난다. 거기에 매운맛이 나는 파프리카 가루를 넉넉히 넣은 후 볶아준다. 여기에 콜바스를 적당한 크기로 썰어넣는데, 콜바스에도 역시 파프리카가 들어 있다. 쫄깃쫄깃한 육질과 파프리카 맛이 잘 어울리는 콜바스는 간편하게 그냥 먹기도 한다. 콜바스와 채소를 숨이 죽을 만큼 볶아준 다음 마지막으로 해바라기 기름에 튀겨낸 감자를 넣어 볶아낸다. 미리 준비해둔 등심과 함께 볶아낸 재료를 내면 맛 좋은 한 끼의 식사가 된다. 마무리에도 역시 파프리카가 빠지지 않는다. 파프리카에서 시작해 파프리카로 마무리한다. 이것이 헝가리 음식의 기본이다.

헝가리 최고의 파프리카 생산지는 '콜로초' 지방이다. 비옥한 토양, 따스하고 햇빛이 강한 여름에 돋보이는 콜로초 지방의 자연환경은 이곳을 파프리카의 고향으로 만들었다. 파프리카는 대개 9월 이후에 수확을 시작하는데, 여기서 수확되는 파프리카는 근처에 있는 공장으로 옮겨 상품화된다. 콜로초 농업협동조합은 유럽에서 제일 규모가 큰 파프리카 공장이다. 동구 사회주의가 무너진 후 일부가 사유화됐지만 아직도 절반은 국가 소유지이다. 이곳에서는 말린 파프리카를 기계로 빻은 다음, 위생 처리해 하나의 상품으로 완성시킨다. 생산된 파프리카 가루는 20여 개국으로 수출되는데, 전 세계 고추 생산량의 3~5퍼센트를 차지한다. 때문에 파프리카는 콜로초 지방 경제에 매우 중요한 역할을 한다. 이곳 사람들이 파프리카를 가리켜 콜로초의 금이라고 부르는 것도 바로 이런 이유에서이다.

상품화된 파프리카는 세계에 수출되기 때문에 포장에도 대단히 신경을 쓴다. 세계적으로 유명한 콜로초 지방의 자수가 새겨진 주머니에 담겨진 파프리카는 향수 주머니처럼 여겨질 정도이다. 헝가리에서 파프리카는 단순한 농산물 그 이상의 의미가 있는 것이다.

콜로초 시내에 위치한 '파프리카 박물관' 은 이 지방에서 파프리카가 얼마나 중요한지 가늠해주는 또 하나의 장소이다. 맨 먼저 눈에 들어온 것이 바구니를 머리에 인 아낙네의 모습이다. 수건을 두르고 머리 위에 또아리까지 얹은 모양이 우리나라의 시골 아낙네를 연상시킨다.

원래 파프리카의 원산지는 중앙 · 남아메리카로 알려져 있다. 유럽으로 전파된 것은 15세기 무렵에 감자와 담배, 옥수수와 함께 유럽 땅에 발을 디뎠다. 헝가리에 파프리카를 전한 것은 당시 헝가리를 지배했던 터키인들이었다. 처음엔 터키의 후추라고 불리며 고관대작의 정원에서 신기한 관상용 식물로 재배되다가 차차 후추를 제치고 중요한 양념으로 부각됐다. 파프리카의 발전은 학자들이 주도했는데, 파프리카에 비타민 C가 있다는 사실을 밝혀내 노벨상을 받은 알베르트 센트죄르지, 다양한 품종 개발에 힘쓴 룸베르토가 그들이다. 이 학자들의 도움으로 헝가리는 그 어느 나라보다 다양하고 품질 좋은 파프리카를 개발할 수 있었던 것이다.

헝가리를 대표하는 음식인 구야쉬 또한 파프리카의 진가가 발휘된 음식 중 하나이다. 파프리카의 양념장을 넣어야 깊은 맛을 제대로 즐길 수 있다고 믿는 헝가리인들은 고추의 칼칼한 맛을 즐길 줄 아는 유일한 유럽인이다.

헝가리인의 가슴속이 비애를 담아냈던 집시들의 애수에 찬 선율 속에서 파프리카를 듬뿍 친 구야쉬를 즐길 줄 안다면, 이미 헝가리라는 나라의 절반은 이해하기 시작한 것이다.

남아 있다.

헝가리 수프는 고기, 양배추, 국수를 넣어 만드는데, 진하고 길쭉한 것이 특징이다. 스튜는 아시아 유목민들과 마찬가지로 고기와 양념을 기본으로 만든다.

헝가리의 대표적인 요리인 구야쉬는 쇠고기, 야채, 파프리카를 넣어 푹 끓인 스튜로 헝가리인들은 구야쉬와 빵만 가지고도 식사하는 경우가 많다.

헝가리의 볼케비츠라고 할 수 있는 것이 톨토트 카포스타Toltott Kaposztsa이다. 이 톨토트와 펠켈트Porkolt의 어원은 터키로 16~17세기에 걸쳐 150년간 터키의 지배를 받았을 때 들어왔다.

요리 외에도 터키의 잔영은 많다. 헝가리는 와인을 좋아하는 사람에게는 천국이나 마찬가지이다. 유명한 토카이 와인을 비롯하여 바다코니스쥬르케Badacsonyi Szurkebarat 등이 대표적인 헝가리 와인이다. 그 중에서도 토카이 와인 아수Aszu는 값이 약간 비싸지만 독특한 맛이 있다.

식사 전에 식욕을 돋우는 술로 유명한 팔랑카Palinka(살구, 오얏 등으로 만든 브랜디)도 빼놓을 수 없다. 맥주는 체코슬로바키아, 동독에서 수입해서 즐겨 마신다.

헝가리의 식사 전통은 오랜 역사를 거쳐 이루어졌다. 이들의 역사를 거슬러 올라가면 가방 속 안장 아래에 넣을 수 있는 투로니아Turhonya(밀가루와 달걀로 만든 낱알로 된 과자)와 같은 마른 과자와 국수를 즐겨 먹었던 시기도 있었다. 한곳에 정착하지 못했던 유목민들에게는 실용적이었기 때문이다.

침략의 시대에 헝가리인들은 다른 나라의 문화를 통해 와인, 맥주, 식초를 만드는 법 등 여러 가지를 배웠고, 그 후 정주定住와 기독교를 공인하면서 마을이 형성되고, 도시가 세워지고, 레스토랑이 생기면서 요리사는 곧 독립적인 장인으로 인정받아 세금공제 혜택을 얻었으며 일할 수 있는 장소를 얻는 등 삶의 새로운 방법을 찾아나갔다.

마티야슈 1세 통치기간에 있었던 중대한 변화는 왕실 재조직과 새로운 미술, 건축, 문화, 패션, 요리법, 전통 등이 세워졌다는 것이다. 그의 아내는 단맛을 내는 비법을 아는 이탈리아의 빵 기술자와 화학자를 데리고 들어왔고, 이탈리아에서 가져온 매우 비싼 양념들과 와인으로 만든 스튜 요리를 만들고, 고기를 구울 줄 아는 많은 주방 스태프들을 갖췄다.

16세기에 나온 『요리예술』Art of Cooking이라는 책에는 약 700개의 조리법이 다양한 양념, 약초와 함께 실려 있다. 그 중 자주 거론되는 '웨딩 옥스그릴링'Wedding ox-grilling은 40~50명의 조리사가 황소 한 마리의 몸 속에 통통한 양을 넣고, 그 양 속에 어린 송아지를 넣고, 그 송아지 속에 식용 수탉을 넣어 그 전체를 꼬챙이에 꽂는 것으로 결혼식을 시작하는 관례였다고 한다.

17세기에는 왕족과 귀족들의 식습관 변화로 새로운 결혼 기념행사를 위해 프랑스와 독일로부터 더 많은 외국 요리사들이 영입되어 다른 나라의 식습관이나 음식이 점차 대중화되었다. 그러나 이런 영향을 헝가리인들은 그들만의 독특한 요리법으로 변화시켰다.

19세기에는 헝가리가 좋은 음식과 훌륭한 와인, 서비스로 유명해져 전 유럽으로부터 많은 사람들의 방문이 이어졌다. 이에 따라 호텔들이 강을 따라 지어졌고 우아한 레스토랑과 커피숍들도 문을 열었다. 한편 20세기에 들어서면서 헝가리 제과산업은 꽃을 피웠고, 그 노하우는 계속 축적되고 있다.

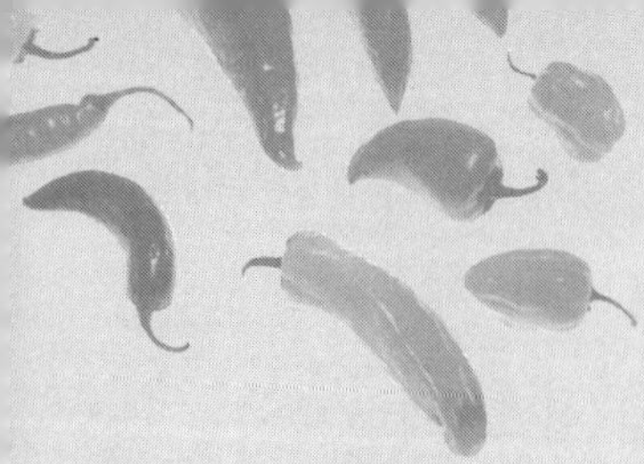

05 북아메리카

미국 · 캐나다

북아메리카는 지리적 · 경제적으로 규모나 위력이 제일 큰 나라들이지만, 캐나다와 미국 2개국뿐이다. 캐나다의 매력은 자연경관의 아름다움에 있다. 장엄한 로키 산맥, 거울과 같은 호수, 무서운 급류, 푸른 잔디와 아름다운 꽃밭으로 둘러싸인 호텔, 대평원 속을 끝없이 달리는 평탄한 도로, 발달된 교통기관 등 관광설비와 자연의 아름다움의 조화가 스위스에 견줄 만하여 이상적 휴양지가 되고 있다. 캐나다는 북아메리카 대륙의 약 3분의 1을 점하는 본토와 북방에 산재하는 여러 섬으로 이루어졌으며, 남쪽으로 미국과 국경을 접하고 있다. 북부는 극한 불모지대이므로 주민의 약 90퍼센트가 미국과의 국경에서 350킬로미터 이내에 모여 살고 있다.

아메리카 합중국은 정치 · 경제 · 과학 등 모든 방면에서 세계를 리드하는 강대국으로 성장하였다. 현재 미국 본토 48개 주에 알래스카와 하와이를 합친 50개 주로 이루어진 연방 공화국을 구성하고 있다. 본토는 북아메리카 대륙의 중앙부를 차지하고, 북은 캐나다, 동은 대서양, 남은 멕시코와 멕시코 만에 접해 있고, 서로는 태평양을 사이에 두고 아시아 대륙과 마주보고 있다. 알래스카는 캐나다의 서북부에

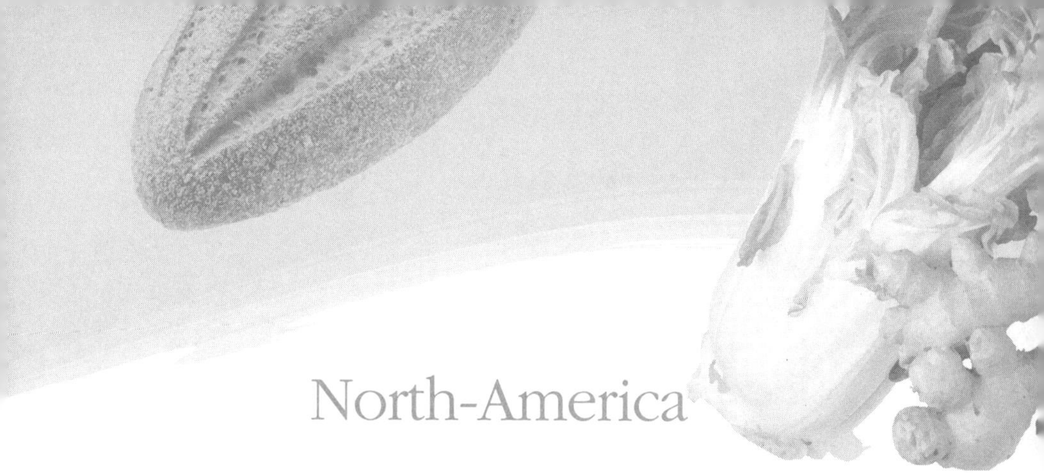

North-America

연속되는 반도로 북극권을 포함하고, 베링 해를 사이에 두고 시베리아를 마주보고 있다. 하와이는 태평양상에 크고 작은 20개의 섬으로 이루어진 군도이다. 이들 외에 외령外嶺으로는 푸에르토리코, 버진아일랜드 군도, 미국령 사모아, 괌, 웨이크, 미드웨이 등의 태평양제도, 파나마 운하 지대가 있다.

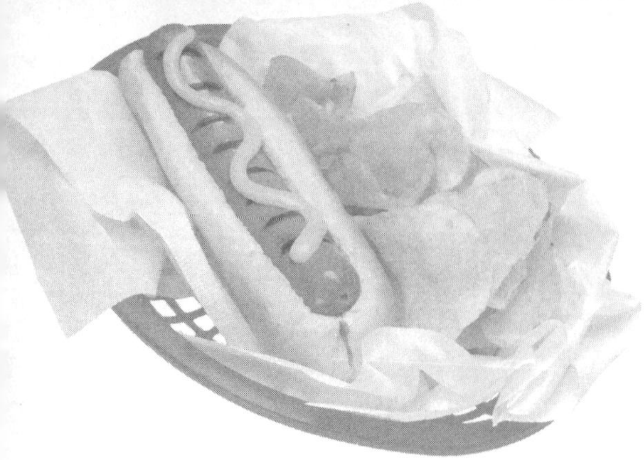

미국 United State of America

기회의 나라

1908년에 공연되었던 한 연극에서 '멜팅 포트'Melting Pot라는 용어가 오늘날 미국을 쉽게 묘사하는 적절한 단어가 되었다. 여기서 멜팅 포트는 '기회의 나라'Land of Opportunity와 함께 미국을 지칭하는 것으로, 많은 인종이 뒤섞여 놀라운 혼합을 이룬 미국이라는 나라를 잘 표현해주고 있다.

미국은 이민자들의 나라이다. 각처에서 이주해 온 이민족들은 자부심과 함께 민족적인 관습, 그들 고유의 축제, 음식의 전통 등을 그대로 지니고 있으며, 그런 가운데서도 미국적인 특징이 형성되어 문화를 누리고 있는 나라이다.

방대한 국토 면적과 비옥한 땅, 풍부한 천연자원, 세계에서 가장 진보된 과학기술과 마케팅 및 수송 체계 등이 미국을 오늘날 세계에서 가장 생활수준이 높은 지상의 천국으로 만들어놓았다.

멜팅 포트는 단순히 미국 내 특정 지역에 거주하는 문화 · 종교가 다른 소수집단뿐만 아니라, 이들의 정신적 · 육체적 문화의 혼합으로서 여기에서 음식과 식습관이 새로이 파생되었다.

그렇다고 미국 내의 모든 소수민족 계열의 사람들이 자기의 고유문화적인 전통음식만을 먹고 지낸다고는 말할 수 없다. 음식재료와 만드는 방법에서 이들의 전통적인 음식문화와 새로운 음식문화가 혼합되어 독특하면서도 새로운 미국의 음식인 두부 라자니아Tofu Lasagne와 크루아상 · 참치샌드위치Croissant tuna Sandwich를 창조해냈다.

초기의 이주자들은 구세대의 전통에는 관심이 없었으며, 돈을 벌고 가정을 꾸미고 자녀를 교육시키는 것은, 기본적인 그들의 매일매일의 생활이었다. 그들은 먹을 수 있는 동식물은 다 이용하였으며 이것은 그들의 허기를 채워주기에 풍족하였다.

그러나 이민족은 동일한 언어와 관습을 가진 이웃끼리 서로 모여 살면서 돕고, 그런 가운데서 큰 위안을 얻었으며, 이때에는 집에서 만든 와인, 맥주, 네덜란드산 진 등을 서로 나누었다. 친숙한 냄새와 향을 풍기는 집에서 나는 수프, 또는 스튜 끓이는 냄새는 긴 하루의 힘든 작업으로 피로한 이들에게 안락감과 평온함을 안겨주었다.

이와 같이 새로운 이민생활에 적응하기 힘든 상황에서도 자기 나라의 고유한 식사 전통은 여전히 안락함과 자부심의 원천이 되었고, 개인과 가정에서부터 이제는 식당과 민속축제에 전통적인 음식을 즐길 수 있게 되었다.

그러나 이민 온 자들보다 훨씬 전에 북아메리카 대륙에 머물렀던

아메리칸 인디언들은 대륙의 남쪽으로 옮겨가서 마을을 만들고, 언어와 사회조직을 발전시켰으며, 독특하면서도 독자적인 생활방식으로 미국 땅에 적응해나갔다. 신세계New World인 미국 땅에 옥수수, 토마토, 호박, 땅콩, 담배, 칠면조, 그리고 야생쌀Wild Rice과 같은 작물들을 처음 소개한 것은 농사를 짓는 인디언들이었다.

다른 인디언들은 야생동물, 생선, 계절과일, 식물, 뿌리, 열매 등에 의존하며 살았다.

초기의 이민 개척자들이 그들의 굶주림을 막기 위해 옥수수 · 호박으로 음식을 만들고, 달콤한 단풍시럽Maple syrup을 만들기 위해 단풍나무를 두드리는 방법도 모두 인디언들에게 배운 것이었다.

초기의 이민 개척자들이 이 땅에 정착함에 따라 이들이 본토에서 갖고 온 누렇게 변색된 손으로 쓴 양목표Recipe Book에 적힌 민속음식이 이 땅에 전해지게 되었고, 풍부한 새로운 재료로 대치되면서 민속적인 음식과 만드는 방법 등이 지역적 특성을 나타내는 음식들로 정착하게 되었다. 그러나 어떤 사람들은 이러한 지역적 특성에 따른 지리적 경계를 명확히 구분할 수 없다고 하기도 하지만, 그럼에도 불구하고 지역에 따른 특징적인 조리법은 여전히 존재하고 있다. | 자료: 양일선, 연도 미상 |

미국인은 어떤 소수민족의 음식을 선호하는가?

지금 미국인의 외식 경향은 소수민족의 음식이 음식문화를 주도해가고 있다고 할 수 있다. 미국의 전통적인 스테이크 하우스나 기타 주류 음식점들은 다른 소수민족의 식당에 비하면 훨씬 처진 성장률을 기록하고 있기 때문이다. 1995년 미국 레스토랑협회가 발표한 자료에 따르면 다음과 같은 사실들이 드러난다. 소수민족의 음식을 찾고 있는 미국은 대체로 세 종류의 부류로 나뉜다.

새로운 음식 경향을 추구하는 음식문화 지향의 소비자: 이들은 전체의 약 30퍼센트를 점하고 있다. 음식문화 지향의 소비자들은 49퍼센트 정도가 대졸자로서 교육수준이 높은 편이다. 이들의 직업은 46퍼센트 정도가 관리자나 전문직업에 종사하고 있다. 연간 수입은 미국 소득수준의 중간층인 5만 2000달러이다. 음식문화 지향의 소비자들은 새로운 외식경향을 갖고 있고 아직 맛보지 않은 음식이라 하더라도 과감히 음식 맛을 보려는 추세이다. 또한 이들은 외식을 함으로써 다른 나라의 문화에 접근하고 배우려는 자세를 갖고 있다. 음식은 하나의 취미생활이고 또 음식 자체를 즐긴다고 하겠다. 이들 그룹의 64퍼센트 정도가 새롭고도 독특한 메뉴를 갖고 있는 레스토랑을 즐겨 찾는다고 말하고 있다. 이들은 토속적이며 창조적인 음식을 파는 레스토랑을 찾는다.

그러면 이들 계층의 고객을 유치하고 만족시켜주기 위해선 어떠한 방책이 있을까? 간략히 열거해보면 민족 특유의 음악을 소개하고 지극히 전통적인 음식을 선보이며 인상적인 실내장식을 하는 것 등을 들 수 있겠다. 이렇게 함으로써 그 민족문화를 몸소 체험해볼 수 있는 기회를 줄 수 있다. 또한 시

음식을 개최하거나 요리기술 발표회 등을 마련하는 것도 좋은 제안으로 제시되고 있다.

보통 일반 레스토랑 지향의 소비자: 이들은 전체의 40퍼센트 정도를 차지하고 있다. 이들 소비자들의 교육수준은 39퍼센트 정도가 대졸이며 연평균 소득은 중간 정도인 4만 82000달러이다. 이들은 새로운 외식 체험에는 별다른 흥미가 없고 단지 이미 알고 있거나 들어서 이해하고 있는 메뉴를 택하고 있다. 단지 익숙해진 맛을 찾아 기분이 편하고 분위기 좋은 레스토랑을 찾아간다. 이들 소비자의 53퍼센트 정도는 본격적인 전통요리를 먹기보다는 무엇보다도 음식 맛을 우선으로 여기고 있다. 이런 계층의 소비자를 위해서는 단순한 맛을 조화시킨 새로운 메뉴를 제공하는 일이 필요하고 가정과 같이 편안한 의자가 필요하다. 분위기의 조성이 무엇보다도 앞서야 한다. 또한 기본적으로 갖추어야 할 친절함이 있어야 하고 설명이 잘된 음식물 모형 전시도 하면 좋다.

자작 요리 지향의 소비자: 전체의 30퍼센트 정도를 차지하고 있다. 이들은 일반식당의 메뉴를 직접 스스로 만들어 먹기를 좋아하는 부류이다. 주로 여성이 많으며 여성 73퍼센트, 남성 23퍼센트 정도의 분포를 이루고 있다. 교육수준은 대졸이 23퍼센트 정도이고, 연간소득은 3만 6200달러 수준이다. 이들 부류의 소비자들은 외식을 선호하기보다 직접 집에서 요리하기를 좋아하는데, 주 관심사는 음식쇼를 보면서 새로운 요리 기술을 배우는 데 있다. 조리기술을 배운다 하더라도 자극적인 맛이나 지나친 음식의 향취는 피하는 경향이 있다. 이들은 특히 건강 지향적인 조리 기술에 관심이 많은 편이다.

요약하면 '음식문화 지향의 소비자' 건 '자작 요리 취향의 짠돌이(?) 소비자' 건 모두 다 음식들이 만들어지는 과정, 즉 요리과정을 알고 싶어하고 또 그

소수민족의 음식을 맛보는 비율

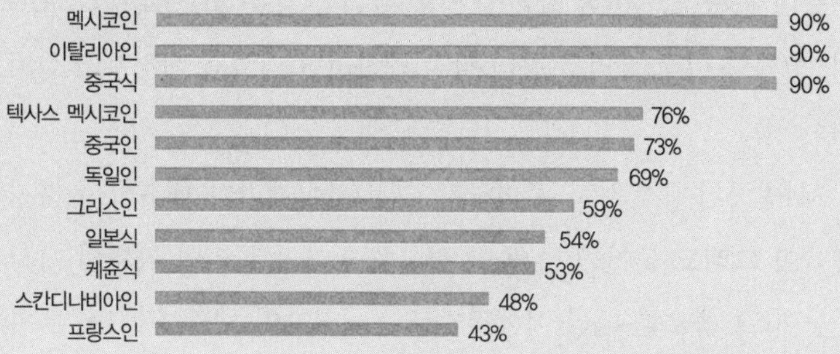

것을 즐기려 한다. 이 점을 고려한다면 특히 요리사를 유명하게 만들어줄 필요가 있고 유명한 요리사를 갖춘 식당은 그만큼 고객을 더 많이 유치할 수 있다는 결론이다. 미국인은 아직도 달콤한 맛을 추구하고 있다. 대부분의 소수민족 레스토랑들이 디저트를 등한시하고 있다. 새로운 디저트야말로 소수민족의 음식을 잘 마무리해주는 장식이다.

레스토랑이 모든 사람의 입맛을 다 맞출 수는 없다 하더라도 적어도 성공하는 소수민족의 레스토랑이 되고자 원한다면, 위에서 먼저 얘기한 세 가지 타입의 고객— '음식문화 지향의 소비자', '일반 레스토랑 지향의 소비자', '자작 요리 지향의 소비자' 중 어느 한 부류 정도는 만족시켜줄 수 있어야 한다. 세 부류를 모두 만족시켜줄 수 있다면 레스토랑의 성공은 보장된 것이나 다름없다. 끝으로 도표를 보면 미국인이 어느 소수민족의 식당을 어느 정도 찾고 있는가를 간략히 알아볼 수 있다.

오늘날 미국 요리에 대해서 여러 가지 이론異論이 많이 있지만, 대부분의 사람들은 미국 요리를 영국 요리와 같은 것으로 생각하고 있다. 그러나 미국 요리를 좀더 잘 이해하려면 역사적 배경부터 살펴보아야 한다.

제4빙하기에 빙하가 후퇴하기 이전 북아메리카 대륙과 유라시아 대륙이 그래도 붙어 있는 동안 짐승을 쫓는 몽골리안 계통의 아시아인들이 그 육로를 따라 아메리카로 건너갔으며, 그들은 그곳 초원에서 뛰노는 풍부한 들소 떼와 다른 여러 짐승들을 목격할 수 있었다.

그러나 북아메리카 대륙의 풍부한 동물자원이 고갈되자 그 일부가 다시 파나마 지협을 지나 남아메리카 대륙으로 이주해 갔다.

북아메리카 대륙에서 그들은 생전 듣도보도 못한 이상한 새를 발견하였는데, 그것은 우엑솔로틀Uexolotl이라 불렸다. 그것이 지중해 연안에서 영국으로 건너가는 과정에서 터키란 이름을 얻었으며, 현재는 이 새를 칠면조라고 부른다.

그 밖에도 그들은 남아메리카의 거친 환경에 살면서 따뜻한 털을 생산하는 라마와 알파카 및 사람을 두려워하지 않고 주로 집 주위에서 사는 기니피그Guinea Pig를 발견하였다.

그들은 후에 그 고기가 고기와는 달리 맛있다는 것을 알았으며, 그 후 1만 년 이상 지난 지금까지도 남아메리카 산중에서 사는 인디오들은 이들과 한 식구처럼 살면서 그들의 고기를 식용하고 있다.

그들은 이들 이상한 동물 말고도 해바라기 · 아보카도 · 옥수수 · 완두콩 · 고구마 · 토마토 · 면화 · 박 · 청두靑豆 · 땅콩 · 감자 · 파인애플 등의 희귀한 식물들은 발견했는데, 이들은 동물을 가축화하고 또 이들 자생식물을 인위적으로 재배하는 데 성공했다.

감자와 옥수수는 그들에게 매우 중요한 먹거리가 되었으며, 이것을 기초로 그들은 중앙아메리카와 남아메리카 안데스 산맥을 중심으로 새로운 문명을 발전시켰다. 16세기에 유럽인들이 그곳 아메리카 대륙에 나타날 때까지 그들은 주위환경과 잘 적응하면서 그들 나름대로의 빛나는 문명을 발전시켜왔다.

그 후 아메리카 대륙은 크게 스페인과 포르투갈의 영향을 많이 받았던 지역과 영국과 프랑스의 영향을 많이 받았던 지역으로 구분되었고, 또다시 현재까지 언어 및 문화면에서 스페인 영향권과 영국 영향권 지역으로 크게 구분되었다.

또한 스페인 영역권에는 아직도 인디언이나 인디언의 문화적 유산이 강하게 남아 있는 지역(중앙아메리카 여러 나라 · 페루 · 콜롬비아 · 브라질 · 에콰도르 등)과 거의 완전히 서구화된 지역(우루과이 · 아르헨티나 · 칠레 등)이 있다.

따라서 음식문화를 말할 때 이들 지역을 같은 성질의 지역으로 보고 이야기하는 것은 온당치가 않다. 그러나 현재 여기에서 설명하는 미국 요리는 대체로 북아메리카 중에서도 멕시코 이남을 제외한 미국과 캐나다의 식생활을 말하며 알래스카에 살고 있는 에스키모인과 미국 내에 거주하는 인디언들의 식생활은 제외한 것이다.

앞에서도 언급했지만 현재 미국 요리는 다민족이 혼합하여 각각 자기 조국의 음식문화를 유지하려 하면서도 그곳에 바탕을 두었던 원주민의 음식문화와 그 후에 그들 지역을 지배하였던 스페인과 프랑의 영향을 받은 후 강자로 부상한 앵글로색슨계의 영국 음식문화가 기초를 이뤘다.

그리고 그 기초 위에 발달한 농업의 결과 공급된 풍부한 농산물과 그것을 합리적으로 가공 · 저장 · 수송하게 된 새로운 과학에 기초한 공업력과 경제발전으로 인한 구매력 등이 서로 영향을 끼쳐 현재의 음식문화를 이루고 있다.

따라서 현재 미국의 음식문화는 세계 음식문화를 한데 모아 그것을 과학적으로 처리하여 새로 만들어냈다고 할 수 있을 만큼 다양하다.

다른 지역과 마찬가지로 미국에서도 동양 3국에서 들여간 두채豆菜와 숙주나물 요리가 이제는 완전히 미국화해버렸고, 팝콘 · 콘 크리스피Corn Crispy 등의 인디언 음식이 미국 식품화했다.

그리고 미국 북부에서 캐나다에 걸쳐 산에 널리 퍼져 있는 단풍나무에서 늦가을과 봄에 걸쳐 채취한 수액을 졸여 만든 단풍시럽은 순수한 미국 것이다.

또한 미국 동북부에 널리 퍼져 자생하는 블루베리Blueberry와 북아메리카 대륙 자생의 동식물인 칠면조 · 옥수수 · 감자 · 토마토 · 뚱딴지 · 고추 · 오크라 등은 이미 전 세계에 퍼져 그들 지역에서 전통식품이 되어버렸다.

미국으로의 초기 이민자들은 토지를 개척하고, 또 생존을 위하여 투쟁해야 했기 때문에 품위 있는 생활을 즐길 만한 여유가 없어 음식은 주로 자급자족에 의지했었다. 또한 그들의 풍부한 식량자원과 개척자들의 발명정신은 좋은 빵을 만드는 방법을 개발하는 데에도 크게 기여하였다(베이킹 파우더의 개발).

이민 초기의 요리 중에서 일반적으로 알려져 있는 것은 대합잡탕Clam Chauder, 옥수수죽 · 보스턴 포크 빈즈Boston pork Beans, 뉴잉글랜드 보일드 디너New England Boild Dinner, 치킨 알라 킹Chicken ala King, 버지니아 스파이스 햄Verginia Spiced Ham, 호박파이 등이다.

1890년경 태동하기 시작한 이른바 미국 요리는 주스나 샐러드 요리의 진보를 촉진시키며 형성되어 제1차 세계대전을 계기로 통조림 및 기타 보존식품 공업이 급속히 발달함과 더불어 확립되었다. 이것은 후에 냉동 건조와 레토르트 식품 등이 일반화되면서 미국에서 가공 및 저장식품의 소비가 크게 늘어났다.

그 후 미국 요리는 대규모 생산 · 편의 · 풍부한 재료와 영양 · 맛보다는 양과 질이라는 면으로 대표되었다. 그 중에서도 대표적인 것은 햄버거와 핫도그로, 특히 햄버거는 독일 요리인 햄버그스테이크에서 가져와 토마토소스를 뿌려 먹는 음식으로 통닭구이인 켄터키 치킨과 함께 전 세계 식품으로 변해버렸다. 특히 구소련 및 동유럽의 민주화 열풍과 함께 모스크바까지 침투하여 러시아에서 미국 음식 바람을 일으키기도 하였다. | 자료: 구천서, 1995 |

이상의 내용에서 살펴보았듯이 미국인의 음식문화는 우리에게 잘못 알려진 게 많다. 고기를 주식으로 한다든지, 패스트푸드만을 좋아한다든지 등은 우리가 잘못 알고 있는 미국 음식문화에 대한 편견이다. 실제로 미국인들은 패스트푸드나 스테이크를 즐기는 편이 아니다. 일반적인 미국인들의 식생활은 감자나 빵이 주식인 편이다. 육류는 어디까지나 부식개념의 음식재료이기 때문이다. 미국인의 생활관은 우리가 생각하는 것보다도 훨씬 합리적이기 때문에 음식문화에도

코크Coke는 영원하다

미국 땅에서 배낭족이 먹을 수 있는 음식은 주로 햄버거 계통으로 압축된다. 비용의 문제도 그렇고 식당에 한 번 가면 이것저것 물어보면서 메뉴판을 주는데, 모든 메뉴가 생소해서 무엇을 시켜야 할지 알 수가 없다.

미국의 패스트푸드점에서는 '세트' 메뉴를 팔지 않는다. 그 대신 세트에 해당하는 '캄보' Combo 내지는 '밸류밀' Value meal을 4~8달러에 팔고 있으므로 주문할 때 안에 끼워주는 내용물만 선택하면 간편하게 한 끼를 해결할 수 있다.

보통 햄버거 가게에서는 안에 햄을 넣을 건지, 베이컨을 넣을 건지 물어보고 음료수의 종류를 물어본다. 간단하게 "코크" 하면 펩시 혹은 코카콜라 클래식이 나오는데, 우리나라와 다른 점은 얼음을 거의 넣지 않고 컵에 한가득 채워준다.

미국에서 크고 맛있는 햄버거를 먹으려면 버거킹이나 맥도날드 말고 개인이 운영하는 소규모 가게를 찾아야 한다. 어떤 가게에서 먹은 햄버거 세트는 7달러 정도 하는데, 안에 든 소고기 패티가 빅맥의 그것보다 적어도 4배는 크다. 거의 탁구채만한 패티와 빵의 크기에 우선 압도되고, 같이 나오는 감자튀김의 양에 질려버린다.

미국 어디에 가도 쉽게 접할 수 있는 음료수가 코크이다. 미국인 친구들, 정말 콜라만큼은 엄청나게 먹어댄다. 거의 모든 식단에 콜라가 따라 나온다. 우리나라처럼 패스트푸드에만 딸려 나오는 음료수가 아닌 것이다. 콜라회사는 망할래야 망할 수가 없다. 미국이라는 거대한 내수시장이 하루아침에 바닷속으로 가라앉지 않는 이상은 말이다.

그러한 면을 많이 엿볼 수 있다.

바쁜 사회생활에 식사의 편리함을 추구하여 효율적인 조리시간과 식사시간의 운영으로 불필요한 시간을 최대한 줄여보려는 미국인의 합리적인 사고의 부산물이 바로 패스트푸드인 것이다. 원래 이탈리아 음식인 피자도 미국인들의 합리적인 생활 방식화되어 세계적인 히트메뉴가 되었다고 해도 과언이 아니다. 특히 최근에는 건강에 대한 관심이 높아져 고칼로리 식품을 기피하는 경향이 확산되어 소위 정크 푸드의 대표적인 음식들인 패스트푸드나 피자류 음식들의 판매가 감소하고 있는 실정이라 한다. 이러한 미국인들의 변화는 또 다른 합리적 음식문화를 창출하는 계기가 될 것이다.

능률을 먹는 미국인

미국 시내의 어느 백화점 식당가 중에서 맨해튼 몰 식당가를 예를 들면, 국물이 많고 번거롭다는 고정관념을 깨고 일본의 레스토랑이 지금 성업 중이다. 이들 음식은 패스트푸드화하여 미국인의 입맛을 길들이고 있다. 그리스의 '지로' 나 인도의 커리 같은 전통요리에 이르기까지 미국인의 입맛은 그야말로 세계화되고 있다. 레스토랑마다 각 민족의 특성 있는 요리를 정식 메뉴로 제공하고 있다. 이들 나라들은 간편주의, 능률주의 우선의 미국인들의 구호를 정확하게 공략해서 빠르고, 간편하게 한 접시에 맛볼 수 있게 하고 있다.

한편 미국은 지금 저염, 저당, 저 열량의 '3저 바람' 이 불고 있다(무콜레스테롤의 100퍼센트 식물성 기름). 레스토랑마다 손님을 끌어들이는 문구인 저지방, 저염, 한마디로 살 안 찌고 염분도 적다는 얘기이다. 이런 사실들은 최근 미국인들 사이에 열풍처럼 불고 있는 건강에 대한 지대한 관심에서부터 비롯된 것이다. 건강과 능률이 하나로 타협된 음식들. 지금 미국인들은 바로 그런 음식들을 먹고 있다.

일터로 향하는 분주한 아침. 잠이 덜 깬 이른 아침부터 이들이 잠시 들르는 곳이 있다. 도너츠와 크루아상. 그리고 베이글을 파는 거리의 빵 가게. 미국의 바쁜 아침은 이 빵을 파는 거리의 베이글 카트에서부터 시작된다. 토큰이나 신문 판매대같이 불과 몇 미터 떨어져 있지 않은 베이글 카트, 아침이면 어느 집이나 문전성시를 이룬다. 담백한 베이글과 아메리칸 커피 한 잔, 직장인들은 하루의 시작을 그렇게 열고 있다.

먹음직한 핫도그 모양의 기묘한 자동차가 미국 전역을 돌아다니며 사람들의 눈길을 끈다. 미국 한 식품회사의 선전용 차량인데, 점심때가 되면 거리를 돌며 한 바퀴씩 선을 보인다.

아침에 반짝이던 베이글 카트들은 점심때가 되면 핫도그로 메뉴를 바꾼다. '오스컨 레이아사' 라는 소시지 회사의 선전용 책자 「핫도그 만세」에는 미국인들이 1년에 140억 개의 핫도그를 먹는다고 한다. 1초에 500개, 1인 평균 80여 개를 먹는다는 계산이 나온다. 어쨌든 기다란 빵에 프랭크소시지를 끼우고 새콤한 머스터드, 때로는 다진 양파나 피클 등을 넣어서 입으로 뜯어먹는 핫도그, 도저히 품위가 있다고 할 수 없는 이 음식은 바쁜 미국인의 생활과는 끊으려야 끊을 수 없는 가장 미국적인 음식이 되어가고 있다.

과거 『뉴욕타임스』의 '먹거리' 란 주제로 실린 기사에서도 볼 수 있듯이 저지방 쿠키, 바나나, 햄버거, 핫도그, 레드와인. 미국인들이 지난 한 해 동안 가장 즐겨 먹은 음식들이다. 건강에 대한 관심을 반영하듯 저지방 쿠키와 레드

와인의 수요가 늘어난 것도 특징이지만, 꾸준히 사랑받고 있는 햄버거 역시 놀랄 만한 수치를 기록하고 있다.

실제로 미국은 햄버거를 파는 가게들이 줄을 서 있다 해도 과언이 아니다. 수백 개의 햄버거 가게에서 사람들은 너나없이 햄버거를 먹고 있다. 미국이라는 나라가 워낙 크고 방대해서 미국인들의 마음속에는 기본적으로 불안의 요소가 존재한다는데, 이들에게 이 똑같은 햄버거는 혹시 마음의 구원이 되고 있다고 해도 과언이 아니다.

미국인의 정신인 능률 사상을 이해하기 위해서는 누구든 미국의 개척사를 한번 돌아볼 필요가 있다. 19세기 초반부터 시작된 본격적인 이민의 역사. 굶주림과 빈곤 속에 어디를 가나 원주민과의 투쟁만이 기다리고 있었다. 그 당시 먹는다는 것은 살아남기 위한 수단일 뿐 아무 의미가 없었다. 능률과 간편함이 그들 생활의 기본이 되어야 했던 이유는 바로 거기에 있다고 볼 수 있다.

햄버거, 핫도그의 역사도 그때로 거슬러 올라간다. 1880년대 이민자들에 의해 미국 땅에 전해진 핫도그와 햄버거, 그로부터 아메리카를 대표하는 가장 능률적인 음식으로 자리잡았다.

고난의 역사를 숨가쁘게 돌아온 미국이다. 그래서 미국의 주민들의 향수처럼 핫도그나 햄버거의 맛을 잊지 못하는 것이 아닐까 한다.

또한 미국의 슈퍼마켓에 가보면, 다양한 통조림의 종류에 놀라지 않을 수 없다. 능률로 친다면 통조림만큼 확실하게 능률적인 음식이 없다. 미국뿐 아니라 전 세계 음식이 깡통 하나에 다 들어 있다. 확실히 미국 사람들은 무엇이든 통조림으로 만들기를 좋아하고, 또 그만큼 통조림 먹는 것에 익숙해져 있다.

현재 사람들은 매우 바쁘고 많은 시간을 요리하며 보내기가 힘들어졌다. 그래서 사람들은 빨리 준비할 수 있으면서도 균형 있는 영양식을 가족들에게 제공할 수 있기를 원한다. 그러나 대부분의 미국인들은 맞벌이를 하고 있기 때문에 음식을 빨리 준비할 수 있기를 바란다. 현재 대부분의 사람들은 미리 준비된 양질의 음식에서 이러한 이점을 얻고 있는 것이다.

"시간은 곧 돈이다." 이러한 정신을 가장 잘 반영하고 있는 것이 미국의 상업 광고들이다. 그들은 먹는 것에 이러한 의식을 더욱 부추기고 있다.

한편, 지금 미국인들 사이의 가장 큰 관심사가 다이어트란 사실 또한 광고에 조금만 관심이 있다면 금세 알 수 있다. 먹어도 살찌지 않는 음식이 그들이 제일로 환영하는 음식이다.

왕성한 식욕과 기름진 음식으로 스모 선수에 버금가는 뚱보가 미국에는 지천이다. 미국인들의 다섯 명 중 한 명은 심장병과 고혈압 등 순환기 계통의 질환을 앓고 있다. 이것의 직접적인 원인이 비만이라는 것은 더 이상 부인할 수 없는 사실이다.

그러나 흔히 우리는 미국의 음식문화는 특별한 게 없다고 말한다. 고작해야 핫도그와 햄버거, 아메리칸 커피에 커다란 스테이크, 코카콜라와 패스트푸드라는 식으로 우리는 미국의 음식문화를 단정해버린다. 그러나 미국의 음식문화는 나름대로의 특징이 있다. 전 세계 음식이 미국 땅에 들어와 섞이고, 융화해 독특한 아메리칸풍의 음식을 만드는 나라, 이제 미국은 또 하나의 능률을 보여주고 있는 것이다. 건강과 능률이 타협된 새로운 형태의 아메리칸 푸드, 그것이 비록 국적 불명의 요리라도 능률적이라면 끊임없이 변화하고자 하는 것이다. 아메리카의 음식문화는 그래서 더욱 능률적으로 보이는 것이 아닐까 싶다.

캐나다 Canada

바다에서 바다로

북아메리카 대륙 북부 지역에 위치한 캐나다는 '바다에서 바다로' 라는 문장紋章에까지 새겨진 이 말처럼 국토가 지구촌에서 러시아 연방 다음으로 면적이 넓다. 인구의 대부분은 미국과의 국경지대인 오대호 지역에 띠 모양으로 거주한다. 15세기 말 유럽의 탐험가들이 북아메리카 대륙을 찾아들었을 때 이곳의 주인은 '이누이트' 란 에스키모인과 인디언들이었다. 이들은 혹독한 기후조건 속에서 수렵생활로 연명하고 있었다.

그 후 캐나다는 영국과 프랑스의 식민지 개척 이래 계속된 유럽과 아시아로부터 이민을 받아들여 주민의 구성도 다양하다. 그 웅대한 면적의 풍부한 자연을 바탕으로 세계적인 농업 및 임업국인 캐나다는 음식에서도 풍성함을 보인다. 페기 만 부두로부터 전통방식으로 나무상자에 담인 공급되는 바닷가재, 브리티시컬럼비아산 훈제연어,

그리고 레스토랑의 푸짐한 육류, 퀘벡 주 카페의 갓 구워낸 큼직한 식빵에 이르기까지 갖가지 음식들은 광활한 지형과 다양한 문화적 특성을 잘 나타내준다.

선조들의 다양한 문화전통을 이어받아 파스타에서 카멤베어 치즈, 단풍시럽 등 많은 식품을 발전시켜왔다. 다양한 문화적 배경 이외에도 호기심이 많고 즐기는 것을 좋아하는 캐나다인들의 특성이 식음료에 대한 모험가가 되게 했다. 세련된 입맛과 다양한 식성이 끊임없이 새로운 맛을 추구, 농식품 산업이 다양하게 발전하게 된 근간이 되었다.

조상의 뿌리는 유럽에 있고 실질적 위치는 북아메리카 대륙에 있으며 문화 경제적으로는 아시아 지역과 깊은 연관을 맺음으로써 캐나다의 농식품 산업은 풍부한 종류의 질 높은 음식문화를 창조해내고 있는 것이다.

원주민들의 토속음식

캐나다의 원주민인 인디언들의 문화는 수세기에 걸쳐 형성되었으므로 깊은 뿌리와 전설을 가지고 있다. 그 중 원주민들로부터 전해 내려오는 토속음식은 관광객들에게 흥미롭고 새로운 경험을 전해준다.

오늘날 캐나다 일부 지역에 인디언 부족들이 자리 잡고 있는데, 그들의 다양하고 풍부한 전통이 음식에도 담겨 있다.

이 원주민 음식의 기본이 되는 재료는 콩, 옥수수, 호박으로 '세 자매' The Three Sisters라고 불린다. 이외에 다른 재료로는 노란 아발란치 백합이나 예루살렘 아티초크, 와일드 라이스 등 약초와 감자 덩이줄기, 갑각류나 야생고기 등 현지에서 많이 나는 것들이 이용되고 있다.

이러한 원주민의 음식을 더욱 재미있게 즐기기 위해 관광객들은 온타리오주 브랜트퍼드에서 매년 7월에 열리는 그랜드 리버 파우와우Grand River Powwow에 참석하기도 한다. 파우와우는 인디언들의 병 회복이나 성공적인 사냥을 비는 의식이다. 춤추기, 이야기하기, 수공품 전시 등이 열리는데, 참석자들은 여기서 1992년 요리 올림픽에서 금메달을 수상한 캐나다 토속요리팀의 멤버인 버사 스카이Bertha Skye가 선보이는 버팔로 버거, 사슴고기 스튜, 신선한 딸기 드링크, 조리안 만 산 생선구이, 다양한 육포류, 세 자매 수프 등을 맛볼 수 있다.

한편, 빅토리아의 로열 브리티시컬럼비아 박물관에서 흥미로운 원주민들의 삶을 엿볼 수 있으며, 북부 지역 던컨의 네이티브 헤리티지 센터에서는 원주민들의 구슬장식과 바구니 세공들을 재현하며 프라이 빵이나 구운 연어 샐러드 샌드위치 등이 제공된다.

알러트 만의 유미스타 문화센터에서는 가끔 관광객들이 고유의 포틀래치(인디언들의 선물 분배 의식)에 초대되기도 한다. 여기에서는 말린 미역, 바비큐하거나 훈제한 생선, 생선을 발효시켜 얻은 기름 등을 맛볼 수 있다고 한다.

원주민들에게 있어 그들의 음식은 광활한 대지와 풍부한 산물로부터의 선물이었으며 그것을 소중히 한 정신은 오늘날의 캐나다 음식에도 많은 영향을 미쳤다.

동서로 바다에 접한 넓은 국토와 호수나 강이 많고 토지도 비옥해 게, 새우, 연어 등을 비롯한 해산물과 송어, 농어, 빙어류 등의 담수어들이 풍성하게 잡히고 있다.

캐나다는 세계 5대 어류 및 해산물 수출국으로 대구를 비롯해 새우, 바닷가재, 가리비, 청어, 가자미 등이 대표적인 산물이다. 서해안의 밴쿠버에서는 혀에 감기는 훈제연어나 연어구이를 맛볼 수 있고 어패류 또한 풍성하고 신선하기로 유명하며 다랑어나 민물가재, 조개류도 종류가 많고 맛도 기막히다. 또한 동해안의 프린스에드워드 섬이나 뉴펀들랜드 섬에서는 바닷가재를 비롯해 새우나 게가 맛있기로 소문 나 있다.

대서양 연안 세인트로렌스 강 하구는 작은 새우의 대표적 어장으로 세계 제일의 새우 맛을 자랑한다.

중앙 내륙 지방은 넓은 평원지대로 곡물이 풍성해 목축업도 발달했다. 기름진 목초 덕에 최고의 바비큐나 최상의 고기를 사용한 스테이크를 맛볼 수 있다.

특히 앨버타 주는 세계적인 육우 산지로 맛 좋은 비프스테이크를 맛볼 수 있는 곳이기도 하다. 낙농업 또한 중요한 분야로서 온타리오나 퀘벡 등 중부 지역을 중심으로 발달했다.

질 높은 우유제품으로 만드는 캐나다의 치즈는 그 종류가 다양하다. 전통적 제품인 체다, 모차렐라 등을 비롯해 카멤베어, 블루스, 산양 치즈 같은 전통 유럽 치즈도 선보이고 있다.

자연과 상품은 풍부하나 인구가 적은 특성 때문에 세계 굴지의 식품 수출국이 된 캐나다에는 단풍시럽이라는 독특한 산물이 호평받고 있다.

단풍시럽은 봄철 야생 단풍나무 진액을 채취해 그 즙을 끓여서 만드는 것으로 호박색의 끈끈한 액체이다. 온타리오 주와 퀘벡 주가 대표적인 산지이다. 원래 농가에서 매년 눈이 남아 있는 봄에 가족들이 총 출동하여 단풍숲으로 들어가 단풍나무에 V자형으로 칼자국을 내고 이를 따라 흘러내려온 나무진을 양동이에 받아 모아 큰 가마에 넣어 사흘 밤낮을 끓인 것으로 가정마다 맛이 조금씩 다르다고 한다.

현재 북아메리카 대륙 동북부 지역에서만 생산되는 이 단풍시럽은 17세기 식민 정착민들이 토착 인디언들에게서 그 제조법을 배운 것으로 빵에 발라 먹거나 홍차에 넣어 먹으면 맛있다.

단풍시럽은 그 섬세하고도 그을린 나무 같은 독특한 향취로 캐나다 외의 지역에서도 인기가 있는데, 알코올 성분을 넣는 등 여러 가지 다양한 상품을 개발하여 각광받은 상품이 되었다. 현재 캐나다가 이 제품 생산의 78퍼센트를 점하고 있으며 그 중 90퍼센트가 퀘벡 지방에서 나오고 나머지는 온타리오, 뉴브런즈윅 및 노바스코샤 지방에서 생산된다. 수출 면에서 볼 때 이 단풍시럽은 퀘벡 주의 네 번째로 큰 농산품이라고 한다.

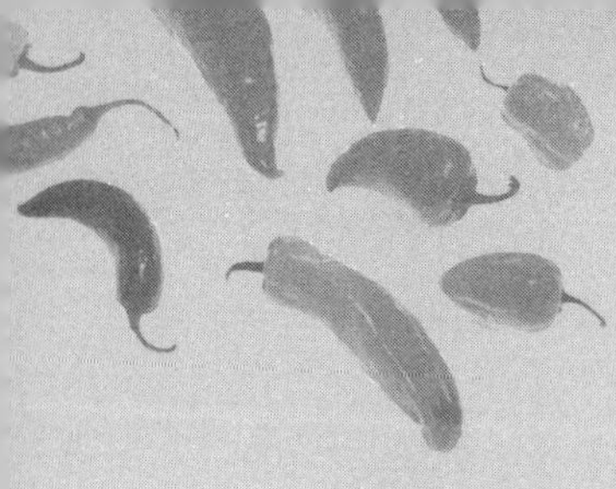

06 중앙 · 남아메리카

멕시코 · 브라질 · 아르헨티나 · 페루

중앙 · 남아메리카는 중세 이후 스페인, 포르투갈이 이 지역을 식민지화해 라틴계가 지배적이다.

지역적으로 볼 때 북은 멕시코로부터 시작되는 중앙아메리카와 남아메리카 대륙 그리고 카리브 해의 많은 섬들로 구분할 수 있다. 남아메리카 대륙은 우리나라와는 가장 먼 거리, 지구의 뒤편에 있는 땅이다.

캐나다, 아메리카의 서부를 종단하는 로키 산맥이 멕시코로 뻗어 있고, 여기서 상당한 고도의 화산대와 연결되어 있다. 이것이 또다시 남쪽으로 뻗어, 남아메리카 대륙의 서해안을 이르는 안데스 산맥이 된다. 남아메리카 대륙의 평야는 광활하고, 브라질의 아마존 강 등 강 유역에 발달했다. 인디오라는 원주민이 살고 있으나, 그 종족이 여러 가지이다. 유럽인이 건너온 후 각국에서 이주자가 잇달았고, 노동력 보충을 위해 아프리카 흑인을 수입했기 때문에 이들이 서로 혼혈하여 복잡한 인종 구성을 이루고 있다. 인종 구성도 나라에 따라 다소 다르다. 대체로 스페인인, 포르투갈인, 물라토(흑인과 백인 혼혈), 메스티소(백인과 인디오의 혼혈)순이다. 대개 아르헨티나, 우루과이, 칠레에는 백인이 많고 중앙아메리카 여러 나라에는 유색인이 많다. 그래서 혼합사회 라틴 아메리카를 이민천국이라 부르는 것이다.

이렇듯 마치 인종 전시장과 같은 인적 구성을 보이지만, 음식문화적인 관점에서

는 두 개의 기본틀을 유지하고 있다. 즉 옥수수 · 감자 · 호박 · 마니옥(카사바) · 토마토 등 그곳의 산지식물을 기초식품으로 한 인디언 음식문화에 스페인과 포르투갈계의 음식문화가 혼합된 혼합문화를 유지하고 있다.

그 결과 소득이 높을수록 서구식 문화의 영향을 더 받고 있으며, 도시에서 멀리 떨어져 있을수록, 또 소득이 낮을수록 그곳 전통식품을 더 많이 소비하는 경향이 있다. 그러나 예외도 많아서 명확한 정의를 내리기가 곤란하다.

멕시코 요리는 옥수수 요리문화라 해도 될 만큼 스페인식 요리에 옥수수와 왕고추가 많이 쓰이며, 페루에서는 옥수수뿐만 아니라 감자가 많이 소비된다. 특히 냉동 감자를 탈수시켜 말려 발효시킨 '큐소'는 고지방에 사는 페루인들의 가장 중요한 보존식으로서 수프의 바탕을 이룬다. 이와 같이 감자가 중요한 음식이어서 페루에서는 매년 대대적인 감자 축제가 열린다.

페루에서는 감자가 3000미터의 높은 산지에서 생산되며, 농민들은 300종 이상의 여러 가지 종자를 보존 · 유지하면서 이들을 섞어 심음으로써 병충해나 기후변화로 인한 흉작을 방지하고 있다.

멕시코 Maxico

종교와 문화를 존중하는 나라

멕시코란 국명은 스페인어 발음으로 '메히코'라 한다. 이는 아스텍 제국의 태양과 전쟁의 신인 메스트리가 관장했던 땅 '메시코'에서 유래된 것이다.

원래 이곳의 원주민은 기원전 3만 년경 시베리아로부터 베링 해협을 건너온 아메리카 인디오의 조상들이다. 이들은 기원전 3500년경에 농업사회를 형성했으며, 나아가 기원전 2세기부터 남부 일대를 중심으로 대신전도시大神殿都市로 유명한 마야문명을 꽃피웠다. 또한 10세기경부터는 북방 수렵민족의 문화가 유입되면서 주로 중앙고원 일대를 주무대로 군사를 동원한 부족 간의 정복 시대를 맞이했다. 10세기 중엽부터 12세기 중엽까지는 톨텍 왕국이, 그리고 14세기부터는 아스텍족이 세력을 확장하여 인구 수백만에 달하는 정복국가를 건설, 일세를 풍미하였다.

그 후 스페인의 정복자들은 마야문명의 전성을 상징하는 피라미드들을 허물고 그 자리에 성당들을 세워 가톨릭을 전파하였다. 현재 멕시코에서는 엄청난 수의 아름다운 성당들이 관광객들의 눈을 끌고 있으며, 국민의 약 90퍼센트가 가톨릭 신자이다. 부활절과 성탄절 기간은 멕시코 최고의 명절로 전 국민이 고향을 향해 대이동한다. 그 수준은 우리나라의 추석과 구정을 방불케 한다. 이 종교적 분위기는 멕시코인들의 생활태도 및 예절에도 많은 영향을 미치고 있다.

예를 들어 이웃이나 친구, 경우에 따라서는 지나가던 사람들로부터 도움을 받고 치하를 표시할 때, 그들이 제일 감격하는 표현은 다음과 같다. "신이 지불해주시기 바랍니다"Que Dios le pague!. 그러면 대부분의 사람들은 "정말 그랬으면 얼마나 좋겠어요" 또는 "신이 그걸 들으시면 좋겠어요"라고 응답하여, 정말 돈 안 들어가는 치사였다는 것을 확신시켜준다.

신앙심이 강한 멕시코인들이 길가에 있는 성당 앞을 지날 때, 열심히 성호를 긋는 것을 볼 수 있다. 그런 장면을 보고는 모르는 척해주는 것도 예의다.

이와 같은 역사적, 지리적, 종교적인 배경 하에 내려오고 있는 식습관을 요약하면 다음과 같다. | 자료: 구천서, 1995 |

첫째, 멕시코는 국토가 광대하고 서늘한 고원에서부터 온도 · 습도가 높은 열대의 평지에 이르는 다양한 기후 풍토의 혜택을 입어 동 · 식물의 종류가 많다. 이 자연조건에 원주민 문화와 식민지 문화가 융합하고, 지방에 따라 개성이 풍부한 요리문화가 생겨났다.

둘째, 멕시코의 주식은 토르티야로서 옥수수로 만드는 반건조한

새콤한 레몬 향에 어울리는 술—테킬라Tequila

멕시코 사람들은 모이기 좋아하고, 애주가들이 많으며, 마음이 낙천적이라 독립기념일, 크리스마스뿐만 아니라 스승의 날 등 여러 가지 기념일을 만들어 그때마다 파티를 연다.

흥겨운 파티가 열릴 때마다 빠지지 않는 것이 멕시코 전통술, 바로 테킬라이다. 가격이 저렴하고 우리나라 소주처럼 가볍게 즐길 수 있는 술이다.

또 유럽의 와인처럼 밥을 먹기 전 아페리티프로 마시는 사람들이 많다. 톡 쏘는 맛이 입맛이라도 돋우는 듯 가볍게 털어넣는다. 알코올 도수가 40~50도의 독한 술인데 그들은 눈 하나 깜짝하지 않고 마신다. 테킬라는 그 맛만큼이나 마시는 방법 또한 독특하다. 먼저 손등에 레몬을 문질러 소금을 뿌린 후 혀로 핥아먹고, 소금 맛이 퍼지는 동안 잔에 든 테킬라를 한 번에 넘긴다. 그 후 입가심으로 레몬즙을 먹는다. 테킬라의 종류는 세 가지이다. 화이트와 골드, 용설란(선인장)에서 나온 애벌레가 들어간 것이 있다. 그 중 애벌레가 들어간 것이 가장 비싸고 맛있다.

멕시코인들은 테킬라를 다른 술과 섞어 마시지 않고 소금과 라임조각을 곁들여 먹는데, 우리나라에서는 테킬라를 이용한 칵테일 또한 다양하게 선보이고 있다. 가장 대표적인 것이 마르가리타와 선라이즈이다. 가장자리에 소금을 묻힌 유리잔에 담아내는 마르가리타는 마르가리타 믹스와 테킬라, 트리플섹의 혼합이며, 선라이즈는 그라나댄시럽과 오렌지주스, 테킬라가 들어간 칵테일이다. 그 밖에 커피술인 갈루아를 주제로 한 칵테일도 많이 찾는다.

이외에도 멕시코에는 맥주가 유명하고, 세계적인 콘테스트에서도 상을 받은 것이 있을 정도로 맛과 향이 좋다.

납작한 과자 같은 것으로, 멕시코뿐만 아니라 중앙아메리카의 일부에 이르는 지역에서 식용되고 있다. 다음은 강낭콩Friol과 고추Chile가 있다. 고추를 라틴아메리카 여러 나라에서 아기Agi라 했다. 이것은 멕시코 이외의 나라에까지 식용되고, 조리법의 다양함과 소비량이 많음으로 그 중요성을 알 만하다.

몰Mol은 몇 종류의 고추를 주로 하는 향신료이다. 아몬드 등을 갈돌로 뭉개서 라드로 데쳐 푹 끓인 소스이다. 이것을 삶은 칠면조나 닭고기에 얹어서 흙냄비에 끓인 것이다. 또 아마리야Amarilla는 고추 · 들풀 · 스파이스Spice를 섞어 뭉개어 만든 소스를 옥수수 가루에 녹인 루Roux이다.

셋째, 멕시코의 동쪽 끝의 카리브 해, 멕시코 만을 끼고 있는 지역은 마야족의 마야문명으로 알려져 있다. 농민의 생활은 매우 검소하고, 날이 새면 토르티야, 고추, 아토레(옥수수로 만드는 음료) 등으로 간단히 아침밥을 마치고 남자들은 밭으로 나간다. 이때 마사(옥수수 단자)를 갖고 나간다. 밭일을 하는 동안 배고프면 표주박 그릇에 마사를 넣어, 가져온 물에 녹여 벌꿀을 넣어 마신다. 이것이 포졸Pozol이라는 휴대식이다.

한편 여자들은 오후 3시쯤 집에 돌아올 때까지 열심히 토르티야를 만든다. 그리고 달걀은 비교적 많이 쓰지만 고기를 많이 먹지는 않는다. 집에서 기르는 닭 · 돼지는 식육되지 않고 수풀 속의 야생동물을 잡아먹는다. 육식은 1주일에 한 번 정도이다. 고기는 마늘 · 양파 · 사프란 등을 섞어 삶는 일이 많다. 저녁밥은 다시 토르티야와 뜨거운 아토레로 간단히 마친다.

축일祝日의 먹거리는 대개 땅을 파서 비부란 구덩이에 스톤 보일링Stone Boiling 요리를 만든다. 생일 먹거리인 다마레스로 만든 소량의 고기를 바나나 잎으로 싸서 비부란에서 찐 것이다.

넷째, 멕시코의 대표적인 술은 테킬라이다. 이것은 보통 선인장으로 만든 것이라지만 미신迷信이다. 마게이란 용설란龍舌蘭으로 만든 증류주이다. 또 펄키Pulque(용설란주)는 역사와 소비량으로 미루어 멕시코 문화의 사회적 중요성에서 테킬라를 능가함을 알 수 있다.

우리나라 사람들과는 달리 멕시코인들은 점심은 정찬으로 든든하게 먹어야 하고, 저녁은 가볍게 먹어야 한다고 생각한다.

프랑스 사람들이 바게트로 아침을 시작하듯 멕시코 사람들은 토르티야로 시작한다. 토르티야 속에 달걀프라이, 햄을 넣어 간단하게 먹는다. 점심엔 타코를 배부르게 먹고, 아침에는 아무리 바빠도 인스턴트식품은 즐기지 않는다. 주로 속과 소스, 반죽을 미리 준비해두었다가, 즉석에서 바로 만들어 먹는다.

멕시코의 레스토랑을 가보면 신나는 잔치 분위기이다. 서양의 레스토랑처럼 잔잔한 선율에 조용조용 얘기 나누는 분위기와는 천지차이다. 격의 없이 누구나 친구가 될 수 있고 라틴음악에 맞춰 춤을 추며 흥얼댈 수 있는 시간이 바로 식사시간이다.

농어, 도미, 새우, 가리비 같은 해산물을 라임주스와 새콤한 소스에 절여 내놓는 멕시코 전채 '세비체'로 입맛을 돋운 다음 양념 닭고기를 삶아 으깨어 다진 양파와 함께 넣어 토르티야에 말아 튀긴 요리나 멕시코식 만두 퀘사딜라 등 주요리를 먹고 커피로 마무리한다. 이것저것 나오는 모양새나 독특한 맛으로도 충분히 즐거운데 여기에

흥을 하나 더한다. 바로 마리아치! 화려한 의상을 입고서 테이블을 돌아다니며 멋들어지게 노래를 부르는 악사들이다. 약간의 팁만 주면 언제든지 흥겨운 음악을 들려준다. 즉석에서 듣는 생음악이라 더욱 마음을 들뜨게 한다.

그 외 레스토랑에서의 에티켓으로서, 비공식적인 분위기에서는 음식이 먼저 나오는 대로 먹는 것이 통상적이나 공식적이고 엄숙한 분위기에서는 기다렸다가 같이 먹는 것을 교양으로 여긴다. 식탁에서 서양식으로 나이프, 스푼, 포크가 놓이며, 음식을 입에 넣고 대화하지 않으며, 소리 내어 음식을 먹지 않을 것을 권한다. 전통적인 음식인 '타코' Taco(우리나라의 밀가루 부침개 같은 것)는 불가피하게 손으로 먹어야 한다. 고급 음식점인 경우, 정장과 넥타이 착용(남자의 경우)을 요구하는 곳도 있다는 것을 사전에 알아두면 실수를 면할 수 있겠다. 식사 후 팁을 10~15퍼센트 수준으로 테이블에 놓는 것이 일반화되어 있다.

중앙 · 남아메리카 고대 문명의 발상지

멕시코는 테오티와칸 문화나 16세기 초엽까지 계속된 아스텍 인디오들의 독자적인 문명을 가지고 있다. 1521년 스페인의 코르테스에 의해 정복된 후 인디오 문명이 파괴되면서 그 자리에 유럽식 건물이 들어서기 시작했지만 스페인에 의해 파괴되고 새로 들어선 것은 식민통치를 하기에 필요한 정도였다.

외진 지역의 인디오 문화는 그대로 지켜졌고, 중간 지역에서는 파괴 · 건설보다 융합이 이루어졌다. 융합의 정도는 지역마다 달랐다. 그래서 멕시코는 인디오 문화와 메스티소(혼혈) 문화가 복잡하게 얽히며 지방마다 독특한 색깔을 가지게 되었다.

세계 제일의 투우장 '플라사 데 멕시코' 에서 울리는 함성 소리는 스페인 통치의 메아리이지만, 마리아치는 인디오 음악과 서양 현악기의 앙상블이며, 원주민 마을에 가면 한층 본래적인 인디오 문화를 경험할 수 있다.

멕시코의 31개 주는 이렇게 각각 독자적인 문화를 가지고 있어 실제 여행하면 현기증을 느낄 정도이다. 그런 다양성은 무엇보다 춤, 음악, 민속의상 등에서 적나라하게 나타난다. 멕시코시티 국립예술원과 사우다드 극장에서 공연되는 멕시코 주요 지방 민속음악과 민속무용을 보면 한 자리에서 짧은 시간 동안 그 놀라운 다양성을 피부로 느껴볼 수 있다.

베라크루스는 멕시코 만 연안의 항구도시로 스페인 이주민들이 최초로 밟은 땅이다. 쥐어짜는 듯한 슬픔이나 정열의 멜로디를 동반하는 플라멩고는 없지만, 스페인 특유의 짧고 빠른 스텝 무용이 전승되고 있다. 베라크루스의 음악은 경쾌한 마림바와 하프 · 레킨토 기타가 중심이다. 여기에 맞추어 춤을 추는 것이므로 스텝 역시 대단히 빨라 보는 것만으로도 흥이 돋는다.

미초아칸과 오악사카, 소노라의 춤은 종족마다 다르지만 순수한 인디오풍의 민속이라는 점에서는 같다. 여성들만 추는 오악사카 지방 산둔가에 등장하는 의상은 검은 벨로드 전체에 자수가 놓인 것으로 멕시코 지방 민속의상 중 가장 정성을 들인 것이다. 또 남성이 화려한 날개장식을 달고 춤을 추는 단사 데 라 푸르마도 볼 수 있다. 북과 피리 소리에 맞추어 사슴 가면을 쓴 남자가 스테이지 안을 돌아다니는 춤은 소노라 지방에 전해지는 것이다.

음악은 춤 이상으로 더욱 다양하다. 인디오 소리 가락에 서양의 현악기가 엮혀진 것이 멕시코의 혼혈음악인데, 인디오 소리 가락이 본래 다양했던 까닭이다. 스페인식의 민요가 멕시코에 퍼져 지방별로 개조되기도 하고, 원래의 인디오 음악에 가미되기도 하였다.

크게 북부와 중앙 · 남부의 소리로 나눌 수 있는데, 북부의 음악으로서 유명한 것은 코리도이다. 코리도란 고전소설이나 역사를 이야기조로 노래해가는 것으로 독립이나 혁명에 관한 것들이 많다. 우리에게 익숙한 「라쿠카라차」도 그 중 하나이다. 중앙의 할리스코는 마리아치의 본고장으로 멕시코의 분위기를 물씬 느낄 수 있는 음악인데, 그 옆의 마초아칸에 가면 좀더 토속적인 것을 느낄 수 있다. 이와 달리 남부의 소리는 명랑하고 쾌활한 뱃노래와 함께 애수가 깃들인 음악이 공존하며 주류를 이루고 있다.

브라질 Brazil

음식의 용광로

브라질이란 이름은 이 땅의 특산물로서 적색 염료로 사용했던 '파우 브라질'에서 따온 말로, 포르투갈어로 '불꽃처럼 빨간 나무'라는 뜻이다.

구소련, 캐나다, 중국, 미국 다음으로 세계 5위의 면적으로 남아메리카 대륙의 47퍼센트 이상을 차지하는 브라질은 거대한 영토만큼이나 무한한 자원 보유국으로 일컬어지는 데 손색이 없는 나라이다. 또한 포르투갈의 식민통치 기간 중 적극적인 혼혈정책과 오래된 이민의 역사로 인하여 100개 국가의 다양한 인종이 혼합되어 가히 인종시장을 연상케 하는 인적 구성은 브라질이 인종차별이 전무한 국가임과 더불어 모두에게 기회가 보장된 나라임을 알게 해준다.

이러한 특성 때문에 브라질 사람들은 대륙성 기질에다 매사에 느긋해 낙천적이며, 생활 면면이 다분히 개방적이고 또 다혈질적이다.

한때 경제 불안으로 외채문제와 고질적인 인플레로 경제적 어려움을 겪으면서도 대국적인 자신감과 낙관적인 자세로 국민 대다수가 위기 의식을 느끼지 않는 사고방식을 갖고 있는 면을 보더라도 브라질은 진정 걱정이 없는 희망의 나라임이 틀림없다.

브라질은 동양과 서양 및 아프리카 등의 다양한 문화를 갖고 있기 때문에 음식문화에 인디오의 음식문화와 흑인의 음식문화 그리고 백인의 음식문화의 특징을 골고루 지니고 있다 | 자료: 김혜영 외, 2004, pp. 189~192 |

우선 인디오의 음식문화를 지니고 있다. 인디오의 음식은 주로 브라질 오지인 북부 및 북동부 지역에서 주로 발달했다. 브라질은 '자연의 천국' 이라고 불릴 만큼 풍부한 천연 자원을 가지고 있는 나라이다. 따라서 풍부한 과일이나 사냥으로 잡은 고기만으로도 그들은 먹고사는 데 큰 지장이 없다. 그래서 브라질 원주민들은 곡식을 재배하거나 동물을 사육할 필요성을 별로 느끼지 못했다. 실제로 지금도 브라질에서는 길가의 과일을 따서 그 즙을 마시기만 해도 훌륭한 아침식사를 대신할 수 있다. 과일 시장에 나가 보면 놀랄 만큼 많은 종류의 과일이 쌓여 있어 조금씩 잘라 놓은 과일들의 맛만 보아도 아침식사로 충분하다. 그만큼 천연자원이 많기 때문에 인디오들은 음식문화를 발달시킬 필요성을 느끼지 못해서 자연 그대로를 식품으로 대용했다. 초기에는 식물의 열매나 뿌리를 그대로 먹었는데, 식물의 열매로는 바나나, 오렌지, 파인애플 등 풍성한 열대 과일을 오늘날까지도 즐겨 먹고 있다. 그 중에서 바나나를 가장 많이 먹는데, 처음에는 그대로 먹다가 차차 세월이 흐름에 따라 삶아 먹기도 하고 구워 먹기

광란의 삼바춤

인구 500만 명이 넘는 리우데자네이루는 화려한 리우 카니발과 해변 휴양지로 유명한 국제적 관광도시이다. 원시의 모습으로 삼바 리듬에 광란하는 리우 카니발이 있다. 축제기간 동안 리우의 호텔방을 얻기란 하늘의 별따기이다. 예약 없이 리우를 찾는다면 적어도 2주 전에는 도착해야 한다.

1920년 리우데자네이루에서 시작된 리우 카니발은 부활절 40일 전의 토요일부터 다음주 화요일까지 4일 동안 열린다. 해에 따라 변동이 있는데, 2월 초부터 3월 초 사이이다. 이때는 브라질이 한여름으로 리우는 섭씨 38~45도로 몹시 뜨겁다.

100만여 명의 관중이 운집한 가운데 펼쳐지는 리우 카니발에서 시장은 왕으로 선발된 '모모킹'에게 시의 열쇠를 건네준다. 축제기간 동안은 모모킹이 시장인 셈이다. 시의 열쇠를 넘겨받은 모모킹은 함께 뽑힌 여왕, 공주, 그리고 삼바학교 학생 3000여 명과 함께 광란의 춤을 시작한다. 바로 이 순간부터 리우 축제에 참가한 모든 사람은 춤추고 마시며 즐기기를 멈춰서는 안 된다. 이것은 시장인 모모킹이 "모든 사람은 삼바를 추며 즐거움을 만끽하라"고 명령하기 때문이다.

도시 전체의 정상업무가 화려한 의상을 몸에 걸치고 관중의 시선을 받으며 퍼레이드의 일원으로 춤추고 노래하고 환호하는 사람들로 마비된다. 카니발을 가장 잘 즐기고 있는 것은 그들 자신이 틀림없지만, 그 즐거움을 조금이라도 많이 가지려면 여러 방법이 있다. 티켓을 구입하여 관람석에서 퍼레이드를 보고 즐기는 방법. 또 도로에서 시민 퍼레이드에 참가하는 방법도 있다. 좀더 적극적인 여행자라면 나이트클럽 등에서 열리는 카니발에 참가하여 같이 즐길 수도 있다. 대부분의 관광객은 미화 100달러를 내고 티켓을 구입하여 카니발을 구경한다. 암거래도 많아 값은 천차만별이다.

3박 4일간 쉬지 않고 계속되는 축제에 지쳐 목숨을 잃는 사람이 해마다 200~300명이나 된다는 리우 카니발. 해외 토픽의 가십 기사에서 만나면 어처구니없는 난장판으로 여겨진다. 1년치 월급을 모두 써서 만드는 화려한 의상은 주로 슬럼가에서 만들어지며, 그 외에 무대나 장치도 그들 손에 의해 만들어진다. 축제기간 동안 관공서와 상점 · 은행은 모두 문을 닫아 오로지 카니발만을 즐기기 위한 것처럼 보이는 시민들이다. 당신도 삼바의 리듬에 맞춰 춤을 춰보면 마음속에 숨겨진 본능과 욕망이 꿈틀거리며 솟아오르는 흥분을 느낄 수 있다. 원시 시대의 자유로움을 실컷 즐기는 곳, 열정의 도시 리우에서 열리는 리우 카니발은 지구 반대편의 우리에게는 상큼한 충격이 아닐 수 없다.

카니발에 가려 도시의 아름다움이 감추어지는데, 옥색을 띤 바다와 이채로움을 내뿜는 원뿔 모양의 산들, 또 이들을 이어주는 모래펄을 가진 리우데자네이루는 아름답다. 전 세계에서 찾아온 관광객과 현지인들의 사교장인 리우의 해변은 언제나 붐빈다. 코파카바나 해변과 이파네마 해변은 너무도 유명하여 여행자의 발길이 끊이지 않고, 레스토랑, 부티크, 선물점, 유명 호텔 등이 즐비하여 불편함이 조금도 없다. 여유 있게 일광욕을 즐기는 현지인이 많은 곳으로는 플라멩코 해안이 있다. 해변 가까이에 중급 호텔과 싼 호텔이 밀집되어 있다. 크고 작은 곳을 합치면 10여 군데의 해변이 있다.

또 하나 빼놓을 수 없는 리우의 매력이라면 세계 3대의 미항의 하나로 꼽히게 된 과나바라 만의 경관이다.

도 한다. 바나나로 만든 요리 중에는 바나나를 말린 후 얇게 썰어서 달걀과 설탕을 넣어 삶아서 만든 파이 혹은 과자를 만들어 먹기도 한다.

식물의 뿌리를 먹는 것으로는 만디오카가 가장 유명하다. 만디오카로 가장 많이 만드는 음식으로는 만디오카 가루를 생선에 묻혀 튀긴 뒤 고추기름을 발라 먹는 피렁을 꼽을 수 있다. 인디오들이 식사에서 가장 즐겨 먹는 것이 바로 이 피렁이다. 인디오들은 사냥하여 잡은 고기나 강에서 잡은 물고기를 꼬챙이에 구워 먹는다. 수프는 양파, 마늘, 상추, 서양미나리 등으로 만든다. 그들이 사용하는 양념은 소금, 올리브, 고추, 후추, 계피 등이 있다.

둘째, 흑인의 음식문화이다. 16세기 초부터 브라질은 사탕수수밭에서 일할 노동력이 부족하자 아프리카의 세네갈, 가봉, 모잠비크 등지에서 흑인들을 데려오기 시작했다. 흑인 음식의 가장 큰 특징은 소금과 마늘을 많이 사용하는 것이다. 소금은 더운 지역에서 힘든 일을 할 때 땀을 흘리게 되므로 여분을 보충하기 위해서 필요했고 마늘은 열병으로 죽는 것을 막아주는 역할을 한다고 믿었기 때문에 많이 사용했다. 흑인들이 아프리카에서 직접 가져온 식물인 '덴데' Dende는 야자수의 일종으로 그 열매에서 기름을 짜서 음식을 튀길 때 사용한다. 덴데 기름은 끓이기 전까지는 아무 맛이 나지 않지만 음식을 튀기면 독특한 맛과 향을 내준다. 또한 풍부한 지방분을 함유하고 있어 노동을 많이 하는 흑인 노예들에게는 매우 귀중한 식품이다.

흑인 음식 중 가장 대표적인 것으로 '쿠스쿠스' cuscuz와 '페이조아다' feijoada를 들 수 있다. 쿠스쿠스는 아프리카의 이집트와 모로코에서 즐겨 먹는 음식으로 밀가루나 보릿가루로 만들어 먹었다. 그러나 브라질에서는 옥수수를 찧어 가루를 내어 반죽한 후 소금을 친 다음 삶아서 야자수 기름을 발라 먹는다. 옛날에는 흑인 노예들이 주로 가정에서 만들어 먹었지만 지금은 브라질 빵공장에서 대량으로 만드는 인기 있는 브라질의 서민적인 음식이다. 아침식사에 커피나 우유와 함께 들기도 하고 가벼운 저녁식사에도 많이 먹는다.

페이조아다는 페이존이라는 콩에 고기를 넣어 요리한 것이다. 지역에 따라 조금씩 다르지만 가장 대표적인 것은 페이존 프레트라는 한국의 팥보다 약간 큰 까만 콩으로 만든다. 이 요리는 보통 토요일의 점심으로 먹는데, 콩을 목요일 밤부터 물에 담가 불린다. 그것을 다음날 하루종일 큰 냄비에 삶다가 소와 돼지의 뼈가 붙은 고기, 카르네세카(소금에 절인 고기), 링기사(살코기 순대), 베이컨, 기타 기호에 따라 돼지의 코와 귀까지 넣는다. 하루 종일 약한 불에 얹어놓으면, 육류는 흐물흐물해질 정도로 부드럽게 되고, 소금에 절인 고기에서는 적당한 소금 맛이 우러나며, 전체에 기름이 배어 들어가 반질반질한 요리가 된다. 굵은 파와 같은 아료포로도 큼직큼직하게 썰어넣는다. 마지막 손질은 마늘이다. 프라이팬에 기름을 끓이다가 마늘을 대량으로 노릇노릇하게 튀기고, 거기에 페이조아다를 넣는다. 형체가 남아 있는 콩은 그때에 될 수 있는 대로 포크 같은 것으로 이긴다. 그것을 1인분씩 질그릇 냄비에 담고 끓여 낸다.

셋째, 백인의 음식문화이다. 브라질은 포르투갈인은 물론 이탈리아, 독일 등 유럽의 백인들이 많이 이민을 왔기 때문에 유럽의 영향을 많이 받았다. 특히 북부 지방과 남부 지방은 매우 대조적이다. 북부 지방은 주로 원주민이나 흑인들의 영향을 받아 비교적 브라질 고유의 문화를 지니고 있는 반면, 남부 지방은 유럽 문화를 옮겨다 놓은 듯 유럽과 흡사하다. 이탈리아인들이 많은 지역에서는 이탈리아 문화가 이식되어 스파게티 같은 음식이 정착되었으며 독일인들이 많은 지역에서는 독일 문화가 그대로 이식되어 낙농업을 이용한 버터나 치즈 같은 음식이 발달했다. 그들도 육류를 먹을 때는 적포도주, 생선류를 먹을 때는 백포도주를 마신다.

백인의 음식 중 대표적인 것으로 대구요리를 들 수 있다. 대구요리는 포르투갈의 가장 전통적인 요리로, 포르투갈인들이 많이 사는 상파울루나 리우데자네이루의 유명한 대구요리로는 '해산물 대구 요리'와 '달걀 감자 대구요리'를 들 수 있다.

레스토랑에서는 식사예절만 지킨다면, 일단은 돈 주고 시켰으니 자리에 앉아 있는 시간만큼은 밤이 새더라도 주인처럼 몇 시간이고 음식을 들며 이야기를 나누고, 또 종업원은 손님들에게 최대한의 예를 베풀어 끝까지 서비스를 제공하는 모습은 가히 '현재의 자리'에서 충분히 즐기고 베풀 줄 아는 브라질 사람들의 엔조이 정신이 아닐까.

이러한 브라질 사람들의 느긋함은 공용어인 포르투갈어의 작별인사인 "아떼 아망냥"Ate Amanha(내일 봅시다)에서 비롯되는지도 모른다. 그들은 공사간의 업무나 개인간의 약속에서, 오늘 특별히 바쁜 일도 없으면서도 "내일 하자", "내일 보자"라는 말을 즐겨 쓰는 습관이 철저하게 배어 있다. 그러나 그들은 우리와 비슷한 "안 되는 일은 없다"라는 방법과 술수에 능한 태도 또한 갖고 있다. 그들은 무슨 방법(수)이 없겠느냐? 라는 말을 쉽게 하면서 약간의 부정적 수단(?)을 동원한다면 서로 가능한 방법이나 아이디어를 제공해주고 해결하기 때문에 그만큼 사교적인 관습을 갖고 있는 것이다.

이러한 관습은 아마도 타향에서의 고된 이민생활을 통하여 서로 도와주고 마음을 주는 브라질 사람 특유의 상호부조의 요령에서 비롯된 것일 것이다. 특히 브라질 사람들은 '모두가 친구'라는 '아미구' Amigo(친구) 사회에 길들여져 있어 친분과 우정이 깊으면 어려운 문제에 부딪히더라도 '아미구'로서 도와주고, 또 안면만 있으면 비록 현실적이긴 하지만 '누구나 친구'라는 생각 때문에 적지 않은 도움을 받을 수가 있다. 그래서 브라질을 이해하고 브라질 사람들의 생활을 배우기 위해서는 무엇보다 먼저 격의 없이 친구를 사귀고, 그들과 여행을 함께하며, 파티에도 끼어보고, 술도 마시며, 이야기도 나누어보라고 권하고 싶다.

일찍이 브라질의 한 사회학자는, 브라질 문화와 브라질 국민의 특징 중의 하나가 바로 식민 본국인 포르투갈의 비교적 온건하며 유화적인 식민정책과 오랫동안 거대한 대륙에서 큰 전쟁 없이 태평성대를 누려온 탓에 자연을 사랑하고 사람을 사랑하는 순박한 사랑의 성품에서 비롯되었다고 설파한다.

또한 그들의 뜨거운 낭만은 커피와 맥주에서 비롯되는지도 모른다. 작은 잔의 진하고 쓰디쓴 원두커피 한잔, 즉 '카페징유' Cafeziho라는 그들의 커피는 어디를 가더라도 맛볼 수 있는 브라질의 삶, 바로 그것이다. 그리고 생수값보다 더 싼 그들의 맥주는 갈등을 없애주는 맛 외에도 브라질 사람들의 숨김없이 투명한 삶의 모습과 그들의 지칠 줄 모르는 낭만에의 사랑을 여실히 보여주는 데도 한몫하고 있다.

아르헨티나 Argentina

팜파스의 나라

라틴아메리카의 대국들 중에서 아르헨티나만큼 이해하기 어려운 나라는 없는 것 같다. 브라질, 멕시코, 페루, 볼리비아, 칠레 등은 대표적인 이미지가 분명하게 드러나 있다. 물론 아르헨티나에도 팜파(남아메리카 남동부의 온대초원)와 가우초 등이 대표적인 이미지가 될 수 없는 것은 아니다. 그러나 아르헨티나의 단조로운 팜파 안쪽에는 남아메리카 굴지의 다채로운 풍물이 있다. 이 나라를 이해하기 힘들게 하는 이러한 다양성이 아르헨티나의 매력이기도 하다.

남아메리카 대륙에서 브라질 다음으로 큰 면적을 자랑하는 아르헨티나는 안데스 산맥을 경계로 칠레와 국경을 접하고 있으며, 동쪽 및 북쪽으로는 라플라타 강과 그 하천을 경계로 브라질, 우루과이, 파라과이, 볼리비아 등 주변 4개국과 인접해 있다.

원래 이곳은 주로 안데스 산악지대를 중심으로 활동했던 원주민

인디오들의 생활터전이었다. 하지만 1516년 스페인의 솔리스가 라플라타 강을 처음 발견함으로써 세상에 알려지기 시작하였으며, 1535년에는 멘도사가 이끄는 대규모 탐험대가 도착하여 부에노스아이레스를 건설하기에 이른다.

초기 식민지 개척은 주로 은광업을 위한 생산물 공급 차원에서 진행되었다. 그러나 인구가 부족한데다 원주민들의 저항 또한 만만치 않아 상당한 애로를 겪기도 하였다. 따라서 스페인 국왕은 '엔코미엔다'(국왕이 원주민에게 정복지의 통치를 위탁하는 제도)와 같은 제도를 실시하여 원주민의 회유와 함께 인근 나라들로부터 인구 유입을 유도했다. 따라서 1776년에 설치된 라플라타 부왕령副王領의 수도 부에노스아이레스는 페루의 은 생산 쇠퇴와 함께 대서양 무역의 거점으로 발돋움하게 된 곳이다.

아르헨티나의 요리는 한마디로 정의하기가 어렵다. 다양한 민족으로 구성된 국가이다 보니 음식 역시 각 민족별, 지역별로 다양화되어 있어 특히 부에노스아이레스에서는 마음만 먹으면 전 세계의 음식을 모두 먹어볼 수 있다.

아르헨티나인의 아침식사는 상당히 간단하다. 토스트에 버터나 잼을 발라먹기도 하고 꿀을 바른 반달빵인 메디아 루나Media luna에 우유를 섞은 커피 카페 콘 레체Cafe con leche를 큰 잔에 부어 먹는 것이 모두이다.

여기에 한 가지 더 추가하면 입가심 격으로 주스 한 잔 정도가 제공된다. 절대로 아침식사를 많이 먹지 않으며, 어떤 사람들은 커피 한 잔으로 아침을 대신하기도 한다.

탱고의 고향

탱고의 고향답게 라보카 지구만은 흥미를 끈다. 나폴리 아이스크림 같은 모양의 집들이 줄지어 서 있고, 서민적인 술집에서 밴드네온의 탱고를 들으면서 남국식 튀김이나 스파게티를 맛볼 수 있다. 사뭇 어리둥절해지기도 하지만, 남이탈리아의 일부를 발견한 듯하여 흐뭇해진다. 이런 분위기에 싸인 라보카 지구에는 어딘지 모르게 우수 띤 표정을 한 남쪽나라 사람들이 많이 산다. 가로등이 안개 속에 흐릿해지고, 탱고 가수 카를로스 가르델이 즐겨 거닐던 카미니트(골목)에는 포석이 둔탁한 빛을 낸다. 라보카 지구야말로 시정이 넘치는 유랑의 땅이다. 이곳에서는 탱고도 가슴을 쥐어뜯는 애절한 노래가 되어 사람의 영혼을 뒤흔든다. 누군가가 탱고를 '춤추는 슬픈 생각' 이라고 했는데, 이 리듬이 바로 이 라보카 지구에서 금세기 초에 태어난 것이다.

한편 사람의 취향에 따라 다르지만 많은 사람들이 점심식사부터 상당히 기름진 음식을 먹는다. 크게 나누면 고기요리, 밀가루요리 등이 있는데 고기요리를 즐기는 사람들 중 많은 사람들이 점심시간인데도 불구하고 고기와 곁들인 와인을 즐긴다. 그러나 최근 대도시에서는 직장의 점심식사 시간이 그리 여유 있는 시간이 아니므로, 패스트푸드나 피자, 간단한 파스타요리로 점심을 해결하는 사람이 많아지고 있다. 또한 시간에 쫓기는 사람들은 공원이나 길거리 이동 가판대에서 판매되는 판초Pancho(기다란 핫도그 빵에 뜨거운 물에 삶은 소세지를 넣은 것)와 음료수 한잔으로 점심을 해결하기도 한다.

아르헨티나의 저녁식사는 점심식사 메뉴와 별반 차이가 없다. 다만 먹는 양이 많고 주변의 사람들과 대화를 즐기기 때문에 식사시간이 상당히 길다. 또 하나 특징적인 것은 저녁식사가 상당히 늦게 시작된다는 점이다. 보통 식사시간은 9~10시이며 와인도 마시고 떠들며 식사를 하다 보면 자정을 넘기가 예사이다.

남아메리카의 카우보이 가우초

아르헨티나에서 달리는 사람을 보면 모두 세계적인 축구 선수 같다. 주말이면 곳곳에 축구를 즐기는 사람들이 많다. 그러나 그보다 더 뜨거운 열기가 있다. 다름아닌 아르헨티나식 숯불구이 아사도이다. 아예 석쇠가 불막이로 마련되어 있어 누구나 와서 사용할 수 있다. 그야말로 군침이 절로 넘어간다. 대부분이 가족들 아사도만큼은 남자들이 요리하게 마련이다. 아르헨티나 사람들 누구나 식구들과 아사도를 즐기는 이 시간을 가장 좋아한다. 아르헨티나의 팜파에서 빌려온 고기 맛도 일품이다. 이곳 사람들에게 제일 손꼽히는 음식은 바로 아사도이다. 바로 대자연 팜파가 준 큰 선물이다.

소가 인구의 2배나 살고 있다는 나라이다. 드넓은 평원 팜파에서 방목을 하기 때문에 주인들조차 그 수를 정확히 가늠하기 힘들다고 한다. 소들을 돌보는 이들은 가우초로 남아메리카의 카우보이들이다. 매일 아침 소의 젖을 짜고, 한 마리 한 마리 돌보아야 한다. 그러나 워낙 수가 많기 때문에 그저 함께 생활을 하고 있을 따름이다. 목장의 큰일이 있을 때면 이웃에서 가우초들이 모여든다. 이곳의 가우초들은 목장에 고용되어 있는 것이 아니다. 일손이 필요할 때마다 서로 도와주고 일한 만큼 일당을 받는다. 가우초들이 모일 때마다 즐겨 마시는 것이 마테차이다. 마테잎과 숯불 안쪽에서 나오는 것들을 함께 말려서 끓이는 것으로 아침부터 저녁까지 틈나는 대로 마시는데, 마테차를 마실 때 특이한 것은 반드시 잔 하나를 돌려가면서 마신다는 사실이다. 가우초들에게 마테차를 나누는 것은 우정의 의미라고 한다. 한 잔의 차를 주고받으며 서로의 기쁨이나 근심까지도 함께하자는 뜻을 담고 있다고 한다. 목장마다 잡은 소를 손질하고 요리하는 사람이 따로 있다. 손님들을 위해 준비하는 음식은 다름아닌 아사도이다. 아사도는 전통적으로 팜파에서 즐겨 먹는 가우초들의 음식이다. 구워지는 고기 부위도 다양하다. 갈빗살에서 소시지, 초리소까지 어느 하나 먹음직스럽지 않을 것이 없다.

그들에겐 더 욕심나는 것도 부러울 것도 없어 보인다. 풍성한 식탁이 기다리고 있기 때문이다. 와인 한 잔으로 먼저 식욕을 돋워주고 잘 구워진 아사도, 따로이 곁들여지는 것이 없어도 식탁은 넉넉하다. 칼로 찍어서 먹으면 그뿐이다. 복잡한 식사도구도 필요없다. 초원에서 생활하는 가우초들에게 칼은 없어서는 안 될 필수품이다. 늘 가지고 다니면서 식사 때도 아예 칼 한자루로 포크의 역할까지 대신 하는 것이다. 다소 위험해 보이지만 이 또한 친근함을 나누는 일이라고 한다. 이런 장난스러움이야 말로 낙천적인 이들의 생활을 엿볼 수 있게 한다. 그러나 목장에서도 언제나 만찬이 차려지는 것은 아니다. 평소에는 아사도를 건조해두었다가 먹곤 하는데 약간 딱딱해진 고기를 씹는 맛이 또한 일품이다. 소시지와 같은 초리소 또한 정말 맛있다.

전통적으로 아사도는 아사도 꼰꾸엘로라고 해서 소 한 마리를 통째로 요리한다. 가우초가 되려면 소 잡는 일에도 익숙해야 한다. 아이들 또한 어렸을 때부터 이 일들을 어깨 너머로 배운다. 더구나 아사도를 요리하는 것은 모두 남자들의 몫이라고 한다. 여자들은 어떤 참여도 하지 않는다. 아들에게서 아들에게로 전수되는 것이다.

아사도에 들어가는 양념은 별다른 것이 없다. 간을 맞추기 위해 소금을 뿌리는데, 이때 암염으로 만든 굵은 소금이 쓰인다. 여기에 더하는 것이 와인으로 술로 고기를 연하게 하려는 것이다. 팜파에서 재배한 포도로 만들어지는 아르헨티나 와인은 그 맛이 또한 세계적이다. 굽기 위한 준비가 다 되어도 여전히 가죽과 털은 그대로 둔다. 바로 이것이 아사도 꼰꾸엘로의 전통적인 맛을 내는 비결인 것이다.

석쇠 밑으로 달구어진 숯을 뿌린다. 이때도 기술이 필요하다. 반드시 숯을 잘게 부숴야 하는데, 숯불이 고기에 직접 닿지 않도록 하기 위해서이다. 숯에 직접 굽는 것이 아니라 그 열과 연기로만 하는 것이다. 털을 손질하지 않는 것도 열과 연기를 보존하려는 이유라고 한다. 이렇게 해서 고기가 완전히 익기까지 12시간에서 14시간쯤 지나면, 즉 아침 일찍 해도 저녁 무렵에서야 아사도 잔치를 벌일 수 있다고 한다. 이쯤 되면 한편에서는 점심 준비가 한창이다. 호박이며 갖가지 야채들을 손질하는 이 음식은 푸체로, 고기를 덩어리째로 물에 넣어 국물맛을 내고 여기에 각종 야채들을 끓여서 먹는다. 팜파에서 일상적으로 즐겨 먹는 요리 중 하나이다.

풍성한 채소들 또한 세계에서 가장 비옥한 땅 중 하나인 팜파에서는 모든 것이 참으로 잘 자란다. 식량자급은 거의 100퍼센트 수준이라고 한다.

보기만 해도 맛깔스럽다. 잘 익은 야채들을 건져내 먹으면 되는데, 고기 국물맛이 배어 담백한 것이 아주 맛있다. 팜파가 주는 이 먹거리들이야말로 아르헨티나인들이 낙천적인 문화를 이루어온 가장 큰 바탕이다. 그러나 가우초들도 욕심내는 것이 있다. '은으로 만든 칼.' 칼은 기본적으로 사용되는 곳이 많기도 하지만 무엇보다 전통과 자부심의 상징이다. 좋은 칼을 갖는 것이 가우초들에게는 큰 즐거움이기도 하단다.

페루 Peru

잉카의 제국

페루의 참모습은 오직 잉카문명이라는 이름에 모두 가려져 있다. 잉카문명은 페루 역사에서 불과 400여 년의 기간만을 지배했던 왕국이다. 그러나 지금 우리는 페루의 가치보다 잉카문명의 거대함을 중요시하고 있다. 여기에 페루인들의 슬픔이 숨겨져 있기 때문이다.

잉카문명은 분명히 과장되었다. 잉카 제국의 중심지였던 쿠스코 Cuzco 남쪽 300킬로미터 지점에 있는 나스카 고원에서 발견된 신비한 모양의 흔적을 접하면서 '우주인들의 착륙 지점이 아니었나' 하는 의구심을 갖게 되는데, 그러한 신비감이 잉카문명에까지 전가됐기 때문이다. 물론 잉카문명의 거대함이나 뛰어난 측성술 등은 높이 살 만한 문화이다. 하지만 잉카문명은 우주에서 온 사람이 만들었거나 어느 날 갑자기 하늘로 사라진 것이 아니다. 잉카는 많은 호사가들이

치장하고 덧붙이면서 신비감을 갖게 됐을 뿐이다. 잉카문명은 풀리지 않는 수수께끼도 아니고, 우주인이 만든 신비의 요새도 아니다.

잉카족은 중앙아메리카 지역에서 발흥하기 시작한 모티카 문화와 나스카 문화 속에 살아가던 작은 부족에 불과했다. 이들은 11세기경 지금의 안데스 지역으로 옮아와 자리잡았고 400년이라는 세월 동안 스페인 정복자들에게 멸망하기 전까지 남아메리카 제국을 하나로 묶을 정도로 위세를 떨쳤다. 이들은 태양신을 숭배하고 신전을 쌓았으며 태양과 가장 가까운 안데스에 살아 있는 처녀를 제물로 바쳤고 견고한 축성과 태양을 이용한 달력을 만드는 등 800년경 중앙아메리카에서 슬그머니 사라진 마야문명에 버금가는 문명을 일구었다.

잉카문명이 신비스럽게 부각된 것은 잉카문명의 신전이었던 마추피추가 근대에 들어 우연히 발견됐기 때문이다. 정복자인 스페인 사람들은 잉카문명의 중심지였던 쿠스코를 정복한 후 잉카문명의 신비라고 불리는 '마추픽추'가 있다는 사실을 까마득히 몰랐다. 이곳은 안데스 고원의 깊은 산악에 숨겨져 있고, 일반인들의 출입이 통제되었던 곳이기 때문에 잉카의 황제 아타왈파가 처형되면서 함께 역사 속으로 묻혀버렸다. 근대에 들어 미국의 고고학자가 안데스 고원 깊은 골짜기에서 견고한 성터를 다시 발견하면서 세계적인 관심을 끌게 됐을 뿐이다.

페루 음식문화의 특징은 크게 잉카족의 식생활과 고지대의 식생활 그리고 해안 지방의 식생활로 나누어 살펴볼 수가 있다. | 자료: 김혜영 외, 2004, pp. 196-197 |

우선 잉카족의 식생활이다. 페루의 주민들이 먹는 음식은 주로 채식이지만 좁고 긴 해안선을 따라 있는 지역적 특성으로 물고기가 풍부하고 때로는 공동으로 사냥을 하기도 했다. 기니피그 또한 거의 모든 가정에서 사육되었다. 잉카족은 개를 먹는 것을 인가하지 않았으나 일부에서는 식용하기도 하였다. 잉카족의 식사는 주로 옥수수와 감자, 호박, 콩, 마니악, 고구마, 땅콩, 토마토, 아보카도 등으로 이루어져 있었다. 옥수수는 페루 저지대의 주식으로, 말린 낟알을 간 다음 그 가루로 죽을 끓여 먹었다. 반면 고지대에서는 옥수수 대신 감자나 오카oca, 퀴노카quinoca, 또는 다른 덩이줄기 작물들이 재배되었다.

스페인이 잉카족을 멸망시키고 식민지화하면서 페루에는 스페인의 음식문화가 전달되었고 스페인은 페루의 감자, 땅콩 등을 외부에 전파하는 역할을 하였다.

둘째, 고지대의 식생활이다. 고지대에 사는 사람들 중에서 가장 독특한 식생활을 하고 있는 사람들은 안데스 산맥에 살고 있는 인디오 케추아족이다.

그들의 주식은 감자인데, 1000미터가 넘는 산에 300종이 넘는 각종 감자를 심으며 수확한 감자의 일부를 밖에 내다 얼린다. 낮과 밤의 온도차가 심하여 갑자기 얼었다 다음날 녹게 되면 그 감자를 밟아 감자 속에 있는 물을 뺀다. 이것을 반복하면 감자에 있는 수분이 빠져나가고 감자는 건조된다. 이렇게 건조된 감자는 추누Chunu라고 하는데, 고지대의 주민들에게는 가장 중요한 식량이다. 그들은 감자와 옥수수 등을 함께 추누로 만든 수프를 거의 매일 먹으며 특별한 날에는 거기에 라마, 면양 및 돼지고기를 넣어 삶아 먹는다. 손님이 오면 우리가 닭을 키우듯이 키우고 있는 설치과의 마모트를 잡아 기름에 튀겨내는 꾸이Cuy라는 요리를 별식으로 제공한다.

또 이보다 약간 저지대에서는 감자뿐만 아니라 고구마와 맛데라(칸나의 일종) 등도 이용한다. 옥수수도 품종이 많아 색깔 및 크기가 여러 가지이다. 단백질은 고기뿐만 아니라 콩과 땅콩으로부터 얻으며 더 아래로 내려가면 호박 등도 이용한다.

셋째, 해안 지방의 식생활이다. 페루의 일부 해안 지방에서는 한꺼번에 많이 잡힌 물고기를 싱싱하게 저장하기 위해 파도 끝과 해변 모래사장 사이 경계선에 구덩이를 파고 고기를 그 속에 넣은 후 모래를 덮는 방식의 특수한 고기저장 방식을 이용하여 4~7일 동안 생선을 저장하기도 한다. 이것은 파도가 계속적으로 밀려와 모래에 수분을 공급하고 더운 태양에 비친 모래사장의 수분이 증발할 때 증발열을 뺏아가 다른 곳보다 그 부분이 훨씬 온도가 낮아지는 원리를 이용하는 것이다. 특색 있는 요리로는 세비체ceviche란 회요리가 있고, 낙지·새우·오징어·조개 등을 올리브 기름과 향신료인 터메릭Turmeric(심황)을 넣고 쪄낸 피칸테 데 마리스코스Picante de Mariscos, 생선요리인 아로스 콘 마리스코스Arroz con Mariscos 등이 있다.

한마디로 페루의 음식문화는 높은 산, 해변, 건조, 열대우림, 열대지역에 인디오 및 스페인 문화가 혼합된 독특한 형태를 유지하고 있다.

우리 식탁에서 하루도 빠지지 않는 고추, 식생활에서 중요한 감자, 옥수수, 고구마, 호박, 토마토, 땅콩, 딸기, 파파야, 아보카도 등은 이곳이 원산지이다. 그리고 기호품인 담배와 코카도 역시 이 지역이 원산지이다. 그래서 콜럼버스가 500여 년 전에 북아메리카 대륙에서 이들 작물들 중 일부를 이곳으로부터 가져오기까지 우리들에게는 매우 생소한 것들이었다.

고추는 원래 페루의 고산지대에 살고 있는 케추아어로 우추라고 불렸다. 이것은 지금으로부터 2000여 년 전부터 재배되었던 것이다. 크기도 굵은 콩알만한 것부터 어린이 주먹만한 것이 있는가 하면, 그 모양도 둥근 것, 긴 것 등이 있으며, 붉은 것, 노란 것, 검은색에 가까운 진남색 등 여러 가지 색깔이 있다.

원래 잉카 시대에는 옥수수가 감자에 비해 귀중하게 취급되었다. 그래서 태양에 제사드릴 때에는 옥수수가루를 희생물로 바친 라마의 피를 섞어 단자團餈를 만들어 전국에 분배하였다. 지금도 옥수수 가공품의 하나로 옥수수가루를 잘 반죽하여 바나나 잎에 싸서 찐 타말리Tamales란 것이 있다.

우리나라에는 갑자기 귀한 손님이 오게 되면 희생물이 되는 것은 닭이었다. 페루 산악지대에서는 꾸이가 우리나라의 닭 역할을 한다. 설치류(쥐 · 토끼 등) 동물로 바다가 멀고 교통이 나쁜 이곳에서 동물성 단백질 섭취에는 이것이 매우 귀중한 자원이 되고 있다. 껍질을 벗겨 기름에 튀겨내는데, 여기에다 감자, 빵 그리고 야채를 곁들여 낸다. 생각보다 맛있다고 한다.

식품의 원산지

페루의 수도 리마의 한 농산물 시장을 돌아보면, 주로 서민들이 이용하는 일반 시장인데도 거래되는 농산물의 종류와 규모가 엄청나다.
그 중에서도 가장 중요한 작물은 다름아닌 고추와 감자이다. 고추의 종류만 해도 수십 가지에 달한다. 이 여러 종류들의 고추가 이곳이 원산지임을 말해주고 있다. 페루에서 야생종 고추를 재배한 것은 약 2000년 전쯤부터이다. 페루인들은 좀더 나은 품종을 만들기 위해 노력을 거듭했을 것이고, 그 결과로 다양한 고추가 생산되었음을 짐작할 수 있다.
지구 상 가장 중요한 식용작물인 감자 역시 바로 이곳 페루인들의 농업 기술에 의해 태어났다. 감자의 종류는 더 많아서 수백여 종이다. 가게마다 자신들이 취급하는 감자를 쌓아놓고 이름까지 붙여놓는다고 한다. 야생종은 알이 작고 맛이 아려서 먹을 수 없었다고 하는데, 지금은 그 맛도 크기도 다양해졌다.
감자의 색이나 수분 정도, 재배지 등에 따라 구분된다. 먹거리의 종류가 다양한 만큼 요리 또한 발달하게 마련이다. 고추를 이용한 것 중 빼놓을 수 없는 것이 살사(스페인어로 소스란 뜻)라고 한다. 고추를 다땅이라는 멧돌에 갈아서 만드는 일종의 양념장이다. 우리 고추장과 마찬가지로 페루 음식 대부분에 넣을 수 있다. 고추에 소금, 식초, 약초 등을 함께 간 살사는 무엇보다 톡 쏘는 매운맛이 그 특징이다. 고기, 생선요리, 옥수수나 감자 등에 바르거나 찍어 먹으면 음식의 맛을 한층 더해준다. 튀겨 먹고, 데쳐 먹고 고추의 쓰임새는 많기도 하다. 손님의 시선을 모으기 위한 장식품으로도 일품이다.
페루 사람들이 즐겨 먹는 빠빠레이예나, 삶아서 으깬 감자 속에 고기, 계란, 올리브 등을 집어넣고 다시 감자모양으로 곱게 다듬는다. 빠빠레이예나라는 요리 이름은 속을 채운 감자라는 뜻이다. 페루 요리에서 감자는 빼놓을 수 없는 음식 재료이다. 마지막으로 계란을 입히고 끓는 기름에 튀긴다. 노릇노릇하게 익으면 맛 좋은 빠빠레이예나가 된다. 여기에 토마토, 옥수수를 곁들이면 영양까지 골고루 갖춘 담백한 식사가 되는 것이다.

페루의 감자가 전 세계로 전해진 것은 15세기경, 콜럼버스가 신대륙을 발견한 후 남아메리카를 정복하러 나선 스페인에 의해서였다. 스페인이 페루의 옛 문명 잉카를 공략한 것은 황금을 노려서이다. 그러나 제국주의가 거둔 가장 큰 수확은 감자였다. 감자가 유럽으로 전해지면서 세계의 식량생산 능력은 급격하게 늘어날 수 있었다. 1533년 잉카를 멸망시킨 스페인의 정복자 프란시스코 피사로, 그가 끌고 왔던 군대는 180명이었다. 새로운 무기인 총과 프란시스코의 계략에 잉카는 무너지고 말았다. 그것은 또한 감자의 전래를 통해 인구의 증가와 나아가 18세기 커다란 변혁의 바탕을 이루게 된 셈이다.

서양문물은 잉카의 큰 변화를 가져왔다. 오늘날 페루인 중에는 잉카의 후예 순수한 인디오가 반쯤 되고 백인과 인디오의 혼혈인 메스티소와 순수 백인들이 또 반쯤 이루고 있다. 말 역시 스페인어와 원주민 말인 케추아어를 함께 쓰면서 식민지와 잉카 문화를 공유하고 있다. 이러한 문화적 특성은 음식에서 더욱 잘 나타나고 있다. 페루 해변을 바탕으로 페루는 한때 세계 제일의 어획고를 올리기도 했다. 주방에서 준비되고 있는 것은 식사 전 입맛을 돋우기 위한 요리인 세비체를 살펴보면 다음과 같다. 일종의 생선피인데, 여기서 눈여겨봐야 할 것은 특히 레몬이다. 생선의 살을 단단하게 해서 싱싱한 맛을 더하는 것이 레몬의 역할이다. 사실 레몬은 페루에서 가장 널리 쓰이는 음식 재료 중 하나이기도 하다. 바로 여기서 음식문화의 특징을 찾아볼 수 있다. 조리과정을 좀더 살펴보면 레몬 다음으로 넣는 것이 매콤한 살사, 후추 역시 빠지지 않는다. 이렇게 해야 제 맛을 낼 수 있기 때문이다. 레몬의 새콤한 맛, 고추 살사의 매운맛이 어우러져 그 맛이 일품이라고 한다. 옥수수와 감자까지 곁들여지면 맛과 영양을 더해준다.

그렇다면 이 레몬은 언제부터 음식에 쓰이게 되었을까? 페루에서는 재배되지도 않았는데……. 레몬이 잉카에 전해진 것은 스페인 정복군들에 의해서였다. 식민통치는 음식문화에도 큰 변화를 가져왔던 것이다. 페루의 농수산물과 스페인의 요리법들이 결합되어 새로운 음식문화가 탄생한 것이다. 페루의 농수산물과 스페인의 요리법들이 결합되어 새로운 음식문화가 탄생한 것이다. 이것을 크리올(식민지 태생의 스페인 사람) 요리라고 부른다. 세비체는 물론 오늘날 페루에서 즐겨 먹는 음식 대부분은 크리올 요리인 것이다. 세비체는 페루에서 가장 손쉽게 맛볼 수 있는 음식 중 하나이다.

점심시간이면 세비체를 파는 노점상들이 거리 곳곳마다 장사진을 이룬다. 피레체의 재료도 보다 다양해서 조개, 새우, 오징어 같은 해산물들이 널리 쓰인다. 페루에서 생선을 제외한 해산물들이 마리스코스라고 부르는데, 노점에서 이 마리스코스가 더 많이 쓰이는 이유는 무엇보다 값싸기 때문이다. 세비체는 점심시간에만 먹을 수 있다. 바로 해산물의 신선도 때문이다. 풍부한 농수산물을 바탕으로 유럽의 요리법들을 이용해서 또 하나의 음식문화를 만들어낸 페루인들이다. 크리올 요리는 바로 서구와 잉카, 두 문화가 하나로 공존해 있음을 보여주는 것이다.

07 중동

사우디아라비아 · 이란 · 이스라엘 · 터키

중동은 옛날부터 티그리스 · 유프라테스 강 유역에 장대한 메소포타미아 문화를 꽃피우고, 그리스도교와 이슬람교의 양대 종교를 낳아 세계 정신문화의 선구자가 되었고, 가까이는 저 방대한 석유를 무기 삼아 세계무대에서 주목을 끌고 있다. 다만 그 자연상황이 결코 평범하지 않고, 황량한 사막과 바위산이 많은 토지여서 항상 자연과의 갈등이 있었으며, 지금도 계속되고 있다. 그렇기 때문에 중동이란 지역은 우리의 고정관념만으로는 다양하고 복합적이기 때문에 설명하기가 매우 어렵다. 또 인류역사상 중동만큼 거대한 역할을 수행한 땅도 별로 없다. 고대사의 4대 문명 가운데 메소포타미아 문명과 이집트 문명이 여기서 나왔고, 5대 세계적 종교 가운데 유대교, 그리스도교, 이슬람교가 이 지역에서 탄생한 것이다. 현대문명의 기초인 아라비아 숫자와 십진법도 이곳에서 만들어졌다.

보통 아랍 문화권이라고 하면 동쪽으로는 이라크, 서쪽으로는 모로코에 이르는 아라비아 반도 및 북아프리카 20여 개국에 이르는 지역문화를 말한다. 이 지역문화는 지리적, 역사적으로 종교적인 동일성을 갖고 있으므로 음식문화도 많은 공통점이 있다. 종교적인 이유로 식료품이나 음료의 종류에서 엄격한 규제를 받고 있는 아랍권의 음식문화는 언뜻 우리에게 무척 생소한 느낌을 준다. 그러나 아랍의 음식들은 단조롭다는 점 외에는 맛과 영양 면에서 뛰어나다.

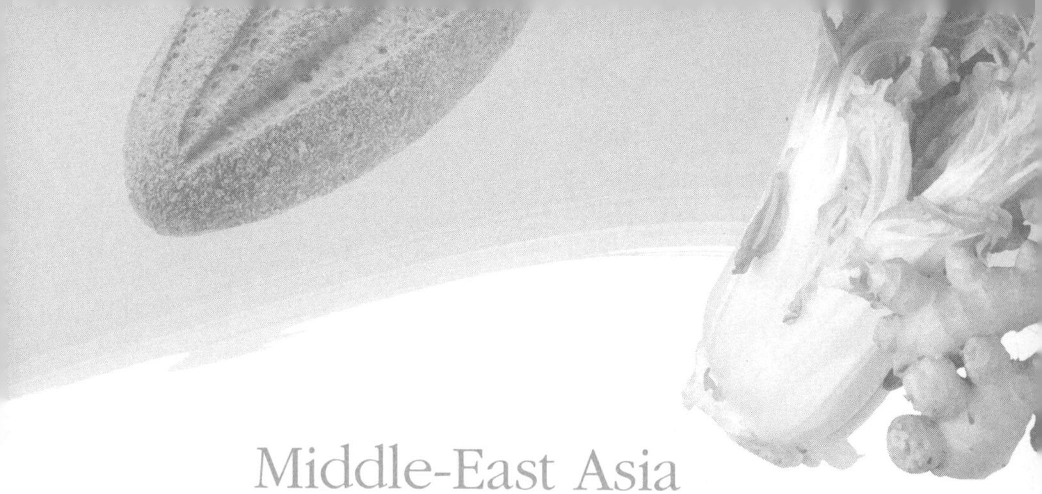

Middle-East Asia

서구화의 물결은 중동이라고 해서 예외가 아니다. 음식문화도 많이 서구화되어 아침은 빵 한 조각과 커피 또는 그저 커피 한 잔인 경우가 많다. 뭔가 생각할 줄 아는 층에서는 전통적인 아랍문화가 자꾸만 사라지는 데 대해 안쓰러움과 향수를 느낀다지만, 이것은 아랍인만의 문제는 아니라고 본다. 과거에 너무 집착해서도 곤란하지만 근대화니 발전이니 하는 말에 공연히 들떠서 좋은 전통을 무작정 천시하거나 버리는 것은 더욱 안 될 일이다. 모든 것이 조화를 이루어야 한다.

사우디아라비아 Saudi Arabia

종교가 생활화된 나라

이슬람교의 진원지인 사우디아라비아의 무슬림들의 이슬람 종교생활은 우리에게 퍽이나 생소하다. 그러나 그들의 종교적 자부심과 그것에 따른 관습과 예절을 지키며 전통을 키워나가는 열정은 대단하다. 사우디아라비아에서는 종교가 생활의 규범과 가치의 기준이다. 따라서 사우디아라비아인들을 이해하려면 먼저 그들의 종교를 이해해야 한다. 그것은 거의 전 국민이 무슬림(이슬람교신자)이기 때문이며 그들이 신봉하는 성전 쿠란(코란)에는 무슬림의 공동 및 개인생활 즉 정치, 경제, 사회, 종교, 법률 등 모든 생활영역의 근거가 되는 규정이 들어 있다. 따라서 사우디아라비아인들은 단순히 종교적 측면에서만 경합되어 있는 것이 아니라 생활의 모든 분야에서 공동체적인 유대성을 지니고 있다. 즉 우리 사회처럼 정교분리가 아닌 정교일치인 것이다. 그러므로 정치, 경제 등 일견 종교와 상관없어 보이는 듯한 분야도 이 지역에서는 이슬람 사상의 이해 없이는 제대로 접근 혹은 이해하기 어려운 것이다.

사우디아라비아인들에게 예배는 일상사 중 중요한 부분을 이룬다. 하루에 5번 사우디아라비아에 있는 메카를 향해 시행되는 예배는 해 뜨기 전에 잠에서 깨어나 하는 첫 번째 예배, 두 번째는 정오에, 세 번째는 오후에, 네 번째는 해질녘, 다섯 번째는 잠자리에 들기 전에 예배드린다. 그러므로 그들에겐 예배가 그날의 첫 번째 일이고 마지막 일이다.

예배를 보기 전에는 '우두'를 하는데, 이것은 예배드리기 전에 손, 입속, 콧속, 얼굴, 팔, 머리, 발을 닦는 세정식으로서 언제든지 예배를 볼 수 있도록 준비한다. 이 '우두'가 생활화된 사우디아라비아인들은 용변을 본 후 바로 이 세정식을 하기 때문에 화장실에 수도시설이 되어 있거나 그렇지 않은 곳은 물을 담을 수 있는 작은 주전자가 항상 놓여 있다.

또한 예배는 모스크(이슬람교 사원)에 모여 하는 것이 원칙이나 그렇지 못할 상황에 있는 사람들은 자기가 있던 장소, 즉 사무실이나 길거리에서 예배를 보는데, 이때에는 예배를 보는 사람을 방해하거나 바로 앞을 지나치지 말고 그 사람이 예배를 마칠 수 있도록 조용히 옆이나 뒤로 돌아가야 한다.

일주일에 한 번 있는 합동예배는 금요일 정오예배로 금요일이 공휴일로 지정되어 있다.

대부분의 집들이 집 안으로 들어서면 응접실이 앞쪽에 위치해 있거나 아예 따로 있어서 이 응접실 문을 닫으면 집 안쪽을 볼 수 없게 되어 있다. 손님들이 왔을 때에도 차나 음식들을 남자들이 날라오고 여자들이 나와 인사를 하거나 음식물을 나르는 경우는 없다. 방문객 역시 그 집 여자들에 대해서는 물어보지 않는 것이 관례이다.

일부다처제인 경우 부부가 같이 남의 집을 방문해도 남자는 남자끼리 응접실에서, 여자들은 안채에서 모인다. 두 부부가 합석할 때는 아주 친하지 않은 경우 외에는 매우 드물다. 손님이 왔을 경우 대개 주인이 향불을 먼저 돌리는데, 향불의 연기를 자기 몸에 쏘이고 나서 옆사람에게 넘기면 된다. 그런 다음 향과 빛깔이 독특해서 일반 커피와는 다른 아랍 커피가 나오는데, 이 아랍 커피는 아주 조그만 잔에 따라주므로 보통 2~3잔 마시는 것이 예의이다. 마신 후에 잔을 돌려줄 때에는 다 마셨다는 신호로 잔을 잡은 손을 좌우로 가볍게 몇 번 흔들어주면 잔을 거두어 간다. 남의 집을 방문해서 남자가 없고 여자만 있을 경우는 그냥 돌아가거나 바깥의 다른 장소에서 기다렸다가 주인 남자가 왔을 때 다시 방문하는 것이 예의이다.

사우디아라비아에서는 술과 돼지고기가 금기시되어 있다. 이는 종교상 금기사항으로서 술이나 돼지고기, 도색잡지 등을 지참하고서는 입국조차 할 수 없다. 돼지고기 외에 다른 고기라 할지라도 이슬람식 도살의례를 거치지 않은 고기는 먹지 않는다. 바다에서 잡히는 물고기를 먹는 것이 종교상 허용되어 있으나 일반적으로 관습상 비늘이 없는 해산물 즉 뱀장어, 게, 전복, 조개 등을 먹지 않는다. 주로 손으로 음식을 먹는데 이때에는 오른손을 사용한다. 왼손잡이일 경우 왼손으로 먹는 것도 무방하나 관습적으로 오른손을 주로 이용한다. 또한 대부분 대가족 제도인 사우디아라비아인들은 손님들에게 음식을 풍성히 대접하는데, 손님이 많이 먹어주는 것을 대접하는 주인 입장에서는 기쁘게 생각한다.

사우디아라비아에서는 일요일이 아닌 금요일이 공휴일로 지정되어 있다. 이는 사우디아라비아인들이 금요일에 집단예배를 보기 위해 그들의 모스크를 찾기 때문이다. 사우디아라비아에서 가장 큰 양대 명절은 이드알 피트르(라마단 단식이 끝난 후 축제)와 이드알 아드하(하지 순례가 끝난 후 축제)이다. 이 양대 축제는 공휴일로 지정된 가장 큰 명절로서 보통 3~4일 정도 쉬며 이때 고향을 다녀오려는 국민 대이동이 일어난다. 이때는 가족 친척뿐만 아니라 이웃들 간에 서로 음식을 나눠 먹으며 명절을 축하하는 인사말 등을 주고받는다.

이란 Iran

세계 최고 문명 발상지의 하나

이란은 옛날부터 페르시아라는 이름으로 알려진 나라이다. 이란은 동쪽에 인더스 강, 서쪽에 티그리스 강을 접하고 있는 대국이며, 북쪽은 구소련과 카스피 해, 동쪽은 아프가니스탄과 파키스탄, 서쪽은 페르시아 만과 아라비아 해를 바라보고 있다.

티그리스·유프라테스 두 강이 흐르는 이 나라는 세계 최고 문명 발상지의 하나이다. 현재는 산유국으로서 국제적으로 중요한 위치를 차지하고 있다.

국내에는 사막이 없고, 그 가운데에서도 테헤란 동남 일대의 카비르$_{kavir}$ 사막은 전 국토의 5분의 1을 점한다. 그 밖에도 황야가 넓게 펼쳐진다. 그러나 테헤란의 북쪽 엘브르즈를 넘어 카스피 해를 바라보는 지방은 녹색 짙은 삼림지대도 있고, 비가 많아서 이란의 곡창이다.

쌀은 처음에는 끓는 물로 데치고 그 탄을 버린 다음 약한 불로 찌는 방법을 쓰는데, '포로' 란 쌀요리는 피라프 · 파라오 · 프라오 등으로 불린다. 이것은 볶음밥과 비슷한 것이다.

프레슈란 이란식 스튜로서 잘게 썬 양고기와 채소, 통이 들어간 스튜이다. '채로' 에 함께 먹는 것을 '채로-호렌슈-게이메' 라 한다. 카레라이스처럼 '채로' 에 끼얹어 먹는 것을 '채로포 레슈' 라 한다. 또 양의 뇌도 좋은 반찬이 되고, 접시에 양머리를 담아 내놓는 것도 유명하다.

이란의 대표적인 주식은 효모를 쓰지 않는 난Nahn이다. 자연 발효시킨 반죽을 두 손바닥 사이에 끼워서 편다. 높은 온도의 오븐 안쪽에 발라 붙이듯 2분쯤 굽는다. 이것도 인도 북부에서 중국 서역에 걸쳐 널리 분포하는 수직식 오븐 가마에서 굽는 것과 달라서 이란에서는 수평식 오븐 가마가 많다.

또한 이란이 세계에 자랑하는 것은 캐비어이다. 캐비어는 카스피해에서 잡히는 상어의 알로서 빛깔은 회색에 가깝다. 레몬즙을 쳐서 먹으면 맛이 좋다.

한편 이란 사람들은 홍차를 가장 많이 마신다. 술은 법적으로 금지되어 있어 이란 내에서는 구할 수도 없을 뿐만 아니라 입국 시에도 통관이 되지 않는다. 따라서 여행객들은 무알코올 맥주나 청량음료를 마셔야 하고 이란에서만 마실 수 있는 두그Dugh라는 요쿠르트에 시원한 물을 섞어 마시는 것을 즐길 수도 있다. 이란에서는 과일이 풍부하여 계절에 따라 다양한 과일을 맛볼 수 있다.

이스라엘 Israel

젖과 꿀이 흐르는 땅

지중해 동쪽 연안인 서남아시아의 팔레스타인 지역에 자리잡고 있는 이스라엘은 북쪽으로는 레바논, 동쪽으로는 시리아와 요르단, 그리고 남서쪽으로는 이집트와 국경을 맞대고 있다. 이스라엘 고대 역사는 성경의 구약이 잘 말해준다. 즉 유대인의 시조인 아브라함이 가나안(이스라엘) 땅에 성착한 시기는 기원전 18세기 무렵의 일이며, 이후 200여 년 후 모세의 등장으로 출애굽의 대역사(이집트에서 노예생활을 하던 히브리인들을 구출한 사건)가 이루어진다. 이를 계기로 이스라엘의 민족개념과 유일신 사상이 자리잡게 되며, 이를 토대로 기원전 11세기에 다윗 왕은 예루살렘에 도읍을 정한 이스라엘 왕국을 건설했다. 그러나 이스라엘 왕국은 기원전 10세기 전반 이스라엘 왕국과 유대 왕국으로 분열되었다가 이후 앗시리아와 신바빌로니아의 침략으로 모두 멸망하고 만다.

기원전 1세기 무렵에는 로마 제국의 보호 아래 유대 왕국이 다시 수립되기도 하지만, 유대민족의 끊임없는 저항운동에 로마가 강력히 대처함으로써 기원후 70년 이른바 디아스포라Diaspora라는 유대인의 세계 유랑이 시작된다. 세계 각처로 흩어진 유대민족은 이후 이민족들의 끊임없는 핍박과 박해에도 불구하고 자신들의 선민의식과 유일신 사상을 바탕으로 자긍심을 키워나간다.

19세기에 접어들어서는 유럽 전역에 걸쳐 민족주의가 대두되고, 이와 함께 반유대주의가 확산되자 그동안 유럽의 기독교 사회에 동화되길 거부했던 유대인들 사이에서는 나라를 건설하려는 움직임이 일기 시작한다. 유대인들이 건국을 희망한 땅은 당시 오스만 제국의 영토였던 팔레스타인이었다. 즉 팔레스타인의 시온산이야말로 유대민족의 정기가 서려 있는 곳이며, 이곳으로 가자는 운동이 바로 시오니즘이고 그 추진자들을 시오니스트라고 한다.

제1차 세계대전이 발발하자, 영국은 당시 각국에 흩어져 있던 시오니스트들에게 전쟁에 협력할 것을 요구하는 한편, 그 대가로 1917년 벨푸어 선언을 발표, 팔레스타인에서의 유대인 국가 건설을 지지하고 나선다. 1930년대 이후 독일과 이탈리아 등지를 중심으로 불기 시작한 국수주의의 여파로 자본과 기술을 지닌 유대인들은 점차 팔레스타인으로 삶의 터전을 옮긴다. 그러나 팔레스타인의 유대인 사회가 성장할수록 아랍계 팔레스타인인의 반발 또한 고조되기 시작하면서 쌍방의 알력은 무력충돌로까지 치달았다.

제2차 세계대전 후 나치의 유대인 대학살로 세계 여론이 유대민족에 대한 동정론 쪽으로 기울자, 시오니스트들의 국가건설 사업 역시 더욱 활기를 띠기 시작한다. 하지만 그럴수록 유대인과 팔레스타인인 간의 무력충돌은 더욱 격화되고, 영국은 급기야 팔레스타인 문제를 국제연합에 상정하기에 이른다. 이에 유엔 총회는 팔레스타인 지역을 아랍 지구와 유대 지구로 분할하는 결의안을 채택하게 되고, 시오니스트들은 이를 전적으로 수용, 1948년 5월 유대민족은 역사상 2번째의 엑소더스Exodus를 성공시키며 유대국가인 이스라엘의 성립을 공식 선언한 뒤 오늘에 이르렀다.

이스라엘 고유의 음식문화를 알기 위해서는 우선 유대교의 계율과 문화를 이해해야 한다. 유대교 계율에 따른 식사를 코셔Kosher라고 하는데, 큰 특징 중의 하나가 돼지고기를 먹지 않는다는 것과 고기와 유제품을 동시에 먹지 않는다는 것이다. 쇠고기도 피를 뺀 것만 먹고 조개 등 해조류도 금지된다. 율법을 철저히 지키는 유대교인들은 전체의 20퍼센트 정도로 이들은 육류와 유제품에 대해 주방도구는 물론 주방시설 자체도 따로 만들고 있다고 한다. 돼지고기를 먹지 않고 쇠고기도 피를 빼야 하기 때문에 상대적으로 닭고기의 소비가 많아 세계에서 닭고기 소비량이 가장 많은 나라로 꼽히는 것도 특이하다.

더운 지역이라 자극적 맛을 내는 향신료나 조미료, 올리브 기름은 음식에서 빼놓을 수 없는 요소이다. 올리브 나무는 이스라엘 전역에 즐비하고 수천 년 이상 수명을 유지하고 있는 나무도 많다고 한다. 산악의 구릉지대에 각종 향신료 식물들이 야생하며 이로 인해 한때 중요한 향신료 무역의 중심지이기도 했다. 예멘, 인도, 중국, 인도네시아, 일본, 에티오피아, 남아프리카, 스페인, 이탈리아, 프랑스, 헝가리, 유럽의 정통요리 등 없는 것이 없는 이스라엘에서 소박하고 가정적인 이스라엘만의 독특한 음식을 살펴보면 피타빵이 대표적이다.

극히 서민적이고 소박하게 발전되어온 이스라엘의 음식들은 육류와 유제품을 함께 못 먹는 코셔르에 따라 기름지고 풍부한 소스의 사용보다는 그릴 요리 또는 음식물 고유의 즙과 신선한 향신료를 혼합한 용액에 절여서 굽는 요리도 유명하다. 돼지고기나 고기요리가 금지되어 있는 만큼 다양한 생선요리가 많다. 디저트로는 꿀과 너트, 신선한 과일을 주로 먹는다. 와인 등 각종 주류도 품질이 우수하다. 원인은 수천 년 동안 해변가의 우수한 토양에서 나오는 포도를 전통방법과 기술로 제조해왔는데, 국제 와인대회에서도 명성을 떨치는 좋은 품질이다.

이스라엘에는 매우 다양한 음식과 더불어 위생적인 식당이 많다. 레스토랑, 스낵바, 패스트푸드점, 전통 중동요리점 등이 있고 햄버거나 핫도그, 피자가게도 쉽게 찾을 수 있다.

주위의 이탈리아, 그리스, 스페인, 아랍 등의 음식과 같이 전형적인 이스라엘 음식은 통상 메제Megge라고 불리는 커다랗고 현란한 전채로 시작된다. 이탈리아 음식에서 안티파스티라고 부르는 샐러드나 스페인 요리의 티파스와 유사한 것으로 계절 감각이 가미된 신선하고 특선된 몇 종류의 샐러드가 포함된다. 메제 앙상블은 흔히 검은색, 갈색, 초록색 등의 다양한 색깔을 지닌 절인 올리브와 '후무스', '트히나' 같은 빵에 찍어 먹는 샐러드를 수반한다.

역사로 보는 이스라엘 음식

구약시대에서 신약시대, 그리고 십자군, 이슬람교도, 유럽 열강의 영향 등 역사의 흐름을 통해 이스라엘 문화는 형성되어왔다. 유대교나 이슬람 사원 그리고 기독교 교회 등의 건축물이 독특한 건축양식으로 현재까지 남아 있다. 역사상 주목할 만한 만찬들의 몇 가지 모습에서 이스라엘의 음식문화를 상상해볼 수 있다.

우선, 기원전 10세기 솔로몬의 제1차 성전이 세워진 예루살렘의 음식을 보면 기본적인 음식재료는 성경에 언급되는 일곱 가지 식물Shivat Nimim에서 알 수 있듯이 밀, 보리, 무화과 열매, 포도, 대추야자 열매, 석류, 올리브 열매이다. 양파, 마늘, 호박 등의 야채도 많이 사용되고 대두는 수프를 만드는 데 이용되었다. 상위층 사람들의 식탁에는 양고기나 쇠고기, 각종 사냥한 짐승의 고기가 쓰였다. "솔로몬의 하루 양곡은 고운 밀가루 30섬, 거친 밀가루 60섬, 기름진 소 열 마리, 목장소 스무 마리, 양 300마리였고, 그 밖에 수사슴, 산양, 수노루, 날짐승이 있었다(「열왕기상」, 5: 2~3)"는 말씀에서 알 수 있다.

1세기 제2차 성전시대인 예수님 시대의 음식은 유명한 「최후의 만찬」에 상징적으로 나타나 있다. 유월절 만찬 세데르Seder가 그 식탁이었다면 조촐한 빵과 콩요리, 물과 와인이 놓였을 것이며— 메시아 재림 때의 식탁은 아마도 거대한 물고기요리, 야생황소요리, 만나 천국의 온갖 과실과 열매 그리고 여러 가지 야채들이 올려진 식탁이 될 것이다.

1세기 헬라Hellas 및 로마의 영향을 받은 식탁의 모습을 상상해보면 신선한 야채가 즐비하고 순무, 오리, 서양무절임, 절인 고기요리, 구운 고기, 훈제 및 튀김요리, 사과, 아몬드, 배, 복숭아, 머루, 귤 등의 과일, 각종 와인이 ㄷ자형으로 놓여진 테이블 위에 차려져 있고 바닥에 기대어 식사하는 로마식 귀족의 만찬 모습을 떠올릴 수 있다.

한편, 12세기 예루살렘에 도착한 십자군 귀족들은 중동 지역 요리에 관심을 갖기 시작했다. 유럽에서는 귀한 여러 향신료를 넉넉히 사용하고 바나나, 선인장 열매, 무화과 등의 과일도 요리에 사용하고 있다. 고급 와인과 흰 빵, 설탕을 잔뜩 사용한 단 과자요리에 유럽식 고기요리 등을 곁들였는데, 이는 동양과의 만남을 상징한다고 할 수 있다.

18세기 오스만 제국이 이스라엘을 통치할 때, 이슬람교 군주들은 일부다처제에 따라 많은 여자(후궁)를 거느린다. 이들은 하렘이라는 안뜰에 거주하는데 분쟁, 음모, 권태가 만연한 가운데 엄청난 음식소비와 기름지고 뚱뚱한 여인들의 모습이 특징이다. 아라비아 터키식의 단과자류, 가지요리, 고기로 채운 각종 야채구이, 살구와 고기를 넣은 요구르트, 쌀과 고기를 다져넣어 만 포도잎요리, 케밥과 쉬실릭, 각종 샐러드, 육반, 바크라와 및 할바로 채워진 산더미 같은 사탕류, 각종 과일과 커피 등이 주메뉴이다. 식사 후에는 커피를 마신다.

20세기 초에는 유럽 열강이 영국, 독일, 프랑스에서 이스라엘에 모여들기 시작했다. 그 결과 오스만 투르크 제국의 통치가 끝나고 영국의 신탁통치가 시작되는 시점으로 각종 유럽식, 동유럽식 요리가 다시 중동의 터키, 아라비아식 음식문화와 교류하며 현대 이스라엘 음식문화의 바탕을 이루게 되었다. 시오니즘에 따라 오랜 유랑생활 끝에 이스라엘로 돌아온 유대인들은 자연스레 그들이 살던 나라의 음식문화도 함께 가지고 왔다. 예멘, 모로코, 튀니지, 프랑스, 영국, 헝가리, 폴란드, 러시아, 스웨덴, 네덜란드 등등 이스라엘에 온갖 음식문화가 들어와 새로운 모습을 갖게 됨으로써 전통적이면서도 새로운 음식문화가 꽃피우고 있는 것이다.

터키 Turkey

고색창연한 비잔틴 제국

터키는 지리적으로 아시아와 유럽을 잇는 지점에 위치해 지금의 터키 민족이 본격적으로 들어오기 이전부터 여러 민족들의 교류가 잦았으며, 많은 왕국들의 흥망성쇠가 거듭되었던 곳이다. 현재 전해진 바로는 기원전 6000년대의 것으로 추정되는 아나토리아 원주민 농경취락이 남아 있으며, 기원전 3000년 전후로는 청동기 문화, 그리고 기원전 1650년에는 인도유럽어족인 히타이트 왕국이 이곳에서 세계 최초로 철기문명을 꽃피우기도 하였다. 기원전 1200년경 트로이전쟁을 통해 트로이가 그리스에 멸망당할 무렵 이곳 히타이트 왕국도 트라키아에서 들어온 트라기아인에게 멸망당한다. 이때부터 기원전 8세기까지 그리스의 식민통치가 이어지면서 이곳에는 밀레투스, 크니도스, 시노프 등과 같은 고대도시들이 발달했다. 기원전 730년경에는 내륙부에 리디아 왕국이 자리잡았으나 번성하지는 못했으며, 기원전 5세기 중엽 페르시아 세력이 강대해지면서 그리스의 식민도시들을 비롯하여 소아시아 전 지역을 평정했다. 200여 년에 가까운 페르시아의 통치 시대가 제국의 등장으로 모두 자취를 감췄다. 로마의 식민통치는 300여 년이나 이어졌다. 그리고 395년 로마 제국이 분열할 때, 소아시아 반도는 비잔틴 제국에 소속되어 이스탄불(당시는 콘스탄티노플)이 제국의 수도가 되기도 했다. 이 비잔틴 제국은 6세기 유스티니아누스 황제 때 전성기를 구가하는 한편, 근방의 이슬람(사라센) 제국의 위협에도 불구하고 11세기까지 세력을 유지한다.

11세기 중앙아시아에서 발흥한 셀주크투르크족은 점차 세력을 확장하여 비잔틴 제국을 제압하고 아나토리아 반도 대부분을 수중에 넣는다. 하지만 이들은 14세기 초 몽골의 침입으로 멸망하고, 뒤이어 등장한 오스만투르크족에 이르러 본격적인 영토 확장에 나서게 된다. 1453년 콘스탄티노플을 함락하여 비잔틴 제국의 마지막 명줄을 끊은 오스만 제국은 수도를 이스탄불로 개칭하고, 서아시아와 북아프리카 및 동유럽에 걸친 대제국으로 발전했다. 하지만 16세기 술레이만 대제 시대를 정점으로 차츰 쇠퇴의 길을 걷기 시작하더니, 19세기에는 그리스와 이집트의 독립을 허용할 만큼 종이호랑이로 전락하고 만다. 게다가 독일 및 오스트리아와 함께 일으킨 제1차 세계대전의 패배로 모든 해외 영토를 잃음과 동시에 연합군 측의 터키 분할론과 그리스의 아나토리아 침공 등 일련의 전쟁 후유증으로 한때 최악의 상황을 맞기도 했다. 이럴 즈음 당시 청년투르크당의 케말 파샤 장군이 이끄는 군부와 지식인들이 봉기에 성공, 술탄 국왕을 해외로 추방함으로써 제정정치를 마감하고, 이듬해인 1932년에 앙카라를 수도로 터키 공화국을 선포하게 된다. 케말 파샤 장군은 초대 대통령으로 취임하여 국내적으로 여러 방면에 걸친 근대화 정책을 추진하는 한편, 대외적으로도 탁월한 외교수완을 발휘, 근대 터키의 초석을 다짐으로써 오늘날까지 터키의 아버지로 추앙받고 있다.

오늘날 터키는 아시아이기를 거부하고 있다. 유럽의 일원이기를 간절히 희망하며, 유럽의 일원이 되기 위해 실로 엄청난 노력을 경주하고 있다. 이스탄불의 고도에 유럽에서 달리는 육상전차를 설치했고 국제전화도 세계 수준에 버금갈 정도이며, 유통과 물자 면에서도 99퍼센트 유럽의 규격과 디자인을 닮아가고 있다. 수도가 있는 앙카라를 중심으로 한다면 터키는 당연히 아시아의 일원이며, 요르단, 시리아, 이라크, 이란 등과 단결하고 대화하고 경제협력을 꿈꾸는 것이 현실적으로 유리한 일이다.

하지만 터키의 현실은 다르다. 터키의 경제 집중 도시는 이스탄불이다. 터키를 이야기할 때 국토의 95퍼센트 이상을 차지하고 있는 아시아 지역을 중심으로 이야기한다는 것은 터키의 현실을 정확히 보지 못한 것이다. 터키를 이야기할 때는 이스탄불을 이야기하는 것이 현실적이다. 이스탄불은 엄청난 변화를 시도하고 있다. 그들은 종교의 절대적인 표현으로 목숨처럼 지켰던 차도르Chador와 툼바도 모두 벗어던졌다. 유럽이 희망한다면 아마도 그들의 상징인 모스크도 교회로 만들어버릴지 모른다.

그만큼 터키는 선진 21세기로 가기 위해 우리가 상상할 수 없을 정도의 노력을 기울이고 있다. 이것은 그동안 터키가 겪은 근대사의 뼈

아픈 경험 때문이다. 엄청난 전쟁으로 겪기 힘든 희생을 치렀고, 전후 복구에도 무수히 희생됐건만 결국에는 또다시 아시아의 소국으로 주저앉아야 하는 약자의 설움을 뼈저리게 느끼고 있기 때문이다.

그들은 정신적인 지주였던 이슬람 국교도 폐지했고, 차도르도 벗어던졌다. 알라신에게 고개를 숙이지 않는 사람들을 잡아가던 종교경찰도 없다. 동족의 여인네를 사진 찍었다고 죽일 듯이 달려드는 남정네도 없다. 고색창연한 비잔틴 제국의 도시에는 유럽의 색깔과 향기가 넘쳐나고 있다.

가장 터키다운 음식은 케밥이다. 고기에 꼬치를 끼워 갖은 야채와 함께 구워 먹는 케밥요리는 길거리에서 파는 대중적인 수준부터 앙카라의 고급 음식점까지 터키 어디서나 볼 수 있다. 종류도 매우 다양해서 돼지고기를 뺀 거의 모든 고기가 이용되며, 모양과 요리방법에 따라 각각 이름이 다르다. 케밥은 터키어로 구이라는 뜻인데, 터키인들은 뭐든지 구워 먹는 것을 즐긴다. 이는 유목생활을 하다 보니 고기는 풍부한 반면 물은 귀해 발달한 조리법으로 추측된다. 알맞게 구워진 케밥은 토마토나 고추 등 생야채와 함께 즐기는데 가격도 저렴한 편이다. 기호에 따라 밀가루를 얇게 구워낸 무발효 빵에 싸서 먹으면 그 맛이 일품이다. 보르사에 있는 유명한 케밥 요리전문점에서 '도넬 케밥'을 맛볼 수 있다. 케밥 중에서 손이 가장 많이 가는 고급 요리에 속하는 도넬 케밥은 그 맛뿐 아니라 독특한 요리법이 눈길을 끈다. 고기가 워낙 두껍기 때문에 타지 않게 돌려가며 익히는데, 겉부분부터 슬슬 베어내어 2인분씩 담는다. 도넬 케밥 역시 야채와 함께 먹어야 일품이다. 식당에서 직접 만든 요구르트도 듬뿍 얹어준다. 이때 요구르트는 고기를 찍어 먹는 소스 같은 역할을 한다.

요구르트 외에도 기호에 따라 녹인 버터나 토마토 케첩을 발라 먹기도 한다. 이 음식점에서는 원하는 사람에 한해 케밥을 구울 때 흘러내린 고기 기름을 부어준다. 이렇게 하면 다소 빡빡하게 느낄 수 있는 고기 맛이 한층 부드러워진다. 기호에 따라 소금을 약간 뿌리면 더욱 맛있는 케밥을 즐길 수 있다. 터키는 이슬람의 보수적인 규율에 따라 움직이는 살아 있는 남성 중심의 사회이지만 요즘은 가족을 동반하고 외식을 즐기는 개방적인 사람들이 늘고 있다. 특히 아이들이 좋아하는 케밥 전문점은 가족 손님들로 붐빈다. 이렇게 개방적인 젊은 세대의 출현은 터키 음식문화에 또 다른 변수를 가져다줄 것이다.

별천지 음식

터키는 먹거리들로 이국적인 풍취가 한껏 느껴지는 곳이다. 아라비안나이트에 나옴직한 물동이에서 뽑아주는 체리주스는 먹거리를 넘어 신기한 볼거리이다. 터키는 세계에서 식량을 자급자족하는 몇 안 되는 나라 중 하나이다. 비옥한 토지와 곡식이 자라는데, 알맞은 기후, 문화가 풍부하고 다양한 농산물을 바탕으로 동양과 서양, 유목민과 이슬람의 문화가 혼합되어 탄생한 터키의 별천지 음식문화를 엿볼 수 있다.

터키인들의 집은 거실이 중심이다. 이는 손님을 극진하게 모시는 전통에서 비롯된 것이다. 이때 빠지지 않는 것이 콜론 화장수이다. 손님이 왔을 때 주인은 냉장고에 차게 보관해온 화장수를 내와 손님의 얼굴을 씻도록 한다. 이 또한 손님을 정성껏 모시겠다는 의미가 포함되어 있다. 또 화장수에 섞인 알코올 성분은 식사 전에 손을 씻는 것과 같은 소독효과가 있어 위생적이다.

식사가 시작되면 주인이 아이란Ayran 을 따라준다. 아이란은 일종의 요구르트로 터키인이 예로부터 즐겨온 옛 전통음료이다. 그들은 요구르트를 마시는 음료로만 먹는 게 아니라 오이나 마늘 등 채소와 함께 섞어 반찬으로도 먹는다. 오늘 식탁에 선보인 것은 시금치를 무친 후 요구르트를 얹은 '요구르트 스파냐' 이다. 밥을 기름에 볶아 포도잎에 싼 아프라돌마는 터키인들이 먹는 일종의 밥이다.

모든 음식은 손님이 맛을 본 다음에야 먹고 그날의 식사는 손님 중심으로 이루어지는 것이 터키식 접대문화이다. 식사가 끝났음을 알리는 것도 역시 손님의 몫이다. 손님의 인사는 단순히 식사를 준비한 안주인의 노고를 칭찬하는 말이 아니라 식사가 끝났음을 알리는 일종의 신호이다. 그러면 안주인은 디저트를 준비한다. 터키의 디저트는 주로 땅콩과 시럽, 밀과자 등을 이용한다. 디저트의 종류도 무척 다양해서 '아름다운 내 사람의 입술' 이라든가, '여인의 배꼽' 같은 재치 넘치는 이름이 붙여진 것도 있다. 디저트는 하나같이 무척 단데, 이는 달콤한 음식을 먹으면서 달콤하고 즐거운 이야기를 나누자는 뜻이 담겨 있다고 한다. 그 어느 나라보다도 풍부하고 다양한 음식들을 즐기는 터키 사람들이다. 여기에서는 그들의 음식이 어떻게 잉태됐으며 어떤 영향을 받아왔는지를 살펴보고자 한다.

터키인들은 용맹한 군인이기에 앞서 목초지를 찾아 끝없이 이동해야 했던 유목민이었다. 그러한 영향으로 그들의 오랜 유목생활은 터키의 음식문화에 많은 영향을 주었다.

도시를 벗어나면 터키의 어느 곳에나 만날 수 있는 드넓은 평원이 보인다. 평원을 따라 끝없이 이동해야 했던 유목민에게 그들이 몰고 다니던 가축들은 요긴한 식품원이었다. 그 중에서도 터키인들이 중요시했던 가축은 양이다. 터키의 양은 고기의 맛이 각별한 뿐 아니라 가죽과 털이 우수해 여러 모로 쓸모가 있었다. 양털로 만든 섬유 앙골라는 원래 터키의 수도 앙카라에서 그 이름이 비롯되었다고 하는데, 그만큼 터키의 양모가 유명했다는 증거이다. 갓 짜낸 신신한 양젖 또한 유용한 양식이었다.

터키인들은 동물의 젖을 유용하게 이용했는데, 치즈와 함께 그들이 좋아하는 유제품이 바로 요구르트이다. 터키에서는 요구르트를 직접 만들어 먹는 가정이 많다. 갓 짜낸 양젖을 체에 받쳐 걸러낸 다음 약한 불에서 서서히 가열한다. 요구르트는 한번 만들어놓으면 장기간 보관해도 상할 염려가 없어 이동이 잦은 유목민에게 매우 편리하고 영양가 높은 음식이었다. 중간중간 젖이 눌어붙지 않도록 웅글웅글하게 될 때까지 끓여준다. 일단 끓인 양젖은 미지근하게 식힌 다음 따뜻한 실내로 옮겨 유산균 종균을 넣는다. 이때 종균은 크고 건강한 것일수록 진한 요구르트를 만들 수 있기 때문에 종균의 선택은 매우 중요하다. 종균을 넣은 후 두꺼운 모포에 싸서 하루쯤 지나면 완전히 발효된 요구르트가 된다. 완성된 요구르트는 액체와 고체의 중간 상태로 완전히 발효된 요구르트가 된다. 완성된 요구르트는 액체와 고체의 중간쯤 되는 걸쭉한 상태로, 먹어보면 시큼한 맛이 난다.

이 요구르트 원액은 여러 가지 음식으로 활용되는데, 터키인들이 즐겨 마시는 아이란은 요구르트 원액에 물을 타서 희석시킨 것이다. 물과 요구르트의 비율에 따라 그 맛이 달라지며 소금으로 간을 맞추기 때문에 약간 짭짤한 맛이 난다. 터키인들이 즐겨 마시면 갈증이 없어지고 숙면을 취할 수 있다고 하여 특히 더운 여름밤에 애용한다. 요구르트는 매 끼니마다 터키인들의 상에 오른다. 터키인들은 저녁에 성찬을 차려 배부르게 먹지만 아침과 점심은 빵과 요구르트만으로 간단히 식사한다. 얼핏 보면 매우 초라한 식탁처럼 느껴지지만, 요구르트가 있는 한 그것은 성찬이다. 반면 진수성찬이라도 요구르트가 없으면 제대로 대접받지 못했다고 여긴다. 유목생활이 남긴 특이한 음식문화가 아닐 수 없다.

현재 터키인들의 98퍼센트는 이슬람을 믿고 있으며 이들의 종교는 음식문화에도 지대한 영향을 미치고 있다.

이슬람의 영향은 주로 금기로 나타난다. 금기의 대표적인 예는 돼지고기이다. 터키의 시장엔 각가지 먹거리가 즐비하지만 유독 돼지고기는 찾을 수 없다. 심지어 정육점에 걸려 있는 소시지와 햄도 돼지고기가 아닌 양고기와 쇠고기로 만든 것이다.

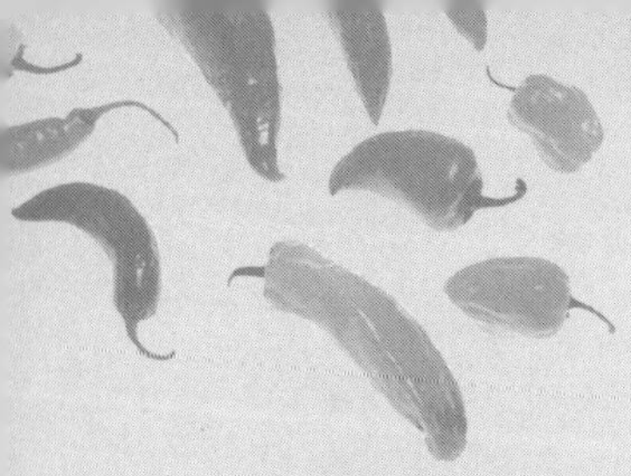

08 아프리카

가봉 · 남아프리카 공화국 · 이집트 · 케냐 · 탄자니아 · 튀니지

아프리카 대륙은 총면적 약 3000만 제곱킬로미터로서 세계 제2의 대륙이며, 수에즈 지협으로 아시아 대륙과 연결되고 있다. 인종은 여러 종류이나 대체로 사하라 사막 이북의 백아프리카와 이남의 흑아프리카로 나뉜다.

18~19세기경부터 유럽인이 오지탐험을 하면서 열강의 식민지화되었으나 제2차 세계대전 후 민족운동이 높아지면서 독립하게 되었다.

아프리카의 매력은 풍부한 야생동물과 규모가 큰 대자연이고, 적도 가까이 위치하면서도 눈으로 덮인 킬리만자로 산이라든가, 사하라와 칼라하리 대사막, 세계적인 경관 빅토리아 폭포, 6700킬로미터를 흐르는 대 나일 강, 자연환경 보전을 위해 수없이 만들어놓은 국립공원과 동물보호구역, 거기에서 유유히 살고 있는 가지각색의 동물들, 최근에 개발되어 오염을 모르는 지중해 · 인도양 연안의 해변 등지이다. 또 한 가지 매력은 북아프리카에 많은 그레코-로만의 유적군과 피라미드를 위시히여 메로에, 짐바브웨에서 볼 수 있는 아프리카의 독특한 문명유적, 사하라와 칼라하리 사막에서 발견된 선주민의 암벽화, 서아프리카의 많은 노예무역 유적, 그리고 종교적으로는 이슬람교, 그리스도교의 영향과 더불어 남아 있는 수많은 원시종교와 그 행사 등 인류 역사의 발자취를 더듬기에 충분한 문화자원이 풍부하다.

아프리카 사람들도 그들의 환경에 맞게 식생활을 영위하고 있다. 아프리카 대륙

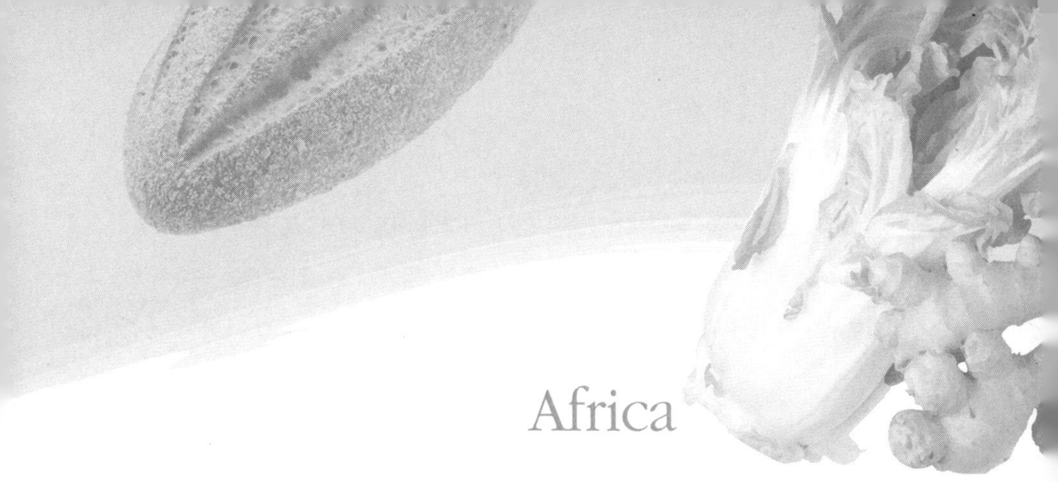

Africa

이 광대하고 여러 기후가 나타나기 때문에 각 부족의 생활방식에 따라 다양한 음식문화가 있다. 일례를 들면 빅토리아 호수 연안의 열대우림 지역에 사는 우간다의 바간다족의 주식은 바나나이다. 이 바나나는 우리가 생각하는 바나나와는 다르다. '마토케' Matoke라는 이 바나나는 삶거나 쪄서 먹어야 하며, 그 맛은 바나나와 감자의 중간 정도이다. 보통 양배추, 토마토, 양파 등을 넣고 끓인 수프와 함께 먹는다.

해안에 사는 스와힐리인들은 해안가에 있는 코코넛 열매를 이용해서 밥을 한다. '왈리' Wali라는 것인데 코코넛을 갈아서 즙을 내어 그 물로 밥을 한다. 그 맛은 뭐라 말할 수 없이 고소하다. 그들은 이 왈리에 튀긴 생선과 쇠고기 수프인 '카랑가' Karangga 등과 함께 먹는다. 스와힐리인들은 독실한 이슬람교도인데 '라마단' 이라는 단식 기간이 끝나는 날, 잔지바르의 야시장에서는 음식 축제가 벌어진다. 삶은 문어 Pweza, 양고기 꼬치구이 Mshikaki 등을 사탕수수 주스와 함께 먹는다.

영국, 인도, 아랍의 영향을 받아서 생긴 음식문화도 있다. 동아프리카 지역의 사람들은 '차이' Chai라는 차를 마신다. 이것은 우리의 홍차 비슷한데, 우유와 설탕을 곁들여 마신다. 해안 지역에서는 생강을 이 차에 넣기도 한다.

아프리카인들도 종교상의 문제가 없으면 술을 먹는다. 현대의 도시 지역에서는 맥주를 파는 술집이 있고 많은 아프리카인들이 맥주를 즐긴다. 동아프리카 지역에는 대중적인 인기를 누리는 전통술은 없다. 그러나 시골 지역으로 가면 집에서 밀조된 술이 있다. 케냐의 마싱가 댐 주변 캄바족의 '짱아' Changa라는 술은 옥수수를 발효시킨 후 증류해서 만든 술인데 그 맛은 고량주와 비슷하다.

■■ 가봉 Gabong

신비한 생활 속의 식생활 문화

아프리카 지도를 놓고 적도를 따라 서쪽 끝에 가면 궁둥이 아래 부분처럼 옴폭 들어간 곳에 가봉이란 나라가 있다.

국토 면적은 약 45만 제곱킬로미터로 남한 면적의 약 5배나 된다. 이 넓은 국토에 적은 인구가 살고 있긴 하나 종족 수가 40여 개나 되고, 그들 각 종족이 사용하는 언어, 풍습, 전통이 각각 다르기 때문에 그들의 습관, 전통 등을 쉽게 간추려 설명하는 것은 불가능하다.

수도에 살고 있는 고소득 가봉인과 주로 백인인 외국인들은 프랑스사람 수준의 높은 생활을 유지하고 있다. 프랑스에서 비행기로 실어온 에비앙(유명한 천연 생수 브랜드)을 마시고 역시 프랑스에서 비행기로 실어온 오이, 토마토, 멜론, 채소 등과 그곳에 있는 전문 업체에서 생산한 빵인 바게트, 크루아상 등을 사다 먹는다.

즉 고소득 외국인들의 식생활은 자기 모국에 있을 때의 생활과 별

차이가 없다. 구태여 차이를 끄집어낸다면 값비싼 채소의 양이 약간 적은 대신 열대 과일의 소비가 약간 더 많다는 정도이다.

그곳 고소득 가봉인의 음식문화는 고소득 외국인과 별 차이가 없다. 다만 식탁에 빵과 함께 마니옥(카사바라고도 하며 전분을 빼내어 떡가래처럼 만들어 풀잎에 싼 것) 전분으로 떡가래처럼 만든 것과 굽거나 기름에 튀긴 바나나가 추가된 것이 다른 정도이다.

이들 고소득 가봉인들의 생활은 소득이 올라가면 올라갈수록 가봉의 자연과 이 자연이 주는 먹거리와는 점점 멀어져서 외국 의존도가 심화되고 있다. 즉 소득의 증대는 이들의 식생활을 대외 의존형으로 변화시켜서 그들 나라의 발전재원을 묶고, 그래서 아프리카는 영원히 백인의 실질적 지배하에 머무를 수밖에 없는 것이다.

다행히 가봉에서도 이러한 사실을 인식하기 시작해 산악지대에서 생수를 개발하기도 하고, 내륙지역에서 과채류 생산을 시도하는 등 국가차원에서 변화를 모색하고 있다.

우리가 가봉을 포함한 아프리카 사람들의 음식문화를 관찰하고 이해하려 할 때, 대개는 우리 것을 하나의 표준으로 놓고 그들의 음식문화를 평가하는 경우가 많다. 우리는 수저를 가지고 음식을 먹는데 그들은 무엇으로 먹는가? 우리는 채소를 먹고 밥과 국이 있으며 김치, 장아찌, 된장국 등이 있는데, 그들에게는 그와 상응하는 음식으로 어떤 것이 있는가 등이 그것이다. 불행하게도 가봉 서민들의 음식문화에 관한 한 우리의 그것과는 근본적인 차이가 있다.

우선 가봉을 표준으로 하면, 그들에게는 우기와 건기 외에는 계절의 변화가 없다. 석 달 동안(우리의 여름)은 거의 매일 흐린 날이 계속되고 따라서 날은 선선하나 비는 오지 않는다. 석 달 동안 비가 오지 않으니 나무들은 마르고 어떤 나무는 잎이 다 떨어지거나 누렇게 변한다. 이때 그들은 나무를 베고 나무와 풀을 말려 태운 다음 그곳에 마니옥, 얌 Yam(우리나라 밭토란과 비슷하나 훨씬 크다), 고구마, 땅콩 등을 심는다.

그때가 지나면 낮에는 맑으나 밤에는 비가 쏟아진다. 하룻밤 사이에 200밀리미터의 비가 오는 것도 별로 드문 일은 아니다. 이러한 환경 속에서 더위가 계속되므로 언제나 신선한 먹거리를 구할 수 있어서 이를 특별히 가공하거나 오랫동안 저장할 필요가 없다.

노동자들은 상점에서 산 바게트나 다른 아주머니에게 산 마니옥 가래를 사서 닭국과 함께 먹는다. 좀 벌이가 나아지면 땅콩 한 봉투와 맥주 한 병을 더 사서 마시며 만족해한다.

그러나 항구에서 5분만 걸어가면 우리나라에서는 볼 수 없는 엄청난 크기의 엠보로라는 슈퍼마켓이 있다. 그곳에는 그날 아침 프랑스에서 공수해온 토마토, 상추, 멜론, 딸기 등의 과일들이 쌓여 있고, 100대 이상을 주차할 수 있는 주차장에는 차량들이 꽉 차 있다. 배추, 오이, 멜론, 토마토 등 대부분의 과일 및 채소가 1킬로그램에 5000원 내외인데도 잘 팔린다.

근래에는 뽀르장틸(점잖은 항구란 뜻) 항 근처의 수경재배 농장에서 키운 채소들이 팔린다.

슈퍼 밖에서는 헌 병에 볶은 낙화생을 담아 파는 여인, 큰 바나나(요리용), 보통 바나나, 그리고 작지만 아주 달고 맛있는 바나나와 파인애플을 파는 아낙네들이 손님을 찾아 나선다.

그러나 진짜 가봉을 알려면 그곳에서 30분을 걸어 재래시장인 몽부에엘 같은 곳을 가야 한다.

정부 소유의 시장에서 한 평, 많아야 세 평짜리 매장을 얻어 사탕이며, 열대 채소, 망고들을 팔고 있다. 호박, 오이 등은 비싼 채소로 보기가 드물다. 이곳에서 팔리고 있는 채소 중 매우 중요한 것이 포오롱(우리나라의 참비름과 비슷한 것으로 이곳 사람들은 참비름을 먹지 않는다)이다.

시장을 돌다가 목이 마르고 술 생각이 나면 그곳에서 파는 양주나 가봉산 맥주를 마시기보다는 팜나무 수액을 발효시킨 술을 한 대접사 마시면 된다. 색깔, 맛 등에서 우리나라 막걸리와 비슷한 이 술은 이제 더 이상 열매를 생산하지 못하는 팜야자나무를 잘라 그 나무에서 흘러나온 수액을 그릇에 담아 서늘한 곳에 방치해두면 그곳에 있는 효소의 작용으로 발효하는 것이다.

이곳의 재래식 시장은 옛날 우리나라 시골의 5일장처럼 활기에 넘친다. 땅이 넓고 내륙 지역에서는 많은 농산물을 생산할 가능성이 있는 이 나라에서도 몽부에엘 시장에서 팔리는 농산물의 과반이 수입 농산물이다.

산더미처럼 쌓인 수입 양파, 아르헨티나산 쇠고기, 미국산 닭고기……, 그런데 돼지고기 값은 쇠고기 값의 1.5배, 양고기 값은 두 배……, 그리고 원숭이고기 값은 세 배나 된다. 양고기 숯불구이는 스태미나식으로 팔리고, 원숭이고기는 서민들이 넘보기 힘든 특별식이다.

저녁이 되면 시장 근처에 야시장이 선다. 방금 익혀 나온 김이 무럭무럭 나는 음식들을 줄지어 앉아 팔고 있다.

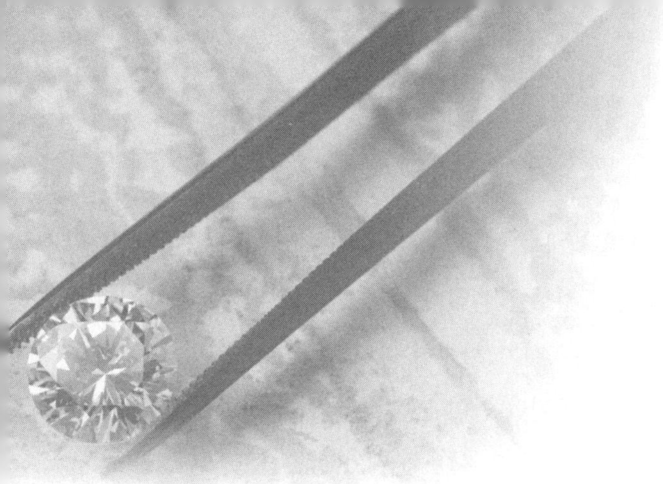

남아프리카 공화국 Republic of South Africa

희망봉의 나라

금과 다이아몬드로 유명한 남아프리카 공화국은 아프리카 대륙의 최남단에 있어서 덥지도 않고, 1년 중 250일 햇빛이 비치는 좋은 기후를 지닌 나라이다. 대서양과 인도양을 한눈에 바라다보는 희망봉, 동부의 야생동물이 풍부한 쿠루가 국립공원, 서북방의 칼라하리 사막 등이 매력적인 곳이다. 한마디로 남아프리카 공화국은 하늘의 축복을 받은 나라이다. 사시사철 온화한 기후, 풍부한 지하자원, 아름다운 해변, 아프리카 대륙에 이보다 더 살기 좋은 환경이 있을 수 있을까 싶을 정도로 천혜의 자연조건을 가진 나라이다.

수십 층의 고층 빌딩숲 사이로 늘씬한 백인여자들이 활보하는 요하네스버그는 도무지 아프리카의 도시 같지 않다. 흑인들의 옷차림도 여간 세련되지 않다. 다이아몬드, 금 등 풍부한 지하자원 덕분에 이런 풍요는 당연하다 싶다.

최근 넬슨 만델라 정부의 개혁정책은 수십 년간 지속되어오던 인종차별과 국제적 고립에 종지부를 찍었다. 최근 남아프리카 공화국에서는 과거 불안과 증오의 역사가 서서히 미래의 번영과 희망으로 바뀌어가고 있다. 하지만 인종집단 간의 불신, 보어인과 영국인 간의 갈등, 여러 흑인 부족들 간의 반목과 같은 문제가 상존하고 있다. 현재 남아프리카 공화국의 인구는 약 75퍼센트의 흑인(총 9개 종류의 민족), 13퍼센트의 백인, 그리고 기타 유색인종 9퍼센트과 인도인 3퍼센트로 구성되어 있다.

약 100만 명에 달하는 인도인들은 나탈 지방에 주로 거주하고 있으며 매우 부지런하고 대부분 상업에 종사하는 중산층으로 알려져 있다.

대부분의 남아프라카 공화국 사람들은 상대방을 자신의 가정에서 접대한다. 그들의 가정에서의 업무적인 식사자리에 안주인은 보통 참석하지 않는다. 특히 흑인 사회의 경우 여성의 사회적 활동은 제한되어 있다.

남아프리카 공화국 사람들은 육식을 즐기는데, 즐겨 먹는 고기는 양 및 소는 물론 하마, 기린, 악어, 타조, 사슴, 염소, 멧돼지까지 다양하다. 남아프리카 공화국 사람들은 보통 고기를 완전히 익혀서 먹는다.

만찬 시간에 30분 정도 늦는 것은 실례가 아니다. 초대받은 경우에는 선물을 준비하는 것이 좋은데, 지나치게 비싸지 않은 것으로 꽃이나 초콜릿, 고급 와인 같은 것이 좋다.

실제 식사시간보다는 칵테일 파티와 같이 서로 음료를 마시는 시간이 더 긴 경우가 많다. 식사 예절은 유럽의 방식을 따르는데, 나이프는 항상 오른손에 들며 포크는 왼손으로 잡는다. 음식을 입안에 넣고 식기를 손에 들고 있는 것은 무례한 행동으로 여겨지므로 음식을 씹고 있을 때에는 식기를 그릇에 놓아두는 것이 좋다. 음식을 입에 넣고 말을 하는 것도 실례이다.

흡연이 엄격히 제한되어 공공장소나 가정에서 담배를 피우는 것이 어려워졌다. |자료: 한국무역협회, 2002, p. 385 |

요하네스버그

남아프리카에서 가장 큰 도시로 산업·경제·문화의 중심지인 요하네스버그는 벼락부자들의 땅이다. 금은 요하네스버그라는 도시와 깊게 연관되어 있다. 이 도시에서는 선택에 따라 구경거리가 무궁무진하다. 카알턴 꼭대기로부터 열기구로 멋진 볼거리를 볼 수도 있고, 동물원의 호수에서 배를 저으며 한가로움을 즐길 수도 있다. 또 줄루족을 찾아 부족민의 드럼에 발맞추어 춤추고, 이 나라에서 가장 훌륭한 사냥터가 가깝다는 이점 때문에 사바나 초원의 사냥을 즐길 수 있다.

먼저 황금채광도시Cold Reef City를 예를 들면, 이 도시는 황금러시 시대의 개척 요하네스버그로 유명한 황금광산 주변에 세워졌다. 술집과 호텔, 식당, 구식약제상, 중국식 세탁소, 사무소, 초기의 주식거래소 등이 특이하다. 민속춤과 오래된 갱도 등도 볼 수 있다. 방문객들은 지하로 내려가 금을 퍼올리는 것을 직접 볼 수도 있다. 또 남아프리카는 보석생산에 있어서도 세계적으로 손꼽히는 국가들 중 하나여서 다이아몬드 채굴광산 방문도 추천할 만하다. 킴벌리 야외광산박물관에 가면 세상에서 제일 큰 다이아몬드(616캐럿) 등 특제품이 전시되어 있는데, 2주일 전에 예약해야 지하광산까지 구경할 수 있다 한다.

도심을 벗어나 시골로 가면 원주민들을 볼 수 있는데, 요하네스버그 근교에서는 줄루족을 만날 수 있다. 40킬로미터 떨어진 하이어 사파리라는 원주민 촌락에서는 전통예술과 공예품뿐만 아니라 원시생활과 의식행사 등 고대 생활상을 접할 수 있다. 요하네스버그 위쪽 트란스발 지방의 볼리드 리버캐년은 협곡바닥을 따라 굽이치며, 강은 누렇게 음영을 이루고, 그 안에 높다란 버팀벽과 벼랑으로 양측 면이 둘러싸여 있어 뛰어난 경치를 자랑한다. 이 지역을 지나면 전통부족을 많이 만날 수 있다.

원시생명의 대지 아프리카는 거대한 동물왕국이다. 남아프리카 또한 사막의 사구에서부터 사바나와 아열대림까지의 동물 서식지에는 비길 데 없이 많은 종류의 동물과 새들이 살고 있다. 아프리카의 하이라이트인 사파리 탐험에 나서기 위해서는 가이드와 차량을 구해야 한다. 요하네스버그는 야생의 아프리카로부터 자동차나 비행기가 거리로 가깝다는 이점뿐 아니라 이 나라에서 가장 훌륭한 사냥터가 있는 곳이어서 정보수집과 예약을 동시에 할 수 있다. 사냥 금지지역의 아열대삼림으로 빛이 들어갈 수 없는 지역까지 광범위하게 펼쳐져 있어 비할 데 없는 다양한 동물과 새들이 서식한다. 새 구경, 각종 동물들의 흔적을 찾아가는 게임, 지프와 보트를 이용한 수렵탐험 등 다양한 사냥투어가 마련되어 있다.

이집트 Egypt

피라미드의 나라

이집트 문턱을 한 걸음 디디고 들어가면 거기는 벌써 시간을 초월한 신비의 나라로 피라미드, 대신전, 유유히 흐르는 나일 강, 끝없는 사막, 모든 것이 장대하여 방문자를 압도한다. 다시 남쪽으로 가면 드디어 문명의 끝장, 옛 모습을 지금도 그대로 보여주고 있으며, 눈이 번쩍 뜨이는 홍해의 산호초가 펼쳐진다. 맑은 홍해의 밑바닥은 바다의 낙원이다. 무수한 열대어와 분홍색, 보라색, 오렌지색 등 색다른 산호초가 펼쳐져 있다. 그리고 해저 연주회로서 블루치크, 버터플라이, 엔젤피시, 햇프헤드, 베라, 더 악명 높은 쏨뱅이의 아름다운 심포니가 연주된다. 티란해협, 라스 모하메드 벼랑의 눈이 어지러운 그 높은 데의 아래 바다에는 가오리, 상어, 꼬치고기가 우아하게 놀고 있다. 특이하고 즐거운 휴가를 즐기실 분은 홍해에서의 다이빙과 이집트 관광을 즐기기를 권하고 싶다. 홍해에 잠수하여 바다의 보고를 즐기고, 이집트인의 심정에 닿을 수 있는…… 생각만 해도 가슴이 설렌다. 꼭 당신은 이집트의 매력에 사로잡히게 될 것이다. 이렇듯 이집트는 여러 방면에 걸쳐 오랫동안 나일 강의 흐름과 함께 흥망성쇠를 겪어왔다.

처음으로 역사에 나타나기는 기원전 4200년경이며, 이후 알렉산더 대왕까지 30대의 왕조가 교체되었다. 그 전성기는 대피라미드가 건설된 제4왕조(기원전 2600년경) 때이고, 그 후엔 사라센, 로마, 터키에 영유당하여 오스만 제국 지배하에 들었다.

19세기에 모하메드 알리가 출현하여 차차로 속령에서 탈피하다가 금세기에 들어와서 영국의 보호국으로 종속되었다. 그 후에 반영국민운동이 성공한 후 1923년 독립을 하여 왕정이 베풀어졌다. 제2차 세계대전 후 이스라엘 건국을 에워싼 팔레스타인전쟁으로 이스라엘에 패배, 이것을 계기로 왕정에 대한 반대가 일어나 1952년 혁명에 의해 공화국이 된 후 오늘에 이르고 있다.

나일 강 유역과 삼각주 평야 및 오아시스 주변에서 집약적으로 농사를 짓는다. 주요 농산물은 면화, 쌀, 밀, 옥수수, 콩, 보리, 사탕수수 등이며, 그 외 오아시스에서는 대추야자와 기름, 야자가 생산된다.

이집트 음식은 인종의 도가니라 할 수 있는 이집트의 역사를 잘 반영해주고 있다. 터키, 팔레스타인, 시리아 등 아랍, 이슬람의 영향을 받은 것은 물론 지중해 연안에 위치해 고대로부터 그리스, 로마 등지의 음식의 영향을 받았다. 음식들은 주로 천연 과일과 야채, 계절에 따른 신선한 향료로 만들어, 대부분 심플한 건강식이다.

이집트의 주식은 빵이다. 밀가루 반죽으로 만들어진 납작한 빵인 에이슈를 많이 먹으며 그 외에도 프랑스식 바게트, 식빵, 롤빵, 크루아상 등 종류는 풍부하다.

육류는 라마단의 날을 제외하고는 항시 판매되는데 소, 양, 닭, 토끼, 비둘기, 오리 등 여러 종류의 고기를 살 수 있다. 가격은 전체적으로 비싸며 특히 양이 다른 고기에 비해 고가이다. 이슬람교의 특성상 돼지고기는 일반적으로 판매되지 않지만 일부 슈퍼마켓에서 구할 수 있다. 대부분의 이집트인들에게 고기는 사치스러운 것으로 소량만 쓰이고, 야채와 함께 조리하여 밥에 곁들여 먹기도 한다.

샐러드의 주재료가 되는 푸른 야채와 토마토, 오이, 감자, 콩 등을 비롯해 각종 야채, 과일은 종류가 풍부하며 가격도 싸고 맛도 좋다. 과일은 겨울의 오렌지, 여름의 망고, 멜론, 수박이 제철 과일로 계절에 따라 야채와 과일의 가격 차이가 있다.

어패류와 관련된 음식은 알렉산드리아, 수에즈, 아스완 등의 지역에서 발달했으며 도미, 농어, 방어, 가자미, 오징어, 낙지, 새우, 뱀장어 등이 있다. 고대부터 이집트인들은 발효를 이용하여 빵을 만드는 것으로 유명했다.

특히 이집트는 귀족과 평민의 식생활이 현저하게 차이가 났다. 이집트의 귀족들은 호화로운 음식들을 향유하였는데 전채요리로 양배추, 양파절임 등이 포함되었고 주요리로 구운 거위, 송아지고기, 오리, 꿩, 생선 등의 풍부한 육류와 어패류를 즐겼으며 풍부한 양질의 과일을 포함한 다양한 디저트도 곁들여졌다. 반면 농민들은 빵이 대표적 주식으로 야채를 곁들인 소박한 식탁을 소유했으며 유일한 기

호음식으로 맥주를 즐겼다. 고대 이집트에는 맥주집이 많았고 피라미드 공사작업을 하는 인부들이 맥주를 즐겨 마셨다는 기록이 전해져 오는데, 특히 "죽어서도 빵과 맥주를 먹고 싶다"는 유언도 심심찮게 발견되고 있다. |자료: HR, 2002, pp. 108~109|

특히 이집트인들은 인간관계를 중요시 여겨 방문객을 접대하는 것에 있어서도 정성을 쏟는다. 이집트에서의 정찬은 저녁식사가 아니라 점심식사이기 때문에 초대도 점심시간에 이루어지는 경우가 많다. 독실한 이슬람교도들은 술과 돼지고기를 먹지 않기 때문에 최고급 호텔에서만 도수 높은 알코올이 판매되고 대부분의 이집트 레스토랑에서는 맥주와 와인만 판다. 이집트인을 사교모임에 초대할 경우에는 무알코올 음료가 제공되는지 확인해야 한다. 접시에 담긴 음식을 모두 먹지 않는다. 음식을 조금 남기는 것이 충분히 먹었다는 것으로 해석되기 때문이다. 식사를 할 때 음식에 소금을 뿌리는 것은 음식이 싱겁거나 간이 맞지 않다는 의미로 받아들여질 수 있으므로 주의해야 한다.

케냐 Kenya

사파리의 나라

코코야자의 녹음으로 우거진 해변, 대초원을 질주하는 얼룩말 떼, 케냐 산의 빙하, 창으로 무장한 마사이족 등 여행사들의 선전에 등장하는 주역들은 동아프리카의 맹주라고도 할 수 있는 케냐의 이미지를 세계에 보급시켰다. 그러나 이 같은 선전문구는 지나치게 이미지를 단순화하고 있다. 사실 좀더 풍부한 매력이 있다. 이것을 한마디로 정의한다면 복잡성이란 말이 가장 적당할 것이다. 이 복잡성에는 양면이 있다. 우선 지리적으로는 서부의 고지와 동북쪽이나 연안 지역에서 볼 수 있는 저지 등과 같은 전혀 성격이 다른 지역이 병존하고 있다. 인간적인 면의 복잡성은 이 나라에 공존하고 있는 문명의 다양성 때문이다. 연안 지역에서는 아랍과 말레이시아의 영향이 지배적이고 이슬람교가 확고한 기반을 구축하고 있다. 낮은 평지에는 유목생활에 적합한 나일로트계 민족이 많이 산다.

고지는 남북으로 달리는 동東지구대에 의해 넓이가 다른 두 지역으로 갈라진다. 이 단층의 서쪽 빅토리아호 주변에는 나일로트계인 루오족이 주로 살고, 동쪽에는 반투계인 키쿠유족이 살며, 그 밖에도 아랍인, 인도인, 파키스탄인, 그리고 영국을 중심으로 한 유럽인 등 많은 소수민족이 산다.

기후 역시 다양하다. 연안 지역에는 고온다습하여 몸바사의 평균기온은 27도에 강우량은 2000밀리미터나 된다. 여기에 비해 북부와 북동부는 반사막으로서 연평균 강우량이 400밀리미터 이하이다. 표고 1000미터인 고지에서는 평균기온이 17도를 넘지 않고 비가 많다. 또 4600미터 이상이 되면 거의 눈과 얼음으로 덮인다.

이 같은 다양성 때문에 관광산업이 크게 발달했다. 다채로운 풍경과 함께 동물의 종류가 세계에서 가장 많고, 호텔 시설도 잘 정비되어 있다. 그리하여 케냐에는 해마다 50만 명 이상의 관광객이 모인다.

한편 이 나라의 농업은 관광과 함께 케냐의 경제를 뒷받침하는 기둥이다. 농산물은 토양과 기후의 다양성에 따라 밀, 쌀, 파인애플, 차, 자이레 아마, 바나나, 목화 등이 재배된다. 경작지의 대부분은 루오족과 키쿠유족이 사는 고지대에 치우쳐 있는데, 케냐에서 '경제적 열매'를 맺는 지역은 전체 면적의 약 6분의 1에 지나지 않는다.

그 밖에 케냐의 수도 나이로비에는 야생동물을 맛볼 수 있는 음식점이 몇 군데 있다. 영양, 톰슨가젤, 일런드, 기린, 코끼리, 악어 등의 고기를 숯불에 바비큐해서 판다.

케냐 고원 지역의 비옥한 토지를 차지하여 살고 있는 키쿠유족은 콩과 옥수수가 주식이다. 보통 콩은 삶아서 으깬 후에 먹는다. 옥수수는 가루를 내어 끓는 물에 개서 먹는다. 이것이 '우갈리' Ugali라는 음식인데, 키쿠유족뿐만 아니라 동아프리카 전체에서 가장 흔한 음식이다. 이 우갈리의 맛은 우리의 백설기 비슷하여 '수쿠마' Sukuma 등의 반찬과 함께 먹는다. 이 수쿠마는 우리나라에서 케일이라고 불리는 야채인데, 잘게 썰어 기름에 볶아서 먹는다.

대부분의 마사이족은 새벽 4시경에 일어나 하루종일 사막이나 초원으로 소를 끌고 다니다가 오후 3~4시경 집으로 돌아와 한 번의 식사를 한다. 즉 하루 한 끼의 식사를 하는 셈이다. 이것은 먹을 것이 부족한 환경에서 소량의 식사를 세 끼로 나누어 먹으면 열로 발산되어 몸에 축적되지 않는 반면 한꺼번에 먹어 불필요한 에너지의 소모를 줄이기 위한 일련의 환경조건에 대한 적응법이라고 할 수 있다. 이들은 주로 황량한 사막 등지에서 유목생활을 하므로 조금씩 자라는 들풀은 소에게 먹이고 소를 충분히 활용하고 있다. 즉 소의 젖을 짜서 '키브유' 라는 표주박에 넣어가지고 다니면서 하루 3~10리터 정도의 우유를 마시는데, 이것이 발효되어 요구르트가 되는 것이다.

요구르트와 같은 발효유는 면역력을 증강시키는 효과가 있어 실제로 이들은 더러운 환경에 노출되어 살면서도 질병이 별로 없다. 비타민은 건강한 소의 목에서 생피를 받아 먹음으로 해결하고, 많은 양의 우유를 섭취하기 때문에 콜레스테롤이 높아질 우려가 있으나 세계 최저의 소금 섭취 결과(우유와 선지를 제외하고는 식염 섭취가 없다) 혈압이 증가하지 않는다.

이러한 식습관은 전통적인 생활을 유지하는 마사이족에게는 아주 효율적인 방법이지만, 반면에 식사량이 모자라지 않고 보다 기름진 식사를 하는 도시에서 생활하는 경우에도 한꺼번에 식사하는 식습관을 유지하게 되므로 살찐 사람이 더 많다. 또 소금의 섭취량이 실제로 5~7그램 정도로 많지 않음에도 불구하고 고혈압 환자가 많이 발생하는 것은, 전통적으로 낮은 소금 섭취 식습관에 의해 소금에 매우 예민하게 반응하는 유전적 성향을 갖고 있는 상태에서 도시생활로 체중이 증가하고 생활조건이 서구화된 것 등이 소금을 더 많이 먹지 않아도 고혈압 발생이 증가하게 된 원인인 듯하다. 따라서 도시생활을 하는 마사이족의 경우는 환경변화에 대해 전통적인 음식문화를 잘 적응시키지 못한 결과 고혈압 등의 질병 이환률이 높아진 것이다.

현대문명을 거부하는 마사이족도 맥주는 매우 좋아한다. 케냐에서 가장 인기 있는 맥주는 터스커Tusker이다. 상아라는 뜻으로 쌉살하면서도 뒷맛이 깨끗하다. 화이트 캡White Cap은 아프리카에서 두 번째로 높은 케냐 산 만년설이 녹아서 흘러내리는 물로 만든 순한 맥주로 여자들에게 인기 1위다. 터스커 몰트 라거Tusker Malt Lager는 가장 독해서 술꾼들이 좋아하고 새로 나온 켄브루Kenbrew는 저가 정책으로 대중 속을 파고들고 있다.

탄자니아 Tanzamia

칼리만자로의 눈

탄자니아는 적도 가까이 위치하면서도 만년설이 있는 유명한 킬리만자로 산, 세계 제3위를 자랑하는 아프리카 최대의 담수호 빅토리아Victoria 호, 세계 제7위의 탕가니카 호, 응고롱고로Ngorongoro 분화구를 비롯해서 많은 국립공원, 동물 보호구가 있고, 그 대자연에 서식하는 풍부한 동물, 다채로운 부락민의 생활이 찾는 이를 사로잡고 있다. 한편 인도양을 면한 800킬로미터 해안선은 수도 주변을 중심으로 새로운 휴가 리조트를 개발하여 관광객을 맞이하고 있다.

100만 명 이상을 차지하고 있는 스쿠마족이 최대 부족이며, 빅토리아 호 남안부터 세렝게티에 걸쳐 거주하고 있다.

중앙 고원지대의 냐무웨지족, 남부의 아콘데족, 탕가니카 호 북부의 하족, 킬리만자로와 메루 산 기슭의 챠가족, 다르에스살람 주변의

살라모족 등이 있다.

종교는 600년경부터 해안지대에서 교역을 해왔던 상인들이 전파한 이슬람교가 전 국민의 31퍼센트를 차지하고 있다. 기독교도는 25퍼센트이며, 나머지가 토착 원시종교이다.

이 지역에서는 소를 치며 살아가는 부족이 주류를 이루고 있다. 이들의 식생활에서도 소가 차지하는 비율이 매우 크다.

그 밖에 우유와 소, 염소의 고기는 그들의 주요한 식량이다. 이들은 우유와 소피를 섞어 마시기도 하고, 소피를 응고시킨 것을 간식으로 먹기도 한다.

농경부족과의 물물교환을 통해 옥수수 등의 곡식을 얻어 요리해 먹기도 한다. 이들의 기호품 중에는 코담배가 있다. 특정한 나무의 열매를 말려서 갈아 그것을 코에 갖다댄 후 빨아들인다. 이것은 약간의 환각 성분이 있다고 알려져 있다.

킬리만자로 커피

세계적으로 상품화되고 있는 커피는 크게 세 가지 종류로 나뉜다. 아라비카, 로부스타, 리베리카가 그 분류이다.

탄자니아의 고산지대인 킬리만자로와 메루 산의 경사지에서 재배되는 커피는 습식법 아라비카종이다. 아라비카종은 입자의 크기가 다른 종에 비해 크며, 색상은 녹회색으로 개성이 강하고 품질이 우수한 커피로 세계적으로 호평받고 있다.

탄자니아의 커피는 마운틴 커피의 좋은 점을 모두 담고 있다.

흔히 킬리만자로 커피라고 불리며 풍부하고 진한 향과 쓴맛과 강한 신맛이 잘 조화되어 흡사 포도주를 마신 것과 같은 착각이 들기도 한다고 한다. 이 커피는 뒷맛이 가장 부드러운 고급으로 블랙으로 마시기 좋다.

더 맛있게 즐기기 위해서는 광물질이 섞인 경수보다는 섭씨 85~95도 정도의 연수가 커피물로 적당하다.

1인분의 커피를 만들 경우 10그램 내외의 커피에 130~150시시의 물을 사용하여 추출하며, 블랙으로 마시지 않을 경우 설탕을 먼저 넣고 한 방향으로 저은 후 온도가 85도 이하로 떨어진 후에 크림을 넣어야 고온의 커피 중에 함유된 산과 크림이 응고되는 것을 방지할 수 있다.

튀니지 Tunisia

작지만 오랜 역사와 매력을 지닌 나라

튀니지는 작으면서도 오랜 역사와 문화의 다양성을 지닌 매력 있는 나라이다. 관광 사업자는 '브론즈빛으로 그을은 살결' 이나 오아시스, 그리고 시장의 이국적인 정서를 내세우지만, 그것만이 튀니지의 전부는 아니다. 대추야자나무가 하늘 높이 치솟고, 작열하는 태양이 모래밭을 태우는 해안에서 내륙으로 한 걸음 들여놓으면 안내서에는 전혀 없는 광경이 거기서부터 펼쳐진다. 광대한 사하라 사막으로 이어지는 남부, 겨울에는 눈이 휘날리는 북부의 산들, 달빛 속에 하얗게 펼쳐지는 석회질의 암산, 멧돼지가 돌아다니는 향기 가득한 푸른 숲, 그리고 골짜기를 따라서 뻗어 있는 밀밭, 거대한 함수호, 이것도 튀니지 국토의 일부인 것이다.

고대도시 카르타고의 기초를 닦은 것은 페니키아의 왕녀 디도라고 한다. 그 후 북아프리카를 정복한 로마는 훌륭한 유적들을 카르타고에 남겼다. 한때는 그리스도교에 교화되어 비잔틴 제국에 속했는데, 7세기는 아랍의 침입으로 이슬람권으로 들어갔다. 하프스 왕조 때 많이 번영했는데, 이윽고 오스만 투르크의 속령이 되었다. 이 무렵의 튀니지는 지중해를 항행하는 그리스도교도의 배를 노리는 해적들의 근거지로서 공포의 대상이 되었다. 1881년에는 프랑스 보호령이 되어서 혜택도 받기는 했으나 식민지로서의 괴로움도 맛보았다. 하비브 부르기바의 영도하에 1956년에 독립을 달성했지만, 그 후에도 프랑스와는 끊을 수 없는 관계에 있고, 프랑스어는 남부의 작은 마을에까지 침투해 있다.

국교는 이슬람교이지만, 1956년에 만든 법률에 의하여 남녀평등을 비롯해서 많은 법적 권리가 국민에게 주어졌다. 이슬람 국가로서는 획기적인 일이라 하겠다. 이렇게 서구화된 튀니지이지만, 황토색이나 백색의 벽 안에서는 지금도 천일야화의 세계를 연상시키는 동양적인 정서가 남아 있다. 텔레비전의 안테나가 이슬람 사원의 첨탑과 높이를 다투고 있다. 그것은 이 나라에서는 조금도 모순이 아닌 그림과 같은 풍경이다.

『일리아스』와 『오디세이아』

알파벳을 남겼던 페니키아인도 카르타고를 정복한 로마 흥망사도, 아랍인들이 창조한 위대한 이슬람 문화도 그 문 너머에 숨어 있다. 15세기 스페인 남부 안달루시아에서 쫓겨온 이슬람 세력이 들여온 건축은 예술의 극치를 이루고 있다. 다른 지중해 국가처럼 대개 푸르며, 때로는 티끌 하나 없이 노랗고 희고 빨갛다.

그 원색 우주에 코란이 일러준 기하학적 무늬로 그린 해 · 별 · 달 · 물고기 · 초생달은 아랍민족을, 손바닥 무늬는 행운을 뜻한다. 이탈리아에서 끌고 왔던 기독교도 노예들의 십자가 문양도 눈에 띈다. 모든 이에게 신의 축복을 기원하는 상징들이다.

수도 튀니스에서 20분 거리 시디 부 사이드Sidi Bou Said 마을은 1915년 당국의 보존 결정 덕택에 티 하나 없이 순수한 원색문과 흰 벽만으로 이뤄진 곳이다.

서사시 『일리아스』와 『오디세이아』에서 요정 세이렌이 오디세우스를 유혹했던 섬 제르바Djerba로 내려가면 흰벽과 문은 찬란한 도자기들의 호위 속에 관광객들을 맞는다. 튀니스에서 비행기로 한 시간 거리, 지중해 도예문화의 메카이며 리비아의 한국 근로자들이 전세기를 타고 오가는 기착지이기도 하다.

이곳 겔랄라Guelalla 마을 파란 문 위에는 애벌구이 항아리들이 서 있다. 벽에는 현란한 도자기와 정교한 타일들, 흰 벽에 다닥다닥 붙어 있는 이들 소품들은 여정에 쫓겨 차에 오르려는 여행객들을 두고두고 붙든다. 마침 전통의상 '섭사리' Sefsari로 온몸을 휘감은 여인이 눈앞을 스치면 여성 촬영이 금지되어 있는 이슬람교 국가라는 사실을 잊은 채 절로 카메라에 손이 간다.

푸른 지중해와 양질의 흙, 그리고 장인기질이 만든 질투가 날 정도로 아름다운 도자기들의 유혹은 피하기 힘들다. 제르바 도자기는 문들을 남기고 가는 관광객의 아쉬움을 달래준다.

사막에 신神들이 있다. 사하라 사막 언덕에 신들의 거처가 있고, 신탁을 기다리며, 코란을 읽는 점쟁이가 있다. 그 뒤 모래바람을 뚫고 낙타에 몸을 실은 대상행렬이 나타나고, 먼 산에는 거친 돌산의 신기루가 떠 있다. 바로 튀니지, 사막에 신이 사는 나라이다.
미케네의 바다를 건너온 그리스 신화 영웅들이 발견한 곳은 올리브로 가득찬 버려진 땅 카르타고였다. 로마와 전쟁에서 패해 사라진 카르타고는 훗날 이슬람 국가 튀니지로 부활했다. 수도 튀니스에서 30분 거리인 카르타고는 원래 페니키아 땅이었지만 로마와의 패전 후 '서 있는 모든 것' 은 로마식으로 재건되었다. 콜로세움을 세웠고, 거기서 검투사들이 피비린내 나는 격투를 벌였다. 귀족들은 노예들을 동원해 사막 한가운데 대수로를 만들고 노천 열탕에서 겨울에도 쾌락에 탐닉했던 것이다.
세월 속에 모두 폐허로 변해버렸지만, 오직 한 군데만은 살아남았다. 국란에 처한 카르타고인이 신들에게 인신공양했던 어린이 무덤 비석인 '토펫' Tophet은 그 모든 정복자들이 감히 건드리지 못한 유일한 고대 페니키아의 흔적이다. 수천 수만의 순수한 영혼이 잠들어 있는 토펫들은 세월을 뛰어 넘어 카르타고인의 성지로 남아 있다.
"Venari Lavari Ludere Ridere Occest Vivere(사냥, 목욕, 오락을 하면서 쾌락을 즐긴다. 이것이 바로 인생)". 식민지 귀족들의 인생찬가가 무상하다. 로마는 멸망했고, 사치스런 식민도시도 사라졌다. 그 인생은 2000년이 지난 지금 이방 관광객들이 만끽하고 있다. 이들은 카르타고에서 출발하여 사막과 올리브숲 사이 수영장을 끼고 있는 호화 호텔들을 순례하며 사막으로 떠나고 있는 것이다. 그 여행은 격정적이다. 낙타가 있고, 이슬람교 사원 모스크가 있다. 세찬 모래바람이 불고, 야자나무 위로 거대한 석양이 진다. 석양 아래에는 난데없는 신의 거처가 기다린다.
북부 사하라의 옛 도시 스베이틀라Sbeitla에는 그 기원이 비밀에 싸여 있는 이 도시 모래 위에는 세계에서 유일하게 주신主神 주피터와 그 부인 주노, 그리고 지혜의 여신 미네르바 세 신의 신전이 나란히 서 있다. 로마인들이 세운 교회들도 폐허 속에 머리를 내밀고 있고, 현대 튀니지 사람들이 모조품 석상을 진짜라며 헐값에 팔고 있다. 낙타와 야자나무 및 로마 신전이 엮어낸 풍경이 있다. 튀니지아인은 지중해인이며, 아프리카인이며, 아랍인인 동시에 유럽인이다. 그 다양성이 바로 '튀니지' 라고 정의하는 사람도 있다.

라마단 기간에는 금식뿐 아니라 업무량도 줄어든다.

튀니지인들을 위한 첫 번째 접대는 점심시간에 레스토랑이나 클럽과 같은 곳에서 하는 것이 좋다. 일반적으로 이러한 식사는 시간이 오래 걸리는 편이다. 배우자는 보통 초대되지 않는다. 그리고 이때는 곧바로 업무와 관련된 이야기를 꺼내는 것은 좋지 않다. 상대에 대한 흥미를 보여주고 예의를 잘 지키면 급속도로 친밀해질 것이다. 상대와 만남을 여러 차례 갖다 보면 그들의 가정으로 저녁식사나 칵테일 파티, 혹은 운동을 함께 하기 위해 초대받는 경우도 있다. 이 경우에는 좀더 사적인 대화가 가능하며 배우자를 대동할 수 있으나 선물은 하지 않는 것이 좋다.

02

음식을 알면 문화가 보인다

01 음식의 이해

인간이 생존하는 데 있어서 '복리'라 함은 건강, 행복, 번영을 상징하는 만족한 상태를 의미한다고 할 수 있다. 개인의 사회적 지위나 물욕의 정도는 생활에 반영되는 모든 사람의 기본적 욕구와 사회성에 따라 각각 다르게 반영된다. 인간은 누구를 막론하고 자기 복리를 소유하기 위하여 각자 특유의 잠재성을 지니고 출생한다. 그리고 이것을 지키고 누리기 위해 노력하지만 생활환경에 따라 크게 영향을 받게 된다. 생활환경의 요소 중에서도 가장 중요한 것은 식食이라고 할 수 있다.

태초부터 인간이 제일 좋아하는 일은 먹고 마시는 일과 정사를 즐기는 일, 그리고 명예를 자랑하는 일이었다. 무릇 피와 살을 가진 생물은 생리적 본능 때문에 먹고 배설하는 생식 작용을 하게 마련이다.

철인 소크라테스는 "많은 사람들은 먹기 위해서 살지만 나는 살기 위해 먹는다"고 말했다. 즉 만물의 영장으로서 사람답게 살기 위해 생명 양식을 취한다는 말이다. 예수도 기도할 때, 하느님 이름을 거룩하게 하고 하늘의 뜻이 땅 위에서 실현되기를 기원한 다음 곧바로 "일용할 양식을 주옵소서"라고 했다. 그러나 시험받을 때에는 "사람이 떡으로만 사는 것이 아니라 말씀으로 산다"고 말했다.

한 인간의 생애란 먹거리에 대한 그 사람의 마음가짐과 태도, 먹거리를 얻는 수단과 먹거리의 내용에 따라 좌우된다고 믿는다. 따지고 보면 개개인이 모인 집단인 민족이 창출해낸 문화라는 것도 그 민족의 식생활의 역사이며 그 영상이라고 할 만하다.

보릿고개니 뭐니 하는 절대적 기아로부터 해방된 지는 이미 오래이고, 이제 여느 선진국들처럼 먹는 일의 즐거움과 아름다움을 도모하는 우리의 실정이고 보면, '먹기' 또는 '먹거리'의 문제를 언뜻 미식美食의 문제로 착각하기 쉽다. 그러나 오늘날은 미식을 생각하기에는 너무나 심각한 식생활의 위기, 나아가 생명의 위기에 직면해 있다.

산업화와 경제 발전이 얼마나 풍부한 '먹거리'를 제공해주고 있는가, 또한 아이들의 키는 얼마나 커졌는가, 화려한 식탁에 앉아 포크와 나이프를 품위 있게 쓸 수 있는 기회는 또 얼마나 많아졌는가에 대해 넋을 빼앗긴 사람들은, 식생활의 위기라니 그게 무슨 소리냐고 반문할지도 모른다. 하지만 틀림없는 '위기'이다.

우선 먹는 일이 위험한 일이 돼버렸다. 다른 장황한 말을 늘어놓을 것도 없이, 물 한 모금 마음 놓고 마실 수 없을 만큼 우리의 먹거리 환경은 오염되었다. 더욱이 드러난 오염이라면 의식적으로 피하면 될 일이겠으나 숨겨진 오염이기에 심각하다.

즉 해로운 것은 안 먹으면 되지만, 무엇이 해로운지 이로운지를 알 수 없는 먹거리 환경이 대대적으로 조장되고 있기 때문에 우리는 독인지 아닌지 구별도 못한 채 각종 식품 산업이 일반 '먹거리' 라고 포장해서 쏟아내고 있는 수만 가지 것들을 먹어대고 있는 것이다. 그러한 식품의 가짓수를 훨씬 웃도는 수많은 약과 함께 말이다.

가공된 식품이 우리에게 끼치는 해악이 다양한 측면에서 폭로되고 있음에도 불구하고, 아직까지는 그러한 자각이 현란한 상혼에 압도되고 있는 형편이다.

우리나라의 맛과 멋

일본 음식점에서 생선살을 칼날이 서듯 저며 모아 담은 생선회를 놓고 작은 잔에 청주를 따르면서 회를 저민 솜씨를 칭송하는 자리가 위의와 탐색을 과시하는 듯하다면, 한국 사람이 자글자글 기름이 녹아나는 고기구이 화로를 놓고 둘러앉아 대작하는 모습은 고기구이의 이름을 웃으며 즐긴다는 뜻에서 '소적' 笑炙이라고 하듯이 친숙과 단란이 가득한 정경으로 비친다.

중국 음식에서 역사가 깊은 원소병元宵餠(보름떡)이 야들야들 매끄럽고 달콤하여 좋은 맛이긴 하지만 붉은 팥, 검은 콩을 소담하게 고물삼고 밤, 대추를 드문드문 섞어 찐 우리의 시루떡처럼 정겨움이 뚝뚝 흐르진 못한다.

이런 정취가 우리에게 익숙한 음식인 탓만은 아니며 어느 나라의 누구라도 우리 음식을 대하면 느끼는 인상이다.

우리 음식이 갖는 이 같은 정취는 이 땅에서 살아온 생활인들이 오랜 역정을 거쳐 이룩한 특성으로서 한국 음식문화에 내재하는 깊은 뿌리의 한 줄

기이다. 이러한 개성을 형성한 배경에는 여러 가지 요소가 얽혀 있겠지만 우선은 3000년에 가까운 농경생활이 기본적인 요인일 것이고, 나아가서는 조선시대 대가족 생활에서 더욱 다져진 것으로 생각된다. | 자료: 윤서석, 연도 미상 |

"중국 사람은 맛으로 먹고, 일본 사람은 눈으로 먹고, 한국 사람은 배로 먹는다"는 속설이 있다. 물론 요즘이야 대식大食하는 경우가 드물지만 옛날 우리 민족은 양반이나 상민이나 할 것 없이 일단 많이 먹는 것을 최고로 여겼다. 그래서 식사 중에는 거의 이야기를 하지 않았다.

조반을 중히 여기는 풍습은 조선시대 유교사상의 영향을 받은 것인데, 의례에 따라 잔치나 제례 음식의 차림새가 정해졌다.

"맹물도 선후가 있다"고 하듯 한 상에 앉아 여럿이 먹을 때에 식사 예법 또한 매우 엄했다. 웃어른이 수저를 든 다음에야 다른 사람도 식사를 할 수 있었던 것은 '동방예의지국'으로서 손색이 없는 우리의 자랑이라 할 수 있겠다.

요즘은 간혹 도가 지나쳐, 배곯아 허리를 맬지언정 남에게는 인사치레를 해야 된다는 형식주의와 과소비가 만연되어 있는 것 같다.

옛날 우리네 여인들은 제철음식으로 알뜰하게 별미를 즐겼고, 화전花煎놀이 등으로 삶의 여유를 찾고 풍류를 즐겼다. 그리고 그때에는 집안의 경사나 의례가 있을 때 음식을 풍성하게 장만하여 친척과 이웃에게 나누어주는 넉넉한 마음이 있었다. 문명이 발달하면서 밀려나는 우리의 맛과 멋이 아쉽다.

02 음식문화

문화란 예술이나 학문처럼 뭔가 고상한 것으로서, 평소의 사소한 음식에 관한 것은 문화와 관계가 없다고 생각하는 사람이 많았다. 그러나 문화는 어떤 지역에서 공통적으로 볼 수 있는 행동양식으로 그 지역의 사람들에게 습득되어 다음 세대에 전달되는 것이다. 문화를 이와 같은 의미로 해석한다면 식생활에 나타나는 여러 가지 행동이나 물건은 거의 다 문화라고 생각할 수 있다.

매일 먹는 먹거리를 생각해보자. 매일의 식단이 매우 비슷함을 알아차릴 수 있을 것이다. 이를테면 아침식사에 쌀밥, 국, 김치를 먹는 사람과 빵과 우유를 먹는 사람이 늘 같은 형태의 아침식사를 먹고 있다. 또 전날 저녁식사로 쌀밥, 생선이나 쇠고기요리, 채소요리, 김치, 찌개를 먹은 사람은 그 이전의 저녁식사와 비슷한 식단일 것이다. 이와 같이 사람의 식사는 매일 마찬가지로 되풀이되며, 이러한 식사법은 다음 세대에 전달된다.

아침식사로 밥 · 국 · 김치를 먹는 것은 우리나라의 가정에 널리 퍼져 있고, 앞으로의 세대에게도 계속 이어질 것이다. 위에서 말한 문화의 사고방식에 따르면 이 아침식사법은 명백히 문화이다. 이와 같이 무심히 하고 있는 일상의 음식에 관한 행동이나 물건은 모두 음식에 관한 문화라고 해도 좋다.

그리하여 어떤 지역에서 먹는 것에 관련하여 공통적으로 나타나는 행동양식을 음식문화라 할 수 있다. 이 행동양식 가운데는 음식에 관한 행동의 방법뿐만 아니라 행동의 대상이 되는 먹이 · 연모 · 사고방식 등도 포함된다. 또 먹는 장소뿐 아니라 조리 곧 먹잇감으로 먹이를 만드는 것과 더 나아가 먹잇감의 생산까지도 음식문화에 포함시켜야 한다. | 자료: 이성우, 1992 |

한마디로 음식과 사람의 관계는 종래에는 주로 영양학, 특히 영양소적이며 생리학적인 관점에서 추구되어왔으나, 현대사회의 식생활 구조는 경제 · 사회구조 · 소득 · 식량정책 · 산업기술 · 조리기술 · 식습관 · 사교적 측면 · 문화 등 많은 요인이 복잡하게 서로 영향을 주면서 형성되고 있으므로 학제적學制的으로 관찰할 필요가 있으며 특히 음식문화를 충분히 이해해야만 앞으로의 식생활 문제를 바르게 논할 수 있을 것이다.

식생활이 좋고 나쁨은 한 세대가 지난 후에 온다고 말할 정도로 긴 안목으로 결과를 보게 된다. 따라서 한때의 식생활의 시행착오는 돌이키기 어려운 일이 되고 수정하고 회복시키려면 너무나 긴 세월이 걸린다. 예로부터 우리나라에서는 대화 중에 먹는 이야기를 많이 하는 것을 매우 천대시했으나, 한편으로는 궁한 생활 속에서 양적으로 충족한 식생활을 바랐다. 그러나 오늘날 우리 국민은 소원대로 먹을 수 있게 되었고, 먹는 쾌락성에 대해 공공연하게 이야기를 나눌 수 있을 만큼 사회는 풍요로워졌다. 포식 시대를 거쳐 인생의 최대의 낙樂을 먹는 일에서 찾는 낙식樂食 시대가 세계화의 흐름을 타고 우리나라에서도 실현되기 시작한 것은 얼마 전까지만 해도 아무도 상상할 수 없었던 현상이다.

이와 같은 변화에 따라 여유가 없고 긴박했던 과거의 음식문화를 뒤로하고 건강을 지키고 먹는 일에서 인간의 낙을 찾는 다원적이며 다양하고 과학적인 음식문화 향상을 추구하게 되었다. 따라서 소비자의 필요는 음식산업, 음식서비스산업, 외식산업 등의 혁신적인 음식문화산업을 발전시켰으며 선진국들에서 1950년대에 싹트기 시작한 혁신적인 음식문화산업은 우리나라에도 빠른 속도로 신장되었다.

03 음식문화의 다양성

아프리카, 서남아시아, 인도, 동남아시아, 오스트레일리아, 중앙 · 남아메리카의 원주민들은 손으로 음식을 집어서 먹는 것이 보편화되어 있다.

나이프, 포크, 스푼이나 젓가락을 사용하는 문화권에서 보면 손으로 음식을 집어 먹는 것이 비위생적이고 예절이 없으며 야만적이라고 느끼기 쉽다.

음식을 담는 그릇이나 입 사이에 도구를 사용하여 직접 손을 대지 않고 음식을 먹는 것이 생활화된 문화권에서는 음식을 손으로 집어 그대로 먹는 것이 매우 원시적인 행동으로 보일 것이다. 그러나 음식을 먹을 때 손과 접촉하는 식사 형태를 경멸하는 것은 문화적 차이일 뿐이다. 즉 도구를 사용하는 식생활 문화권에서 바라본 자기중심적 사고의 결과이다.

손으로 직접 음식을 먹는 문화에서도 나름대로의 식사예절이 있으며 식사 전과 식사 후 손을 씻는 것은 보편화된 습관에 속한다.

북아프리카의 이슬람 사회에서는 식사 전과 식사 후 손을 씻고 물로 입을 씻는 등의 행동은 이슬람 사원에 들어가기 전 부정을 없애는 행동과 일치한다. 모로코나 튀니지에서는 음식을 바닥에 늘어놓고 사람들이 음식을 에워싸듯이 한쪽 무릎을 세운 자세로 하거나 책상다리를 하고 앉아 식사를 한다. 한쪽 무릎을 세우는 이유는 식사의 쾌락 부정 원리가 작용하는 종교적 이유에서 출발한다고 한다. 또 손으로 음식을 먹는 대표적 문화권으로 인도를 들 수 있다. 인도는 힌두교를 기축으로 하는 문명권이다. 인도권에서도 이슬람권과 같이 식사 때 오른손을 사용한다. 그리고 음식을 처음부터 분배하여 먹고 주식인 밥이나 빵에 커리 등을 섞어서 먹는다.

인도는 엄격한 신분의 구분이 존재하는 음식문화를 갖고 있다. 자기 자신보다 밑에 있는 사람(카스트제도)의 손이 닿은 음식은 부정하다고 해서 먹을 수 없는 음식으로 분류한다. 그렇기 때문에 음식을 준비하는 조리계층은 일반적으로 최고의 계급신분을 가진 계층의 전속 직업군으로 분류된다.

이와 같이 식사 에티켓은 음식 섭취의 질서를 유지하기 위해 각각의 음식문화권의 특성에 따라 다양한 형태를 보인다.

음식을 개별로 분배하여 식사를 하는 경우와 공통의 그릇에 준비해 놓고 가져다 먹는 경우가 있으며 한 사람씩 따로따로 제공하여 먹는 경우도 있다.

일반적인 음식문화로는 한 명씩 개인 단위로 음식 요금을 책정하여 한 사람씩 음식 요금을 받고 제공하는 것이 관례이다. 손으로 음식을 집어 먹는 음식문화권에서는 튀긴 기름음식이나 뜨거운 요리는 먹는 일이 없으며 손으로 집기에 적당한 온도를 유지하는 음식이 주류를 이룬다.

음식물을 커다란 공통의 용기에 담아서 식사를 할 때 문제가 되는 것은 음식분배를 둘러싸고 다툼이 일어나지 말아야 한다는 것이다.

따라서 가장이나 연장자가 나이프를 사용해 음식을 잘라서 배분하는 전통이 이어져 내려왔다. 이러한 전통이 계승되어 양식의 로스트 치킨 등을 나이프로 잘라 배분하는 것이 가장의 역할이었다. 나이프 다음으로 양식에서 많이 사용하는 포크와 스푼은 16세기 유럽의 전형적인 상류사회의 식사 형태를 반영하고 있다. 식탁에 나이프, 포크, 스푼이 개개인에게 모두 배분되어 식사를 하게 되었으며 이러한 관습이 서민에게 정착되기까지는 많은 시간이 걸렸다고 한다.

이탈리아의 스파게티 요리도 처음에는 손으로 집어 먹다가 그후 귀족층에서 포크 등을 사용했고 현재 도구를 사용하여 먹게 되는 것으로 정착되었다.

음식문화가 발달한 프랑스 요리도 처음에도 바이킹 요리처럼 식탁 위에 한꺼번에 많을 요리를 늘어놓았다가 19세기 후반이 되어서야 한 접시씩 코스 순으로 제공하게 되었다.

이와 같이 식사 시 음식을 분배하여 손으로 집어 먹다가 나이프, 포크, 스푼이나 젓가락 등을 사용하는 문화로 정착된 것은 그리 오랜 역사가 아니다. 이러한 식사 형태는 유럽에서 시작되어 슬라브계, 오스트레일리아, 북아메리카, 중앙 · 남아메리카 등으로 이민 온 백인들 사이에서 급속히 확산되어 정착했다. 그러나 유럽의 영향을 적게 받은 태국, 말레이시아, 인도네시아, 필리핀 등의 동남아시아 국가에서는 포크와 스푼의 용도가 변형되어 사용되고 있다. 오른손에 스푼을 들고 왼손에 포크를 쥐고 접시에 담긴 밥이나 음식을 포크로 모아서 스푼으로 음식을 떠먹는 형식이다.

즉 유럽처럼 음식을 포크로 찍어서 먹는 일이 드물다는 것이다. 동남아시아의 음식을 손으로 집어서 한입에 먹을 수 있도록 미리 칼로 잘라 내어놓기 때문에 식탁에 나이프를 꺼내놓을 필요가 없다.

젓가락 사용 문화권에서는 양식을 먹을 때를 제외하고는 포크, 나이프 등의 도구를 사용하는 일이 거의 없다. 이상 여러 가지 형태의 식사문화는 독자적인 문명으로 이루어져 있어 앞으로도 특정 지역의 음식문화가 타 지역의 음식문화와 동일하게 발전되기는 어려울 것이다. | 자료: 뚝배기, 1998. 7 |

인간의 먹는 방법은 문화권에 따라 몇 가지로 분류하는데 수식문화와 수저문화, 그리고 나이프 · 포크와 스푼문화의 세 가지로 나누어볼 수 있다. | 자료: 차민아, 1998 |

다음 표의 내용처럼 음식물을 입에 넣는 방법뿐만 아니라 식탁과 식기에 관계되는 식사행위도 달라져 식탁의 경우 자리에 앉는 순서, 요리의 배선과 먹는 순서, 손님 접대의 차이, 식사에 관한 터부 등이 각 나라의 문화에 따라 다르게 규정되므로 개인의 식사장면의 연출

| 3대 문화권의 먹는 방법 |

먹는 법	기능	특징	지역	인구
수식문화권 (手食文化圈)	음식을 섞는다 음식을 집는다 음식을 나른다	이슬람교권, 힌두교권 동남아시아에는 엄격한 수식 매너가 있음 인류문화의 근원	동남아시아, 중근동(中近東), 아프리카, 오세아니아	40%
저식문화권 (著食文化圈)	음식을 섞는다 음식을 집는다 음식을 나른다 음식을 자른다	중국문명 중 화식(火食)에서 발생 중국과 한국에서는 수저가 세트 일본은 젓가락만 사용	한국, 일본, 중국, 대만, 베트남	30%
나이프 · 포크 스푼식 문화권	음식을 자른다 음식을 찌른다 국물을 뜬다 음식을 나른다	17세기 프랑스 궁정요리 중에서 확립 빵만 손으로 먹음	유럽, 구소련, 북아메리 카, 남아메리카	30%

*자료: 김혜영 외, 『문화와 식생활』, 효일문화사, 2004.

에 따라 그 나라의 식생활 문화를 유추해볼 수 있다. 따라서 인간의 '식사행동'이란 개체 단위로 먹는 행위가 이루어지는 동물과는 달리 '공식共食을 하는 사회적 동물'인 것을 알 수 있다. 인간의 식사는 한 개인만으로 완결되는 행위가 아니라 식사를 함께하는 다른 사람들과의 관계를 통해 영위되는 행위이다. 따라서 먹는 법과 관련된 여러 가지 규정이 각 나라의 문화의 차이에 따라 성립되므로 국가간 · 개인간의 식사문화와 식문화는 다를 수밖에 없다. 이와 같이 식사행위에 따른 사람들의 일체의 행동거지를 규정하여 약속한 것이 먹는 방법, 즉 식사행동체계로 식품가공체계와 함께 각 나라의 역사적 배경에 따라 다양한 식문화와 식사문화가 형성되어왔다.

폭군 광해군은 날고기를 좋아했다. 간혹 구워 먹더라도 살짝 굽게 했다. 나물은 더럽다고 먹지 않고, 밥은 죽처럼 질게 해서 먹었다. 또 엿을 좋아했다. 식성은 사람마다 제각각이다. 마찬가지로 입맛은 나라마다 제각각이다.

신라의 스님 혜초慧超가 아득한 먼 나라 인도(천축국)를 향해 떠난 것은 그의 나이 열아홉 되던 해였다. 지금으로부터 1271년 전이다. 중국의 광저우廣州에서 배를 타고 동부 인도로 가서 인도 천하를 돈 다음, 중앙아시아를 거쳐 중국의 신장성으로 돌아왔다. 꼬박 4년 동안의 나그네길이었다.

그는 당시 인도 사람들이 술을 마시지 않는다고 기록했다. "술에 취한 사람들이 싸우는 것을 보지 못했고, 술을 마셨더라도 기운을 차릴 뿐, 노래부르고 춤추며 떠들고 방탕하는 사람들을 보지 못했다"고 했다.

아마 인도 사람들은 이때에도 '고기와 파 · 부추' 등을 먹지 않았던 것 같다. 혜초는 중앙아시아의 '투카라'라는 나라에 와보니 "고기와 파 · 부추 등을 먹는다"고 했다. 인도에서는 보지 못한 일이었을 것이다.

파나 부추는 불교에서 금지하는 '오신채'五辛菜에 속하는 음식이다. '오신채'란 먹어서는 안 되는 '다섯 가지 매운 푸성귀'이다. 마늘 · 달래 · 무릇 · 큰 파 · 가는 파를 가리킨다.

부처는 일렀다.

"고기를 먹지 않고, 술을 마시지 않으며, 오신채를 먹지 아니하므로 몸에 더러운 냄새가 없어서…… 세상사람들의 공경하고 존중하며 찬탄함을 받으니……"

그러니까 혜초는 1200~1300년 전 인도에서 술과 고기와 파 · 마늘을 먹지 않았다는 것을 기록한 셈이다. 인도에서는 또 개고기를 먹는 것이 용납되지 않았다. 부처는 "곡식이 귀할 적에는 바라문들이 목숨을 부지하기 위해 개고기라도 먹는 것처럼……" 이라고 했다. 흉년이 들어 굶어 죽게 됐을 때에는 살기 위해 '개고기' 라도 먹는다는 뜻이다.

그러나 고대 중국에서는 개고기가 중요한 계절음식이었다. 기원전 519년, 그러니까 지금으로부터 2513년 전의 일이다. 노魯나라의 사신으로 숙손착叔孫婼이라는 사람이 진晉나라에 갔다. 주邾나라와의 분쟁을 해결하기 위해 간 것이었다. 이때 진나라는 노나라의 외교관인 숙손착을 붙잡아 가두었다. 그를 감시하던 진나라 관리가 숙손착에게 그의 개를 달라고 했다. 아마 이때 중국 사람들은 먼 길을 갈 때에도 개를 끌고 다녔던 모양이다. 그러나 숙손착은 개를 주지 않고 있다가 귀국하게 되어서야 개를 잡아 그 관리에게 주어 먹게 했다. 『춘추좌전』에 나오는 기록이다.

기근이 들면 살기 위해 "개고기도 먹는다" 는 인도와는 아예 딴판이다. 인도와 중국이 그렇게 다른 만큼 한국도 중국과 다르다.

금남錦南 최부崔溥가 제주도에서 나주로 가다가 폭풍을 만나 망망대해를 표류하게 된 것은 지금으로부터 506년 전인 성종 19년의 일이다. 기적적으로 살아서 중국땅에 상륙한 그는 갖은 고생 끝에 다섯 달 만에 돌아왔다.

그를 호송하던 중국인 진훤震萱이 "귀국에서도 손님을 접대할 때 차를 쓰는가?" 고 물었다. 이에 최부는 대답했다. "술은 내지만, 차는 내지 않지요." 진훤이 또 말했다. "우리는 접대용으로 차를 내는 게 보통인데, 다정한 친구가 먼 데서 오면 혹 술을 내는 일이 있기는 하오."

중국 사람들이 차를 냉수 마시듯 하는 것과 달리, 우리는 차를 마시는 풍속이 조선 왕조 들어 차츰 잊혀졌다. 그런가 하면 일본 사람들은 중국 사람들과 마찬가지로 차를 좋아했다.

숙종 때 통신사 홍치중洪致中을 따라 일본에 갔던 제술관製述官 신유한申維翰은 뱃길로 가던 중 지도地島라는 섬에서 쉰 일이 있었다. 민가에서 "마실 물을 달라"고 했더니 '푸른 차'가 나오더라고 했다. 통신사 일행이 묵은 사관使館은 도쿠가와 바쿠후德川幕府의 찻집茶室이었다. 통신사 일행을 태운 배에도 차를 끓이는 도구들이 있었다. 가게에서는 차를 달여서 고객을 접대하는 아가씨들이 있었다. 이 아가씨들을 '다희' 茶姬라고 했다. 또 가는 곳마다 수령들의 찻집이 있었다. 숙종 45년의 일이다.

그러니까 중국이나 일본은 차를 즐겼지만, 조선만은 그렇지 않았던 것이다.

일본의 음식에도 신유한은 별로 입맛이 당기지 않았다.

조선땅이나 다름없는 쓰시마對馬島에서는 음식이 "먹을 만하다"고 했다. 술, 고기, 과일, 밥, 국, 국수 등이 나왔다. 또 수도인 에도江戶에서 대접받은 음식이 "정갈해서 먹을 만하다"고 세 차례 말했다.

그러나 몇 차례의 성대한 잔치에서 "먹을 것이 없다"고 세 차례 말했다. 쓰시마에서도 "수북이 차려놓았으나 먹을 만한 것은 없었다"고 한 차례 말했다.

그렇다면 당시 일본 사람들은 우리 음식을 어떻게 생각했을까?

지금으로부터 175년 전인 1823년부터 7년 동안 일본 남단의 섬에 와 있었던 독일인 의사 시볼트는 말했다.

"일본 사람에 의하면 조선 사람의 요리는 일본 음식과 다르지만 맛있다고 한다."

그는 "야채, 생선 또는 새 · 짐승의 고기에 소금으로 절인 야채가 조선 사람들이 먹는 음식"이라 했다. 이것은 일본 사람들에게서 들은 말을 적어둔 것이다.

이처럼 식성은 나라마다 다르다. 그렇지만 사람의 입맛이란 결국 비슷하다. '양식' 이나 '서양 요리' 라고 불리는 서양 음식을 살펴보면 다음과 같다. 서양에서는 어느 나라나 음식을 들기 전에 음료를 마시게 마련이다. 와인이나 맥주 같은 가벼운 술이 아니면, 오렌지 등 과일 주스나, 콜라나 사이다 같은 탄산음료를 마신다. 그것을 서양 사람들은 '에피타이저' 라고 부른다. '입맛 돋우기' 란 뜻이지만, 정확하게 옮기자면 '군침 돋우기' 가 된다. 밥을 먹기 전에 새콤한 음료로 군침을 돋우는 것이다. 서양 음식이 오늘날 세계를 주름잡기까지에는 이처럼 다양한 노력이 있었다.

우리 음식에는 특별히 군침을 돋우는 음료가 없다. 음식 자체가 군침을 돌게 하기 때문이다. 그 비밀은 김치 같은 발효식품과 '갖은 양념' 에 있다. '세계 최고의 맛있는 음식' — 우리는 우리의 전통음식을 그렇게 자부할 수 있다. 그런데도 얼마 전 일본을 거쳐 한국에 왔던 미국 대통령의 부인은 김치를 권하자 이렇게 말했다. "아…… 김치요. 일본에서 맛봤어요." 이미 1960년대 말 유럽에서는 '일본 레스토랑' 이라는 간판을 내걸고 한국식 불고기를 내놓았던 것이다. 이처럼 양식이건 전통음식이건 음식은 그 나라 그 민족을 대표하는 '문화상품' 이다. | 자료: 뚝배기, 1994. 6 |

04 식습관을 결정하는 요인

식습관이라는 용어는 우리 개인의 건강차원뿐만 아니라 지역이나 국가차원까지도 그 의미를 확대 해석해볼 수 있다.

먼저 식습관을 요약하면 다음과 같다. | 자료: 이성우, 1992 |

첫째, 식습관이란 식생활에 존재하는 습관이다. 인간이 먹잇감을 얻어 조리 가공해서 섭취하기까지의 과정을 식행동食行動이라 하지만, 식습관은 그 식행동에서 사회적, 문화적, 심리적 영향을 받아 하나의 습관이 된 것을 말한다.

둘째, 식습관은 단순한 사회적 습속習俗에 의한 것과 금기식, 식궁합食宮合, 기호적인 것이 있다.

습속이란 세시행사歲時行事나 의례 등에 따르는 식사이다. 경사스런 식사가 여기에 해당한다. 식궁합은 엄밀히 따지면 습속의 일종이고, 금기식은 특정 먹잇감의 섭취를 금한 규정이지만, 일반 동물성 식품에서는 종교에 관계되는 경우가 많다. 또 식기호에서 나온 식습관은 상식常食하는 먹이의 기호가 습관화된 것이다. 향토식을 그 지방 사람들이 좋아해서 식습관이 된 것도 한 예가 된다.

셋째, 어쨌든 식습관은 식행동에서 고정화固定化, 정식화正式化한 것으로 세계의 어느 곳에나 존재하는 식문화의 전승이다.

그래서 식습관을 안다는 것은 개인, 가족이나 지역 등에서의 영양장애, 식생활상의 결함 및 식량문제의 핵심을 바르게 알게 되는 것이고, 이로써 영양 지도나 식생활 개선 등을 효과적으로 할 수 있게 된다. 일반적으로 식습관에 대한 연구는 영양학은 물론 역사적 관점에서 인간과 식품의 관계를 연구하는 식품사나 민속학의 관점에서 사람들의 식생활 풍속에 대해 행해져왔다.

식습관은 인간이 후천적으로 형성하는 생활양식으로, 어떤 집단의 구성원들에게 공유되고 있는 식생활 바로 그것이라 하겠다. 생활양식이라 함은 단순히 인간의 행동으로서 표면에 나타나는 것뿐만 아니라 감정이나 사상 등의 내면적인 생활도 포함되어 있는 것이다.

이와 같이 식생활 풍속이나 생활양식에 크게 영향을 미치는 요인은 지리적 요인, 문화적 요인, 생리적 요인, 본능, 욕구 등을 들 수 있다.

1) 지리적 요인

고대에는 발달된 문화나 문명이 없었으므로 지리적 조건이 인간의 생활에 직접적인 영향을 주었다. 인간은 아마도 원시시대에 이미 풍부한 종류의 식품을 가지고 있었을 것이다. 그러나 식품을 채집하고 수렵하는데, 현대 문명사회에서는 상상이 안 될 정도로 곤란한 지리적 조건 때문에 엄격히 제한받았을 것으로 생각된다.

지리적인 조건으로는 수질, 토양, 기후, 지형 등이 식습관을 결정하는 1차적인 요인이고 그에 따라 결정되는 식물상과 동물상은 2차적인 요인이다. 다시 말하면 원시시대에 인간이 먹었던 나무열매, 종자, 풀뿌리, 동물의 종류와 수량은 지리적 요인에 의해 결정되었다는 것이다.

그 다음 사람들은 동물을 가축화하게 되었고 가축들은 다만 식료로뿐만 아니라 농경용 기구로 이용되어 농산물의 종류와 양을 증대시키고 조리기구나 농기구의 제조나 개량으로 생활양식이 변하게 되었다.

한편 야생식물 중에서 수용될 수 있는 종류는 재배하게 되었고 특히 종실을 맺는 일부 식물들은 곡류로서 품종이 개량되었다. 이에 따라 농업기술이나 지식이 발전했으며 목축시대와는 달리 인간을 한곳에 정착하게 했다.

또 지리적 조건은 음식물의 종류와 양을 제한했을 뿐 아니라 바다, 산, 강, 사막 등으로 인해 다른 지역이나 집단에서 새로운 식량이 유입되는 것이 힘들었다. 이와 같이 지리적 조건에 따라 교역이 이루어지기 어려웠던 것은 인류가 만든 환경인 문화의 영향으로 서서히 제거되었다.

세계의 기후에 따라 나타나는 음식의 일반적인 특성과 주로 산출되는 먹거리의 종류를 요약하면 다음 표와 같다. | 자료: 차민아, 1998 |

| 기후와 음식의 관계 |

기후	일반적인 특징	주요 산출 품목
한대기후	· 음식이 담백하고 싱겁다 · 가공을 거의 하지 않는다 · 음식의 종류가 매우 적다 · 생선의 조리가 많다	순록, 곰, 수렵, 해조, 치즈, 요구르트 등
온대기후	· 다양한 음식의 종류와 조리법이 발달했다 · 가공식품이 발달했다 · 주로 곡류로 된 음식이 많다 · 순하거나 독한 술이 많다 · 적당량의 향신료를 사용한다	목축업, 건조식품, 유제품, 다양한 채소류, 수박 · 딸기 등 과실류, 다양한 축산물, 쌀 등의 곡물류
열대기후	· 과다한 향신료를 사용한다 · 기름을 이용한 조리법이 발달했다 · 음식의 종류가 비교적 적다 · 채소 대신 과일을 이용한다 · 찰기가 적은 쌀 등 곡물류가 많다	목축업, 유제품, 쌀, 옥수수, 밀, 콩 등 열대성 과일, 어패류, 각종 향신료

자신의 식습관을 파악하자

"어제 저녁 무슨 음식을 들었는지 기억나십니까?"

전날 먹은 음식이 생각나지 않는다면 자신의 식생활 습관을 되짚어봐야 할 것이다.

건강한 식생활 요건의 하나가 음식 자체를 즐기며 편안한 마음으로 식사하는 것이다. 밥 먹을 때 TV나 신문에 빠지면 자칫 음식을 느긋한 마음으로 먹기가 어렵다. 가족과의 '대화의 즐거움' 도 빼앗긴다. 후다닥 급하게 먹거나 끼니를 걸렀다가 소나기밥을 먹는 것은 비만의 우려가 있다.

식생활 스타일 점검표는 다음과 같다. 기본태도와 건강 식생활 행동 등 각 20개의 문항을 '그렇다' (○), '보통이다' (△), '아니다' (×)로 답한 뒤 ○는 2점, △는 1점, ×는 0점으로 따져 점수를 낸다. 점수가 50점 이하이면 식습

관을 기초부터 새로 다질 필요가 있고, 51~60점은 좋은 식습관을 목표로 삼아 조금 노력해야 한다. 61~70점은 평균적인 색생활을 하고 있으나, 꾸준히 좋은 습관을 익혀 나가야 하며, 71~80점은 건강한 식생활을 하고 있는 편이다. 81점 이상이라면 남들에게 좋은 식생활 태도를 권할 만한 수준이다. | 자료: 식생활, 1998. 1 |

■ 파악요령

- 아침식사를 거르지 않고 세 끼를 챙겨 먹는다.
- 느긋하게 식사한다.
- 가정에서 식사하는 장소가 일정하다.
- 식사 중 TV나 신문 · 잡지에 열중하지 않는다.
- 식사 중 대화를 즐긴다.
- 입에 넣은 음식을 완전히 먹고 난 뒤 다음 음식을 집는다.
- 남이 권해도 배가 부르면 더 먹지 않는다.
- 지방을 과잉 섭취하지 않도록 주의한다.
- 젓가락 사용법이나 식사하는 자세가 좋다.
- 먼저 간을 본 뒤 양념을 넣는다.
- 식사정량의 80퍼센트 정도만 먹는다.
- 식사 준비 중이거나 식사 전에는 음식을 집어 먹지 않는다.
- 늘 새로운 맛과 조리법을 찾는다.
- 재료 고유의 맛 · 향 · 색을 살리고 계절 감각이 있는 식단을 짠다.
- 음식을 볼품 있게 담고 식사 분위기를 좋게 한다.
- 밥이나 빵, 면보다 반찬을 많이 먹는다.

- 음식 재료의 무게를 달아서 쓰는 습관이 있다.
- 세 끼 식사를 충실히 하고 군것질이나 인스턴트 식품 섭취는 줄인다.
- 식탁을 보기 좋게 꾸민다.
- 배고픔만 면하면 된다는 사고방식을 갖고 있지 않다.

■ 건강 식생활 행동

- 식사시간 외에 배가 고프다고 당장 무엇인가를 먹지 않는다.
- 외식할 때마다 다른 식당에서 다양한 음식을 맛본다.
- 여행이나 출장으로 식생활이 달라져도 곧 원상복귀한다.
- 이름난 음식점이라도 내용을 따져본 뒤 이용한다.
- 간식 때문에 식사를 소홀히 하는 일이 거의 없다.
- 과자류는 그릇에 덜어 일정한 분량만 먹고 만다.
- 눈에 잘 띄거나 손이 잘 닿는 곳에 먹을 것을 두지 않는다.
- 간식으로 과자류보다 과일을 잘 먹는다.
- 식사건강 · 미용 등에 관한 정보를 교환하는 사람이 가까이에 있다.
- 체중을 자주 달아본다.
- 식후 화장실 가는 시간을 정하는 등 변비에 걸리지 않도록 노력한다.
- 외출할 때 엘리베이터, 자동차 등에만 의존하지 않는다.
- 주정을 하거나 숙취가 될 만큼 술을 마시는 적이 거의 없다.
- 괴로움을 잊으려고 술을 마시는 경우가 거의 없다.
- 표준체중이나 열량 기준치를 염두에 두고 생활한다.
- 식후 곧바로 양치질한다.
- 식단을 짠 뒤 식품을 구입한다.

- 같은 재료를 반복해서 요리하지 않고 여러 가지 재료를 구입한다.
- 채소는 하루 300그램 이상 먹는다.
- 전날 먹은 음식을 또렷이 기억한다.

2) 문화적 요인(종교)

식습관에 영향을 주는 문화적 요인은 고대의 종교와 현대의 합리주의에서 볼 수 있다. 종교는 식습관에 강한 영향을 주고 있는데, 우리나라에서도 일부 종교에서 특정 음식을 금기시하며 또 세계 여러 곳에서 종교와 결부된 음식금기의 예를 볼 수 있다.

우리나라의 음식금기 현상은 종교나 미신, 그리고 예로부터 내려오는 것에 의해 부분적으로 존재하면서 식생활에 실제로 영향을 주는 경우도 많다.

따라서 우리가 특정 집단의 식생활 문화를 이해하려 할 때 그들의 신앙과 음식과의 관계를 알지 못하면, 그곳의 온전한 음식문화를 제대로 이해하기는 어렵다 할 수 있다. 다음 표는 세계의 종교와 관련된 금기식품에 관한 것이다.

| 세계의 종교와 금기식품 |

구분	힌두교	불교	그리스도교	이슬람교
역사 / 발원지	약 4000년 전 / 인도	기원전 1000년 중엽 / 인더스 강 유역	기원후 약 2000년 전 / 예루살렘	약 800년 전 / 사우디아라비아
전파지역	인도 대륙	전 세계	전 세계	전 세계
신앙대상	브라만	부다	예수	알라 · 모하메트
신앙적 특성	카스트 제도	소의 신성화	종파에 따라 금식, 금육을 제정	단식월 행사(라마단)
금기식품	모든 고기와 술	동물의 고기, 시장에서 만든 기성 음식, 더러운 음식	종파에 따라 술 금지	죽은 짐승의 고기와 피, 돼지고기, 목 졸려 죽은 고기
생활의 특징	카스트 순위가 높을수록 육식금지, 채식주의, 기이ghi, ghee의 애용	채식주의	종파에 따라 채식주의	금기식품 이외의 모든 음식 이용. 단식월 행사시 낮 동안 물 · 흡연 · 모든 음식 금지

3) 생리적 요인(감각)

사람이 먹을 음식을 선택하고 결정하는 데 결정적인 작용을 하는 요인은 감각이다. 또한 음식의 맛에 대한 심리적 · 정신적인 반응도 감각기관과 밀접한 관계가 있으므로 단순한 생리현상으로서 미각, 후각, 시각, 촉각, 청각 작용을 받는 것이 아니라 그 배경에는 심리적 · 사회적인 문제나 조건이 복잡하게 연결되어 있다고 봐야 한다.

미각은 인후, 후두의 점막이나 혀의 주변, 후부에 분포하고 있는 미뢰에 의해 느껴지며 주로 네 가지의 기본적인 미각으로 구성된다. 이 네 가지의 기본적 미각의 예민도는 그 이유가 잘 알려져 있지 않지만 현저한 개인차가 있다.

일반적으로 미각은 선천적인 것보다는 후천적인 것으로서 사람이 태어나 자라는 동안 서서히 그 맛에 익숙해지는 것이라 생각된다.

이와 같이 미각은 지역, 민족의 문화 및 자연환경과 밀접한 관계를 갖고 있으며, 따라서 식습관의 일부인 것으로 생각할 수 있다.

또 한 가지 중요한 것은 미각은 사람에게 식욕을 자극하고 만족시키며, 씹는 동작을 활발하게 하고 더욱이 반사적으로 타액이나 위액 등의 소화액을 분비시켜 소화를 촉진시키는 등 생리적 · 심리적 측면과 밀접한 관계를 가지고 있다. 다시 말해 미각은 음식물과 인간을 생리적 · 심리적인 관계로 맺어준다는 것이다. 따라서 식습관에서 미각과 후각이 차지하는 위치는 대단히 중요하다.

그 외에 시각, 촉각, 청각도 식습관과 관련이 있다. 예를 들어 사과는 신선한 특유의 색이나 표면의 감촉, 또 입에 넣었을 때 씹히는 소리가 맛과 냄새에 중요한 영향을 준다. 이 같은 음식 특유의 감각적 조건이 영양소나 에너지량 등 영양상의 조건보다도 그것을 먹을 것인가를 결정하는 중요한 역할을 한다.

4) 본능 · 욕구

인간의 본능이 식품을 선택할 때 어떻게 기여해왔는가에 대해서는 오랫동안 논의돼왔다. 굶주린 사람은 생존을 위한 생물학적인 필요성 때문에 굶주림을 해결하기 위해 우선 무엇이든 손에 잡히는 대로 먹으려 한다. 그 다음 여러 번의 시행착오를 통하여 무엇이 위험하고, 무엇이 질병의 원인이 되며 또 무엇이 무해한 것인가를 알려고 한다. 심리학에서는 본능적인 것을 일차적 욕구로, 후천적 경험에 의해 습득된 것을 2차적 욕구로 구별하고 있다.

05 식생활에 대한 가치평가의 변화

쾌락이란 개인적 체험을 바탕으로 하는 가치 판단을 말한다. 본질적으로는 개인적 차원의 일로 사회 표면에는 잘 나타나지 않는 사사로운 일로 볼 수가 있다. 음식을 먹는다는 것은 동물이 개체를 유지하기 위하여 필수적으로 해야만 하는 생존적 차원의 운동이다. 이러한 생존적 차원의 원시적 욕구인 먹는 일에서 사람과 동물의 차이는 무엇일까? 생리적 욕구 충족을 위한 식사에만 치중하면 동물적 음식 섭취가 될 것이고 생리적 · 본능적 식사 형태를 초월하여 갖가지 문화적 가치를 부여한다면 그것이야말로 음식문화라고 할 수 있다.

즉 음식을 먹는 일에 일정한 가치체계를 도입하고 또 발전시키는 것이 바로 사람과 동물의 음식 섭취의 차이점이다. 음식물의 섭취를 본능적 · 생리적 판단으로만 생각하여, 내 돈 내고 내가 사먹는데 웬

잔소리냐 하는 사고에는 사람다운 문화생활이라고 할 수 없는 본질적 문제가 내포되어 있는 것이다.

| 식생활에 대한 가치평가의 변화 |

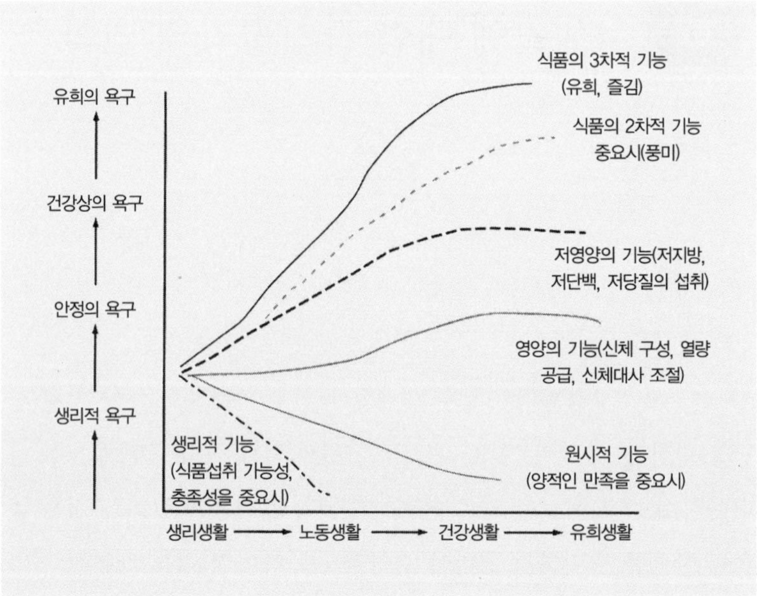

* 자료: 1) 강인희, 『한국식생활사』, 삼영사, 1989, pp. 28, 433.

2) 이상엽, 「패스트푸드 설비 유지관리 시스템에 관한 연구」, 연세대 산업대학원 공업경영, 석사학위논문, p. 20 참조.

바람직한 식생활 관리를 생활화하자

식생활 관리는 식생활 전반에 관계되는 여러 요소—영양 필요량과 식습관, 식비 예산과 식단 계획, 식품 선정과 구입방법, 조리법과 상차림 등을 결정하는 행위이다. 이상적인 식생활 관리를 하려면 이들 여러 요소를 조화롭게 종합하여 하나의 구성체를 이루도록 하고 실제 생활에 부합될 수 있도록 해야 한다.

인류는 태초에 자연물을 식량으로 삼았으며 그 당시의 식생활 관리는 먹을 수 있는 것, 먹을 수 없는 것, 먹기 쉬운 것, 맛 좋은 것 등을 구분 · 판정하고 획득한 식량의 배분 질서를 유지하는 것 등이었다. 그러나 식량을 생산하는 단계에 들어선 이후부터 오늘날까지 식생활 관리에 관계되는 요소는 사람의 욕망증대, 식량 생산기술의 발달, 생활양식의 변천 등과 함께 날로 변화되어왔다.

특히 근대사회에 이르러서는 과학기술이 발전함에 따라 식량의 증산 · 저장 · 가공기술 등이 고도로 발달하고, 산업과 교통이 세계적으로 확장되었으며, 매스컴이 확대되는 등 우리의 식생활 관리의 환경이 날로 광역화 · 고도화되었다. 그러므로 식생활 관리에도 전문지식과 기술이 더욱 필요하게 되었다.

한편 식생활 관리에 관계되는 설비와 용구 등이 날로 새롭게 개발되고 이것이 매스컴을 통하여 빈번하게 선전되어 이성적인 판단을 흐리게 할 정도로 욕망을 증대시키고 있다. 따라서 현대의 식생활 관리는 개인, 가정, 사회가 상호 관련성을 갖고 대처해야 한다. 즉 모두가 시판 식품의 품질과 가격 등에 관하여 주관과 이성을 가지고 판정하고 식량 시책에 대하여 바르게 평가하여 선도할 수 있는 새로운 지식과 자질을 갖추고 식생활 관리에 참여해야 한다.

또한 인구가 많아지고 사회생활에서 심신의 긴장도가 커지면서 사람들은 체력의 소모를 이상적으로 회복할 수 있는 식생활, 긴장을 해소하고 정서를 순화할 수 있는 식탁 분위기 등을 더욱 간절히 요망하게 되었다.

식생활 관리가 이상적으로 행해지면 국민건강이 증진됨은 물론이고 나아가 이해성과 도덕성이 깊은 사회풍조가 만들어질 것이며 국민경제의 부흥과 문화 신장에도 크게 기여할 것이다.

이 같은 취지에 부합되도록 먹거리에 관한 몇 가지 상식을 제언하면 다음과 같다.

- 같은 고장에서 나는 것이라 해도 곡식처럼 보존이 가능한 것이 있는가 하면 야채처럼 보존하기 어려운 것도 있다. 그러므로 보존이 가능한 먹거리는 1년 내내 먹어도 좋지만 보존이 어려운 것은 제철에 맞추어 먹는 것이 가장 좋다.
- 전통이란 예로부터 그 고장에 전해 내려오는 좋은 습관을 이른다. 전통음식이란 그 고장에 사는 사람에게 가장 알맞은 음식이라고 할 수 있다. 오랜 세월을 두고 그 고장 사람들이 먹어 내려오는 가운데 일종의 인체실험이 이루어져, 어떤 것이 좋다고 하는 결론이 내려진다.
- 모든 동물은 환경의 산물이다. 어떤 동물도 환경을 무시하면서 살아갈 수는 없다. 인간도 그 예외가 아니다. 그리고 환경에서 살아남기 위해서는 그 환경에서 나오는 먹거리를 먹는 것이 가장 자연스러운 모습이다.
- 소도 아니고 고양이도 아닌 인간이기 때문에 고유의 먹거리를 가지고 있게 마련이다. 어떤 것이 인간의 올바른 먹거리인가. 맨 먼저 생각할 수 있

는 것이 곡식, 그 다음이 야채이다. 그러니까 곡식을 주식물로 하면서 야채를 곁들여 섭취하는 것이 생물학적으로 인간의 기본 먹거리라 생각한다.

- 사람에게는 음식을 적당히 먹고 산다는 것이 대단히 중요한 일이다. 식욕이 강렬하다는 점에서 인간은 다른 어떤 동물 못지않다고도 하는데, 그만큼 맛있는 음식을 대하면 곧 배불리 먹고자 하는 욕망이 생겨 필요한 정도를 넘고 만다. 이 대식이야말로 건강을 해치는 가장 큰 요인이다.
- 우리들이 먹는 먹거리 가운데는 생명을 유지하고 건강을 지켜나가기 위해 반드시 섭취하지 않으면 안 되는 '필요식'과 오히려 생명이나 건강에는 나쁘지만 먹으면 맛있는 것이 있다. 혓바닥만 기쁘게 해주는 이런 먹거리를 '향락식'이라 한다.
- 음양의 원리에 따라 음식을 섭취해야 한다.
- 먹거리가 체질을 바꾼다. 체질이란 말은 사람의 노력으로는 어떻게 할 도리가 없는 그 무엇을 뜻하는 것처럼 들린다. 하지만 허약하게 태어난 사람이 건강한 몸을 갖게 되는 경우가 있는가 하면, 반대로 건강했던 사람이 병약해지는 경우가 있다. 이런 점에서 본다면 '체질'이란 고정되어 있는 것이 아니라 변하는 것이다.

효소라는 것은 간단히 말해서 우리 인간을 위시한 모든 생물의 생체 내에서 일어나는 화학변화를 원활하게 촉진시키는 촉매이다. 인체 내부에서는 우리 몸을 구성하는 물질의 합성과 분해가 엄청난 속도로 일어나고 있어서 약 4개월 정도에 우리 몸 안 세포의 대부분이 새로운 재료로 교체된다고 한다. 인체 내부, 곧 세포 내의 화학변화가 그렇게 급속하게 일어나고 있음에도 우리가 그것을 인식하지 못하는 것은 바로 이 효소들의 보이지 않고 들리지 않는 위대한 작용이 있기 때문이다.

• 쾌식을 해야 한다. '쾌식'은 '대식'과는 완전히 다르다. 쾌식이란 식사 때가 되면 기분 좋게 공복감을 느끼고 요리가 나오면 맛있겠다고 생각하며, 식후에는 반드시 "아 맛있었다"는 느낌의 만족상태를 말한다. 식전·후에 공복감이나 만족감이 없는 사람, 식사를 맛있다고 느끼지 못하는 사람은 아무리 자칭 미식가라도 식생활을 근본적으로 개선해볼 필요가 있으며, 어딘가 몸의 상태가 좋지 않은 증거이다.

• 식생활의 기본은 균형에 있다. 구체적으로 어떻게 하면 좋을까? 이상적인 식생활의 요령은 좋고 싫음 없이 무엇이건 골고루 잘 먹는 것이다. 적어도 하루에 30가지 이상의 식품 섭취를 권하고 싶다. 이것은 별로 어려운 일이 아니다. 예를 들면 두부 된장국은 된장, 두부, 파, 유부 등 적어도 4종류의 식품으로 이루어졌다. 이런 식으로 계산하여 30가지 식품을 먹는다면 단백질, 미네랄 등을 생각지 않더라도 극히 자연스럽게 영양 균형이 잡힌다.

• 아침식사는 많이 먹고, 저녁식사는 가볍게 먹는다.

• 식품은 크게 알칼리성 식품과 산성 식품의 2종류로 나뉜다. 사람이 건강을 지탱하려면 체내 세포에 영양을 공급하고 있는 혈액 및 체액 등이 항상 중성 또는 알칼리성을 유지하는 것이 바람직하다. 산성이나 강한 알칼리성은 건강에 해가 되며 체액 전해물질의 불균형을 가져온다.

예를 들어 과다한 산성 식품의 섭취는 인체의 항상성을 파괴해 산성 체질로 만들기 쉽다. 산성 체질은 몸의 피로감이 쉽게 생기고 감기, 몸살, 고혈압, 중풍, 위궤양, 간장병, 심장병 등의 질병이 발생하면 체액의 산성도가 높아진다. 건강한 몸을 위해서는 무엇보다도 산·알칼리성 식품의 균형 있는 섭취가 필요하다.

산성 식품: 쌀 · 보리 · 메밀 · 옥수수 등의 곡식, 아스파라거스, 파, 호두, 치즈, 달걀노른자, 굴, 전복, 조개, 명란젓, 멸치, 새우살, 청어, 뱀장어, 고등어, 잉어, 문어, 김, 각종 튀김, 술, 맥주, 홍차

알칼리성 식품: 고구마, 시금치, 양배추, 무, 당근, 우엉, 양파, 토마토, 콩, 팥, 버섯, 호박, 오이, 배, 밀감, 수박, 참외, 바나나, 파인애플, 사과, 감, 딸기, 포도, 오디, 무화과, 다시마, 미역, 해조, 두부, 우유, 커피, 달걀흰자

- 육체적인 측면뿐만 아니라 마음의 피로와 갈등을 해소하여 심리적으로도 충족감을 줄 수 있도록 해야 한다.
- 환경오염이 심하니 위생상으로 안전하고 가계에 적절한 가격으로 공급될 수 있는 식품을 선택한다.

이 같은 내용을 종합하여 도식화한 다음 그림 속에서 취향에 따라 선택할 수 있다.

| 시대의 변천에 따른 식음료에 대한 취향의 다양화 |

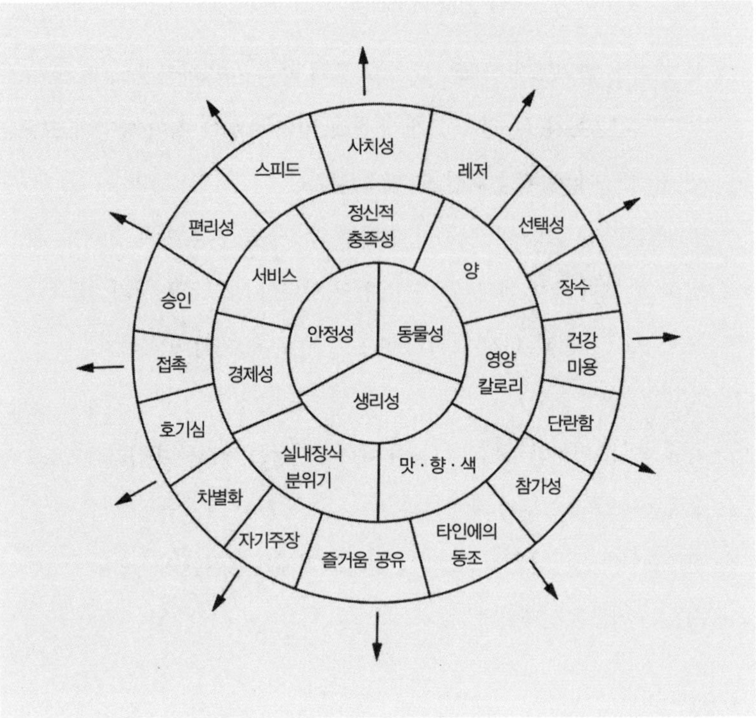

06 21세기는 미식가Gourmet 시대

1) TV 구루메

1960년 후반부터 제1차 오일 쇼크까지 식품의 스타일은 '서양화'와 '가공식품'의 시대였다. 1980년대 후반부터는 직장여성이라든가 바쁜 사람, 건강 지향과 성인병 등의 테마를 가진 식품의 시대라 할 수 있다. 그러다가 1990년대 후반부터는 가정에서도 남자가 요리를 만들기도 하고, 노인층 · 독신생활자 · 자취생 등의 요리인구가 증가함에 따라 요리도 다양화되기 시작했다. 말하자면 요리의 계층분화인데, 생활 가까이에 있는 재료로 간단한 요리, 그러면서도 호화스러운 고급화 현상도 나타난 것이다.

이렇게 본다면 요리인구의 폭넓은 확산과 요리 그 자체를 즐기는 경향을 식도락이라 말할 수 있지 않나 하는 생각도 든다. 그러나 '구루메' Gourmet의 의미 이해는 사람들 각각의 입장에 따라서 틀리는 듯하다. 사전을 찾아보면 식도락, 미식가, 요리통 등으로 나와 있다.

TV 식도락 프로그램의 주된 흐름은 옛날 좋은 시대의 요리로 거슬러 올라가게 되는데, 전통적인 옛 고향 요리라든지 식품 재료의 수입 확대로 인한 외국의 희귀한 재료로 만든 요리 등등을 소개하면서 소박하고 때로는 짙은 맛을 추구하며, 여행과 온천이라는 색다른 환경 속에서 하는 식사 분위기가 즐겁다는 식이다. 이 텔레비전 영상은 완성된 요리를 자세히 비춰주며, 누군가 "맛있다"고 한마디하고 그럴듯한 표정을 클로즈업한다. 시청자는 정말 맛 좋을 것으로 생각하지만, 어떤 맛인지 알 수가 없다. TV로 맛을 표현하기엔 한계가 있기 때문에 보고 있어도 허전하다.

요리 프로그램에 대하여 그리 집착할 필요는 없다며 가볍게 보아 넘기며 호화스러운 요리의 아름다운 영상만으로도 만족할 수 있으니 그것으로 충분하다는 사람도 있다.

그러나 떠들썩한 분위기 속에서 근사한 음식을 접하고 난 다음의 표현으로서는 어딘지 모르게 아쉬운 느낌이 든다. 좀더 정감이 풍부한 맛의 설명과 감상을 들려줄 수는 없는 것인지…… 왜냐하면 자주 체험할 수 없는 요리이며, 기대감이 크기 때문이다.

2) 포식의 그늘에 숨은 문제

텔레비전의 영상이 시대의 움직임을 표현하고 있다고 한다면, 본질은 '포식'飽食의 시대를 표현하고 있다고도 할 수 있을 것이다.

1990년대 초반부터는 식품무역의 자유화가 진행되고, 다종다양한 수입식품을 볼 수 있게 되었는데 이때가 포식의 시대와 일치한다. 이

현상은 국내의 식품 공급이 윤택해졌기 때문이 아니라, 자유화에 의한 시장경쟁의 원리가 작용하여 가격 면에서 수입공급이 국산을 능가하기 시작, 국내 생산이 변화하게 된 배경을 직시하지 않을 수 없다.

수입된 품종 중에는 원래 국산으로 충당할 수 있음에도 불구하고, 외국에서 국내 자본에 의해 개발 수입된 품목도 있다. 그러한 품목은 때로는 가격경쟁에서 패배, 국산품의 생산이 중단될 수도 있다. 문제는 무역 자유화에 의한 시장경제의 원리가 국내시장의 수급사정에 의한 해당 품목의 가격변동을 가져와 국내생산이 중단되는 위기에 처하게 되는 것이고, 많은 경우 재생산이 불가능해지는 등 바람직한 시장공급을 할 수 있을 때까지는 장기간이 필요하다. 수입 공급력에 의존하는 '포식' 구가의 그늘에는 이와 같은 문제가 놓여 있는 것이다.

포식은 인생에 있어서 먹을 것의 풍부함을 상징하지만, 그것은 또한 영구적인 안정공급이라는 조건을 필요로 한다.

정도의 차이는 있지만 먹을 것의 역사는 그 풍부함과 부족함의 반복이 계속돼왔다. 이는 식품업계의 금후 전개방향과 밀접한 관련이 있다. 그 관련은 특히 기초지식으로 자급도의 문제와 관련하여, 우선 제1차 식품공업에 영향을 주며 다음으로 제2차, 제3차 식품공업에 파급된다. 그것은 국민의 식료품 문제이기도 하기 때문에 정책적인 과제라고 할 수 있다.

별미기행

요즘 '별미기행' 別味紀行이 유행할 정도로 '맛' 이 여행의 핵심요소로 부각되고 있다. '볼거리' 와 '할거리' 에 못지않게 '먹거리' 가 여행의 만족도를 좌지우지한다고 해도 지나친 말이 아니다. 음식 맛을 찾아 세계 곳곳으로 떠나는 음식관광이 국내에 나타나기 시작한 것은 불과 10년 전의 일로, 종전 같으면 일부 돈 많은 사람들이나 음식 관련 종사자들에게 국한된 현상이었다. 또 음식 맛을 보러 간다 해도 여행 일정 중 잠시 짬을 내 해당 여행국 식당에 들러 음식 맛을 보는 정도가 고작이었다. 주된 목적은 다른 데 있고 음식 맛을 보는 것은 들러리에 불과했던 것이다. 그러나 최근 생활수준이 향상되면서 별난 음식을 맛보기 위해 국내는 물론 해외로까지 관광을 떠나는 사람들이 급격히 늘고 있다. 이 같은 음식관광은 비단 내국인뿐만 아니라 우리나라를 찾는 외국인들 가운데서도 상당수를 차지하고 있는 것이 현실이다.

이들 음식 관광객들은 대체로 삼삼오오 짝을 지어 다니는 편이지만 혼자서 떠나는 경우도 더러 있다. 일정은 여행자별 및 단체별로 각기 다르나 대체로 1주일 정도가 일반적이고 개인의 경우는 한 달씩 여행을 떠나는 사람도 있다. 목적지도 가까운 동남아시아에서 유럽, 남아메리카에까지 이르고 있다.

국내에서도 음식 맛을 보기 위해 타 지방을 찾는 현상이 두르러지게 나타나기 시작한 것은 불과 10년 미만의 일이다. 그것도 일부 국한된 사람들이 아니면 주말이나 휴가 등 생업에 지장이 없는 경우에 한해 하루나 이틀 정도 가까운 지역의 맛있는 식당, 토종음식을 맛보러 가는 정도였다.

이처럼 자신의 거주 지역 내 맛있는 곳을 찾던 식도락가의 미식 여행이 최근 몇 년 새 그 판도가 급격히 변화, 이제는 맛있는 음식이 있는 곳이라면 전국의 어느 곳이라도 찾아가는 추세로 보편화되었다. 따라서 많은 사람들이 주말은 물론 평일에도 맛있는 음식, 별난 음식, 토종음식을 맛보기 위해 경상도에서 전라도로 전라도에서 경상도로, 충청도로 향하고 있다.

이처럼 음식관광이 성행하게 된 배경은 무엇보다도 국민생활 수준의 향상이 첫 번째 요인이다. 이제는 과거 생활소득이 낮았던, 세 끼 때우기에 급급한 시대를 훨씬 넘어 생활의 여유를 갖게 된 것이다. 또 생활소득의 향상과 함께 사람들의 입맛도 변해 매일 먹는 음식에 만족을 느끼지 않고 새로운 것을 찾는 심리적 요인이 곁들여 작용하고 있다는 것이 일반적인 지적이다.

특히 자가용 등 교통수단이 발달해 웬만한 지역은 당일 혹은 이틀이면 갔다 올 수 있다는 점도 이 같은 현상이 나타나게 한 요인 중 하나이다. 여기에 해외여행 붐도 무시 못할 요인으로 작용하고 있다. 더군다나 최근 들어 비만과 각종 현대병을 앓는 사람이 늘어나면서 이 같은 각종 병을 건강식품이나 별미식품으로 치료하려는 사람이 늘고 있는 것도 한 원인이다.

그 밖에 음식관광의 주일정이 음식 맛을 보면서 관광을 하도록 짜여 있어 비단 식도락가뿐만 아니라 일반일들도 "금강산도 식후경" 이라는 의식이 고조돼 음식관광을 떠나는 사람이 늘고 있다.

또 일반 식도락가들의 음식여행 외에 최근에는 음식업 종사자들의 음식여행도 크게 늘고 있는데 이들의 경우 해외 외식시장에서 새로운 것을 보고 배워와 메뉴 개발, 내부시설 개선 등 자신이 운영하는 업소의 개선에 응용하려는 실리적 요소가 주요인으로 작용하고 있다.

이들의 경우는 일반 음식여행가들과 달리 다른 나라, 타 업소의 새로운 것을 배우는 것이 목적이다. 이른바 음식업의 세계화 바람이다. 이런 추세와 함께 최근에는 음식 맛을 향한 열정이 해외로까지 향하는 식도락가들이 점차 늘고 있다.

3) 외국의 식도락

'구루메, 식도락……' 이라고 소개되고 있는 국내의 시선을 돌리면 그 경우 식도락은 순수한 식도락, 또는 이색식품 먹기로 나뉜다. 예를 들면 미국의 슈퍼나 레스토랑에는 종래의 육류 이외에, 인기가 높아지고 있는 고기로 악어 · 사슴 · 곰 · 바이손(들소) · 야생토끼 등 야생동물의 고기가 있다.

야생동물 보호론자가 들으면 화를 내겠지만, 이들 동물은 수렵가가 잡은 것이 아니고 목장에서 사육된 것들이다. 물론 현재는 이들 고기의 식육 검사를 실시하고 있지만 그전에는 문제가 일어났을 때만 검사를 했던 모양이다.

악어는 플로리다 주에만도 100만 마리(크로커다일을 제외한 미국 악어) 정도, 루이지애나 주에도 75만 마리가 있다고 한다.

사슴은 미국 원산인 화이트 디어는 보호받고 있으나, 뉴질랜드에서 수입된 적록이나 팔로 등은 1968년에는 100만 두 이상이 수렵에 의해 또는 해수로써 약살되었다. 그러나 이 시기 이전부터 사슴고기는 레스토랑에서 팔렸다.

뉴질랜드에서는 사슴을 사육하며 사슴고기를 식료원으로 하는 연구가 진행되고 있다. 말하자면 사슴의 가축화이다. 현재 많은 두수가 유럽에 수출되고 있다. 일본 훗카이도 등에서는 목자의 목초라든가 가축용 옥수수밭은 황폐화시키는 산사슴에 대해 금렵기간 외의 수렵기간에는 잡아도 좋도록 허가하고 있다. 사슴의 가축화는 일부 목장에서 실시되고 있으며 일본에서도 식용 사슴목장 개설이 진행되고 있다.

또한 미국 텍사스 주의 레스토랑에서는 텍사스산, 유럽산 멧돼지와 돼지의 개량종 고기가 팔리고 있고, 일본에서도 사육되어 식탁에 오르고 있다. 바이슨은 유럽에서 미국 대륙에 이주한 미국인들이 들소 사냥을 했을 시기에는 약 800만 두나 있었는데, 맹렬한 사냥으로 멸종 위기에 놓이게 되어 동물원에서 보호 번식시키게 되었다. 그후 두수는 증가했고, 목장에서도 사육되어 현재는 스테이크 · 스튜 · 햄버거용으로 인기 상승 중이라고 한다.

토끼는 원래 가축인데, 미국산인 아메리카 커튼틸, 뉴질랜드산과 벨기에산 개량종, 중국산, 스코틀랜드산 등의 품종개량이 실시되어 왔다. 토끼고기는 프랑스 요리 레스토랑 등에서 날로 수요가 늘고 있다고 한다. 과거에는 토끼고기가 농촌의 중요한 단백질 식품이었고, 가죽은 주요 수출품이었다. 그런데 현재는 그 모습이 바뀌어 우리나라에서도 식도락의 대상이 되고 있다.

미국에서는 이들 고기가 처음에 몇몇 식도락 레스토랑에서만 팔렸지만 수요가 확대되어 일반 상품화돼가고 있다고 한다.

여하간에 악어 이야기가 나오면 '식도락', '이색식품 먹기', '구루메'냐고 말하게 된다. 곰도 마찬가지여서, 미국의 레스토랑에서 곰고기를 단체 주문하자 요리가 곧바로 나왔다고 한다.

4) 2000년대는 식생활의 스타일화

2000년대에는 1990년대 후반부터 시작된 식생활의 방법, 즉 먹는 것 자체만이 아니라 분위기를 만들어 즐긴다거나 또는 외식할 때 좋은 장소를 선정하는 등의 경향이 더욱 증가할 것이다.

현재 한국인 체격으로 본다면 하루에 필요한 열량이 2500칼로리로 충분하다고 하니, 지금의 식생활 스타일은 포식이라고 하지 않을 수 없다.

칼로리 외에 단백질이라든가 국민 1인당 지방 공급량도 기아시대에 비해 현저히 증가, 영양의 질적 향상이 실현되고 있다. 같은 단백질이라도 양질의 동물 단백질이, 또한 지방에서는 양질의 식물성 지방의 공급량이 각각 증가하고 있다. 이와 같이 먹는 것이 충분해지고 경제적인 여유가 생긴 만큼 식생활의 모습도 변화하게 되고, 식품 섭취 방법도 현격하게 달라지는 시대를 맞이할 수밖에 없다. 그것은 국민경제의 향상을 배경으로 하는데, 승용차 · 대형 텔레비전 · 냉장고 등의 고급 내구 소비재 중심의 신장에 비하면 식료품에 대한 지출은 상대적으로 적은 편이다.

그러나 주식비의 신장속도가 늦은 데 비해 과자 · 음료 등의 기호식품, 고기 · 우유 및 유제품 · 고급 어류 등과 레스토랑에서의 외식 · 도시락류 · 조리빵류 · 소채류 등의 조리식품에 대한 지출은 증가하고 있다. 또한 열대과일 · 치즈 소비가 증가하는 등 식도락의 내용이 향상되어 먹는 것의 개성화, 다시 말하자면 먹는 스타일의 변화도 대회전하고 있다. 식탁 주위의 조명, 식기 등을 이용한 분위기 조성, 조리된 접시에 먹는 꽃 등을 놓는다든가 고급 레스토랑, 호텔 등의 인테리어 분위기가 가정 속으로 침투하고 있는 것 등이 그것이다.

관계자들은 이와 같은 형식의 침투에 상식적으로 10년이 걸린다고 하는데, 이런 것들이 현실의 문제가 되고 있다. 식생활의 패션화라고 할 수 있는 스타일의 변화가 식도락 뒤에 숨어 있는 것이다. 요컨대 식생활의 변화에 따라 식품공업의 대응은 1차, 2차, 3차의 각 단계마다 모색되어야 할 듯하다. 변화무쌍한 식생활 패턴은 다양한 식료품 수입 때문에 가능해졌다.

식생활 방식의 변화는 대체로 보수적이 아니고, 점진적 내지는 급진적이다. 그것은 슈퍼 등에 넘쳐흐르는 다품종의 식품, 또한 수없이 많은 레스토랑 등의 계층화, 먹는 것이 취미인 여유 있는 사람들에 의해 이루어지고 있으므로, 본질적으로 점진적이라고 보아도 좋을 것이다.

식품업계는 이에 대응해 식품의 신규 수요 개척과 그에 수반하는 상품개발을 진행 중이며, 그를 위한 다품종 소량생산방법, 시설장비가 모색되고 있다. 매스컴 또한 각종 수단을 통하여 즐거운 식도락의 제공에 열을 올리고 있다. 뿐만 아니라 식생활 스타일의 고급화를 위해 테이블 코디네이트(윤택하고 풍부한 식생활을 하기 위해 식기 · 식탁 등 식공간을 연출하는 일) 연구를 시작하고 있으며, 호텔이나 레스토랑의 식생활 구조를 가정 속에까지 들여가게 하고 있다. 이는 개인생활 분야까지 관청의 지도가 미친다는 의미인데, 별로 바람직하게 보이지는 않는다.

여하간에 이러한 대전제는 포식을 제공하는 무역 자유화이며, 이와 관련한 관계 기업(제조 · 소매업)의 활동에 의해 뒷받침되고 있다.

07 전통 음식문화의 지구촌화

나라마다 전통음식이 있다. 이러한 전통음식은 오랜 세월 자연환경과 생활풍습이 서로 영향을 주어 독특한 문화로 발달되어온 것이다. 우리의 전통음식도 이 땅에서 살아오던 사람들이 자연과 조화해서 이루어낸 독특한 문화현상이다.

우리의 전통문화는 근대사회에 들어와서 외래문화의 거센 파도에 밀려서 모든 분야에 걸쳐 크게 변질되었다. 지금 주거생활과 복식생활에서 전통문화의 모습은 극히 위축된 상태이다. 전통가옥은 본래의 구조가 거의 사라져 겉에는 기와지붕이 변형된 모습으로 남아 있고, 속에는 온돌만 옛 모습을 지키고 있다. 전통의복은 여성 한복이 평상복이 아닌 의식용으로만 주로 사용되고, 남성 한복은 마치 죄수복처럼 감옥 안에서 인기를 끌고 있다.

전통문화의 여러 분야 중 가장 본래의 모습을 잘 지켜 나가고 있는 것이 음식문화이다. 어느 집이든 주식은 쌀밥이고 김치가 없으면 끼니를 때우기 어렵다. 된장찌개가 없으면 무언가 빠진 것 같다. 먹거리는 집이나 옷과 같이 남의 것을 들여와서 대신 할 수 없기 때문에 지금도 옛 모습을 가장 많이 지켜 나가고 있는 것이다.

음식은 사람을 자연과 직접 연결시켜주는 매개체이다. 사람은 음식을 통해 자연과 하나가 된다. 한국의 전통음식이 강인한 생명력을 가지고 있는 것은 한국인과 자연환경이 조화해서 어울려온 깊이를 보여준다. 이 같은 깊이는 한국인이 전통음식을 먹으면서 느껴온 맛과 누려온 멋에 담겨 있다.

그러나 전통음식의 맛과 멋이 무엇인지 그 실체를 파악해서 글로 정리하는 일은 쉽지 않다. 그것은 눈에 보이거나 만져볼 수 있는 물건이 아니다. 음식을 즐겨 먹는 사람이 맛의 감각을 전해주는 혀로 느끼는 것이고, 음식을 만들고 상을 차려서 먹는 과정을 보는 사람이 그 분위기를 도드라지게 드러내는 것이다. 그래도 우리는 우리 전통음식이 맛있고 멋스럽다는 것을 알고 있다. 아직은 이 맛과 멋을 우리만 높이 평가하고 있는 것처럼 보이지만 언젠가 세계성을 얻을 것이라고 기대한다.

한국의 전통음식이 세계인에게 가깝게 다가서는 것은 또한 음식이란 문화상품을 세계시장에 내보내는 일과 같다. 이를 위해 그 맛과 멋스러움을 밝혀내는 작업을 서두를 필요가 있다.

1) 전통 음식문화의 문제점

한국의 음식문화는 여러 세대의 가족이 모여 웃어른들을 섬기며 예의규범을 지키는 식생활을 하던 대가족제도에서, 궁핍한 일제시대와 전쟁을 치르는 동안 간신히 끼니를 때우고 배불리 먹을 수 있는 게 다행인 식생활이 되면서 잘 갖추어 먹던 우리 전통 음식문화가 상실되어갔다. 분식장려, 우유보급, 급식제도로 빵, 국수, 간단한 서양요리가 일반화되고 생활이 나아지자 육식만을 즐기는 풍조로 바뀌게 되었다. 문화가 발전함에 따라 외래음식의 도입, 외식산업의 발전, 인스턴트 음식의 출현 등이 또 다른 식생활 패턴을 만들었다.

우리 음식의 근본 맛을 내주는 장의 제조와 함께 집집마다 전해지던 가정적인 음식이 밀려나고 바쁜 시대에 손이 많이 간다는 이유로 나물, 김치, 장아찌는 만들지 않게 되었다. 그렇게 됨에 따라 자라나는 세대는 햄, 소시지 등 가공식품만을 포크로 찍어 먹는 진정한 우리 음식 맛을 모르는 장년층이 되고 말았다. 스피드 시대에 편리해서라는 구실로 우리 음식을 기피하게 되고 패스트푸드, 햄버거, 피자, 스낵 등을 즐겨 먹고 어머니들 또한 만들 시간이 없고 아이들이 잘 안 먹는다는 이유로 외식을 은연중에 권하고 식당도 많이 생겨났다.

생활의 여유를 찾고 어느 정도 안정이 되니 한곳에 가짓수를 많이 차려놓고 셀프 서빙을 하는 뷔페 음식이 성행하게 되었다. 그러나 뷔페는 일정한 금액을 지불한 후 여러 가지 음식을 마음껏 먹을 수는 있어도 손님으로 접대받는 느낌이 없고 혼란스러워 싫증을 느끼는 시점에 와 있다.

점점 진정한 문화가 무엇인지를 찾게 되고 그 중에 음식문화도 한몫을 차지함에 따라 예의를 갖추고 제대로 대접받기를 원하는 정식의 식사로 가는 추세이다.

세계는 하나라는 캐치프레이즈처럼 외국에 나가는 한국이 있고 한국 안에 세계가 있으니 우리 음식을 문화적 가치나 건강을 추구하는 세계적 식사형태로 보아 이제는 자랑해야 할 시기라고 본다.

서양에서는 이미 우리가 오래전부터 주식으로 먹어온 곡류나 밥을 많이 찾고 두부나 콩음식, 발효식품의 우수성을 건강과 직결시켜 열심히 먹으려 하나, 반대로 우리는 우리의 건강한 전통 식생활을 마치 없었던 것처럼 여기고 기호성보다 건강식 삼아 억지로 먹으려는 상황이 되었다.

세계인이 좋아할 수 있는 음식이라면 이제 건강을 지켜주고 제맛을 가지고 있으며 시대적 감각을 가지고 만든 것이어야 하고, 또한 변화된 생활양식에 따라 옛날의 복잡한 상차림, 조리법, 식사예법도 바뀌어야 한다.

이제 양식의 생활에 맞게 우리 음식 고유한 맛을 가지고 제대로 된 서비스를 받으며 복잡하지 않게 아름다움까지 감상하며 먹을 수 있어야 한다.

2) 한국 음식의 세계화 방안

한국 음식의 장점과 단점을 잘 파악하여 상차림의 간소화, 조리의 단순화를 추구해야 할 것이다. 편한 자세에서 접대하고 접대받을 수 있는 서빙 방법을 모색해야 할 것이다. 일품음식은 쟁반을 이용하여 한 상에, 정식은 전채, 안주, 죽식, 후식으로 나누어 대화에 방해가 안 되도록 순서에 따라 내도록 하자.

그릇을 다양화하여 그에 맞는 음식 담음새를 연구하고 장식을 하여 음식을 돋보이게 해서 멋을 내자. “음식은 그릇이 날개”라는 말처럼 때와 장소, 식사하는 이, 식사의 목적을 알아 간단한 일품음식인지 정식인지를 구별하여 한 끼의 식사에 어울리는 음식을 정한다.

한식 전문식당에서는 정확한 맛을 낼 수 있는 레시피를 작성하여 맛의 기복이 없이 일률화하도록 한다. 옛것 중 좋은 식사예법은 받아들여 접대법에 적용한다.

예를 들면 한 가지 음식을 너도나도 자기 수저로 가져다 먹는 일은 피하고 될 수 있으면 1인 독상차림을 하고 한 그릇을 나누어 먹을 때는 덜음접시와 덜음저를 따로 준비한다. 외국인이 가장 싫어하는 것은 한 그릇의 음식을 나누어 먹는 일이고, 우리는 테이블 위에서 먹는 식사형태가 많으므로 양식처럼 테이블 세팅이 필요하다. 테이블 매트, 수저받침, 덜음접시, 냅킨 등을 준비한다.

정식에서는 찬품단자를 준비하여 가장 좋은 음식을 접대받고 있음을 알린다. 실내장식, 소품, 그릇 등에서 전통을 나타내면서도 국제화된 안목에 맞는 상품을 개발하고 그릇에 어울리는 우리 고유한 음식을 아름답게 담는 법을 연구한다.

식품의 소재는 국제화 시대에 맞게 다양하게 써서 고유한 조리법으로 음식 맛을 내어 우리 것으로 소화하도록 한다. 옛 맛을 찾아 개발하고 세계인의 입맛 추세도 알아 적절히 적용시킨다. 가장 한국적인 것이 가장 세계적인 것이라는 말이 음식에도 타당함을 알고, 먹는 이를 소중히 알아 정성을 다한다는 생각으로 가정에서는 주부가, 요식업소에서는 종업원 모두가 성실한 자세로 임해야 한다. | 자료: 한복려, 1995. 12 |

참고문헌

- 강인회, 한국식생활사, 삼영사, 1989.
- 구천서, 세계의 식생활-가봉①,②, 월간 식생활, 1994. 9~10.
- 구천서, 세계의 식생활-몽골, 월간 식생활, 1994. 11.
- 구천서, 세계의 식생활-페루, 월간 식생활, 연도 미상.
- 구천서, 월남의 식생활 문화, 식문화학회지, Vol. 11, No. 1, 1996.
- 구천서, 세계의 식생활 문화, 향문사, 1995.
- 김숙희 외 5인, 식생활의 문화적 이해, 신광출판사, 1998.
- 김혜영 외 4인, 문화와 식생활, 효일문화사, 2004.
- 뚝배기, 한국음식업중앙회, 1994. 6.
- 뚝배기, 한국음식업중앙회, 1996. 10.
- 뚝배기, 한국음식업중앙회, 1998. 5~7.
- 마빈 해리스, 서진영 옮김, 음식문화의 수수께끼, 한길사, 1993.
- 문복실, 세계의 식생활-일본, 월간 식생활, 연도 미상.
- 박춘란, 식생활과 문화, 효일문화사, 2005.
- 베르너 좀바르트 (이상률 옮김), 사치와 자본주의, 문예출판사, 1997.
- 식생활, 식생활개선 국민운동본부, 1997. 6.
- 식생활, 식생활개선 국민운동본부, 1998. 1.
- 양일선, 세계의 식생활-미국①, 월간 식생활, 연도 미상.
- 오영주, 세계의 식생활-독일①, ④, ⑤, 독일(마지막회), 월간 식생활, 연도 미상.
- 월간 식당, 1985. 10.
- 월간 식당, 1997. 11.
- 윤인화, 식생활-대만, 월간 식생활, 연도미상.
- 이동진, 외국의 식생활을 돌아본다—중동, 월간 식생활, 연도 미상.
- 이성우, 식생활과 문화, 수학사, 1992.
- 이토 마시미 (박석희 옮김), 테마파크의 비밀, 일신사, 1995.
- 임무상, 세계의 식생활-필리핀, 월간 식생활, 연도 미상.
- (주)에이치알, 월간 Hotel & Restaurant, 2002, 3.
- 정금주, 식생활-필리핀, 월간 식생활, 연도 미상.
- 차민아, 한국 식생활문화의 구조적 특징에 관한 연구, 경기관광 연구 제2호 경기대 소성 관광종합연구소, 1998. 12.
- 최수근, 서양요리, 월간 Hotel & Restaurant, 1993. 8.
- 한국무역협회, 세계비즈니스문화기행, 두남, 2002.

원융희

경기대학교 관광경영학과를 졸업(학사)한 뒤 경희대 경영대학원 관광경영학과를 수료(석사)하고, 세종대학교 대학원(경영학과)에서 관광경영 전공으로 경영학 박사학위를 받았다.
2005년도에는 미국 남일리노이 주립대학교 관광학과에서 교환교수로 있으면서 폭넓은 견문을 접할 수 있는 기회를 갖기도 하였다.
일찍이 서울 프라자 호텔과 서울 밀레니움 힐튼 호텔에서 현장업무를 익혔으며, 우송정보대학 관광경영과 교수를 거쳐 용인대학교 관광학과에서 교수로 재직하고 있다. 대학교에서 20여 년을 강의하다 보니 남다른 이론이 뒷받침된 가운데 실무와 강의의 감각 등이 어우러져 강의의 내용이 실용적이고 생동감이 있게 학생들에게 전해지게끔 하고 있다. 그리고 서비스, 호텔경영, 식음료, 실버산업, 그리고 병원 경영학 관련서적에 이르기까지 더욱 품격 있고 가치 있는 글을 찾기 위해 다방면의 저술활동에 노력하고 있다.